——— 解密元宇宙 ———

元宇宙
社会治理新奇点

尹巧蕊 刘志毅 胡继晔 ◎ 著

清华大学出版社
北 京

内容简介

信息科技革命的强劲生机，撬动了现代"知识型"社会在创新发展领域的无限可能与变革转型层面的智慧朝向，而当下热议的"元宇宙"则正是这些可能与朝向的汇聚体。本书为"解密元宇宙"丛书的第三本。本书共 10 章，以阐释元宇宙产生、发展的人文意义与想象力价值入手，展开对元宇宙的憧憬，从文学描绘到学术讨论、从技术应用到价值剖析、从机遇期待到风险预估的全方位解读，期许与广大读者、行业同仁、学者专家形成对元宇宙认知与理解的感性化共鸣与理性化共识，同时更欢迎丰富、多元的观点、立场加入对未来元宇宙时代的社会理解与治理建议的讨论与交流。

本书可以作为社会治理现代化、法律与科技研究、智慧政府转型发展、信息技术哲学研究等专业领域或元宇宙爱好者的参考用书。

本书封面贴有清华大学出版社防伪标签，无标签者不得销售。

版权所有，侵权必究。举报：010-62782989，beiqinquan@tup.tsinghua.edu.cn。

图书在版编目（CIP）数据

元宇宙：社会治理新奇点 / 尹巧蕊，刘志毅，胡继晔著．—北京：清华大学出版社，2023.1
（解密元宇宙）
ISBN 978-7-302-62272-7

Ⅰ．①元… Ⅱ．①尹… ②刘… ③胡… Ⅲ．①信息经济－社会管理 Ⅳ．① F49

中国版本图书馆 CIP 数据核字 (2022) 第 253909 号

责任编辑：杜　杨
封面设计：杨玉兰
版式设计：方加青
责任校对：徐俊伟
责任印制：丛怀宇

出版发行：清华大学出版社
　　　网　　址：http://www.tup.com.cn，http://www.wqbook.com
　　　地　　址：北京清华大学学研大厦 A 座　　　邮　编：100084
　　　社 总 机：010-83470000　　　邮　购：010-62786544
　　　投稿与读者服务：010-62776969，c-service@tup.tsinghua.edu.cn
　　　质 量 反 馈：010-62772015，zhiliang@tup.tsinghua.edu.cn
印 装 者：三河市东方印刷有限公司
经　　销：全国新华书店
开　　本：170mm×240mm　　　印　张：15　　　字　数：255 千字
版　　次：2023 年 1 月第 1 版　　　印　次：2023 年 1 月第 1 次印刷
定　　价：69.00 元

产品编号：097915-01

"解密元宇宙"丛书编委会

名誉主任
杨兆廷

主　任
赵永新

执行主任
黄志坚

副主任
钟梓炎　刘　权　陈苑锋　尹巧蕊　胡继晔　秦响应　邹睿桐

总编委
赵永新　刘　权　胡继晔　黄志坚　陈苑锋

委　员
曹保刚　陈柏珲　何　超　吴高斌　秦响应　尹巧蕊　朱启明
罗　骁　曹　懿　李敏雁　陈意斌　蒋亚洪　刘志毅　黄　锐
刘宗媛　万家乐　赵　勇　黄郴雅　陈晓华　李　璇　张小川
任　豪　张喜会　卢大伟

编委会成员

赵永新　亚洲区块链产业研究院副院长，河北金融学院教授
刘　权　工信部赛迪区块链研究院院长，博士
胡继晔　中国政法大学教授、博导
钟梓炎　深圳市互联网学会秘书长
陈苑峰　美的集团首席硬件架构师，博士
黄志坚　深圳市互联网学会副会长
杨兆廷　中国技术经济学会金融科技专业委员会常务理事长，
　　　　河北金融学院党委书记
曹保刚　河北省社会科学界联合会原常务副主席，河北省社会科学院原副院长，
　　　　河北省社会文物学会会长
陈柏珲　亚洲区块链产业研究院院长
朱启明　全国高校人工智能与大数据创新联盟秘书长
吴高斌　中国民营科技实业家协会元宇宙工作委员会秘书长
何　超　中国移动通信联合会元宇宙产业委员会秘书长
李敏雁　清华大学继续教育学院项目主任
秦响应　河北金融学院金融科技学院院长、教授
尹巧蕊　中央司法警官学院副教授，博士
万家乐　中国科协国促会数字科技发展委员会执行主任
罗　骁　杭州宇链科技有限公司总经理
曹　懿　皇家墨尔本理工大学博士
陈意斌　福建省区块链协会会长
蒋亚洪　杭州优链时代有限公司总经理
刘志毅　商汤科技智能产业研究院研究室主任
黄　锐　西华大学副教授
刘宗媛　工信部赛迪研究院副总经理
邹睿桐　杭州中谦科技有限公司董事长
赵　勇　中数碳本（杭州）科技有限公司 CTO
黄郴雅　深圳市金融人才协会联席秘书长，中研创新（深圳）科技有限公司董事长
陈晓华　北京邮电大学科技园元宇宙产业协同创新中心执行主任
李　璇　清华大学继续教育学院数字化主管，元宇宙青蓝计划发起人
张小川　重庆理工大学人工智能系统研究所所长、教授
任　豪　广州市数字经济协会秘书长
张喜会　深圳市众信电子商务交易保障促进中心主任
卢大伟　美亚投资 (美亚硅谷投资孵化器) 董事长，博士

丛书序

近年来，互联网、大数据、云计算、人工智能、区块链等技术加速创新，数字经济发展速度之快、辐射范围之广、影响程度之深前所未有，正在成为重组全球要素资源、重塑全球经济结构的关键力量。2020年，全球数字经济规模达到32.6万亿美元，占GDP比重为43.7%。中国的数字经济规模紧跟美国之后，居世界第二，达到5.4万亿美元。《中共中央关于制定国民经济和社会发展第十四个五年规划和二〇三五年远景目标的建议》明确提出要加快数字化发展。发展数字经济，推进数字产业化和产业数字化，推动数字经济和实体经济深度融合，打造具有国际竞争力的数字产业集群。加强数字社会、数字政府建设，提升公共服务、社会治理等的数字化、智能化水平。数字经济社会的发展在呈现出快速发展态势的同时，与物理世界的联结也越来越紧密，物理世界与数字世界共存共生且相互影响的新社会形态正在形成。

2021年元宇宙（Metaverse）应运而生，意为超越现实宇宙的另外一个平行宇宙。元宇宙是基于数字技术集群应用实现的物理世界与镜像数字世界虚实共生的新型社会形态。元宇宙的本质是在数字世界对物理世界进行孪生映射，实现物理世界和数字世界的交互融合，通过物联网、VR/AR、大数据分析、人工智能、区块链等新一代信息技术集群应用，在数字世界对物理世界进行仿真分析和预测，以最优的结果驱动物理世界的运行。

当前，国内外科技巨头加速布局元宇宙，而且国内的上海、北京、深圳、广州、杭州等地方政府跑步入场，多地两会重点规划，抢抓元宇宙新机遇，积极探索元宇宙虚拟数字经济体，开辟数字经济新领域；农业、工业、服务业等各行各业都在快速拥抱元宇宙，提升实体经济运行效率，创新商业模式，构建新商业生态。元宇宙必将与各个领域深度整合，并形成强大力量，以数字世界促进物理世界的融合发展……元宇宙正在从概念迅速向产业落地，经济社会运行的底层逻辑正在发生重大变化。

目前元宇宙相关文章不少,但著作不多,系统性、科学性介绍元宇宙及应用的更少,能够让广大读者真正读懂元宇宙,特别是能够与政府、经济、社会、金融、实体经济等工作实践紧密结合的少之又少,还有少数涉币书籍可能误导读者。基于此,深圳市互联网学会、亚洲区块链产业研究院、中国技术经济学会金融科技专业委员会、全国高校人工智能与大数据创新联盟、中国民营科技实业家协会元宇宙工作委员会、中国通信工业协会两化融合委员会、中国移动通信联合会元宇宙产业委员会、北京邮电大学科技园元宇宙产业协同创新中心联合发起并成立"解密元宇宙"丛书编委会,汇集来自清华大学、中国政法大学、中央司法警官学院、河北金融学院、工信部赛迪区块链研究院、华为公司、美的公司、中国移动通信联合会区块链专业委员会、福建省区块链协会、商汤科技智能产业研究院、上海持云企业管理有限公司、成都雨链科技有限公司、杭州宇链科技有限公司等在元宇宙领域开拓创新的学界与业界的十多位精英,基于对元宇宙集群技术的系统化解读,聚焦元宇宙应用于实体经济创新、数字社会治理与人类文明传承、政府及区域元宇宙产业布局等多维层面的深度阐释,希望在元宇宙应用理论及产业发展体系建设方面做出有益探索,为元宇宙促进社会全面健康发展提供智力支持。

此套丛书不仅可供广大读者分享,亦可作为元宇宙相关行业人才培训教材。

由于元宇宙目前整体发展还处在初级阶段,加之编者水平有限,书中难免有诸多不足之处,欢迎广大读者批评指正。

"解密元宇宙"丛书编委会
2022 年 10 月

前　言

纵观漫长的人类历史发展进程，生产力是推动社会进步最活跃、最革命的要素。因此，每一次解放生产力的重大飞跃都会引发系统化的社会制度变革，而身在其中的人类生活品质、人的自我认知与价值定位等也都会获得相应的转型与升级。

笼统地讲，人类生产力的第一次解放是农业革命，这使社会发展从采集活动为主走向种植生活为主，相应地实现了从宗教、伦理和习惯向世俗统治、人定法律的制度系统转型；第二次解放是工业革命，使人类从畜力耕作走向机械生产，社会发展的车轮由此以传统等级身份定格人的依附层级转而驶向以现代契约关系谋求人的个体坐标的历史轨道上；第三次解放发轫于 20 世纪 50 年代延续至当下的信息革命，以其日渐强劲的"数据 + 算法 + 算力"的科技型生产力构架，塑造着人类社会正从物理生态迈向数智生态的全方位深度变革，甚至迎来从生产关系到生活方式、行为模式到价值理念、经济业态到治理机制等虚实同构与共融、价值互信与共赢的跨越式契机。至此，与现实世界平行孪生甚至交错共生的"元宇宙"应运而生。

从本质渊源上讲，元宇宙的概念出现仍遵循物质决定意识的原理。从技术层面看，元宇宙是集成互联网、大数据、人工智能、区块链、虚拟仿真、脑际接口等一系列信息科技综合应用的总称，这便成就了元宇宙的空间运行可能表现为意识决定物质的颠覆状态，这就不免引申出对元宇宙从文学寓意到哲学思辨再到人文伦理乃至规则治理的社会意义探讨。

尽管元宇宙是人类智慧的结晶，而且也很可能将人的主观能动性发挥到极致，使人在拥有海量数据资源和超级算法算力的基础上而重建一个代表新型意义系统的虚拟新宇宙，那将是超越自然与社会束缚进而充分彰显人之自由的创新，人甚至可能成为新的"造物主"，而以上帝视角重塑未来世界，但不能避免的是，科技盛世之下人也可能陷入新的"囚徒困境"，甚至成为"技术规训"的对象而缺失主体性地位，人伦价值在元宇宙世界中遭遇反噬。

由此，引发对元宇宙畅想既富有期待又保持审视的多维思考。

尹巧蕊

2022 年 5 月

目　录

第 1 章　从赋魅到祛魅：邂逅"全球头号大网红" / 1

1.1 《雪崩》叙事中的元宇宙幻境 / 4
   1.1.1 "雪崩"赋魅元宇宙的魔幻与敬畏 / 4
   1.1.2 元宇宙幻境：巴别塔的诱惑还是诺亚方舟的救赎 / 7

1.2 "技术"祛魅下的元宇宙雏形 / 10
   1.2.1 技术支撑元宇宙的核心底座 / 10
   1.2.2 技术形塑的元宇宙雏形 / 15

1.3 元宇宙特征的多重性向度 / 25
   1.3.1 技术性向度的特征 / 25
   1.3.2 交融性向度的特征 / 26
   1.3.3 人文性向度的特征 / 28

第 2 章　从技术到学术：元宇宙的意蕴迭代 / 30

2.1 "缸中之脑"的理论假说与元宇宙的底层逻辑 / 32
   2.1.1 "缸中之脑"假说中的元宇宙缩影 / 32
   2.1.2 元宇宙底层逻辑在脑机接口与人工智能中的渗透 / 33

2.2 技术逻辑的理论衍生与现实回归 / 35
   2.2.1 生物主义与物理主义衍生的两层思考 / 35
   2.2.2 "星辰大海"抑或"沉沦虚妄"的现实考量 / 38

2.3 人的自由全面发展与元宇宙的终极关怀 / 40

2.3.1 "人的自由全面发展"之多维内涵 / 41

2.3.2 元宇宙缔造与人的自由全面发展之耦合 / 43

2.3.3 以"真善美"为轴心的元宇宙人文底蕴 / 46

第3章 从科技井喷到数智革命：元宇宙的创世鸿蒙 / 50

3.1 从深度合成看元宇宙的"创世"风险 / 52

3.1.1 系统性风险研究 / 53

3.1.2 加剧社会不平等现象 / 54

3.1.3 技术与标准缺失叠加监管科技的落后使深度合成技术的应用有待规范 / 55

3.1.4 安全攻防与稳定性风险 / 55

3.1.5 技术的风险与福利评估核算 / 55

3.1.6 进一步加深数字鸿沟 / 56

3.1.7 对人的异化与对人类现有认知的挑战 / 56

3.2 人工智能的道德哲学与伦理困境 / 57

3.3 数据作为生产要素的伦理新问题 / 62

3.3.1 大数据伦理问题中最重要的数据垄断和隐私 / 63

3.3.2 从哲学视角理解大数据带来的变革 / 67

第4章 从传统要素到数据要素：元宇宙的生产基石 / 70

4.1 从社会治理要素数据化到元宇宙治理 / 71

4.1.1 社会治理没有统一的法典，由形式多样的法律规范构成 / 72

4.1.2 社会治理法兼具了"软法"与"硬法"两种形态 / 73

4.1.3 社会治理法的内容有其独特的特质，社会治理法规范的是社会治理活动 / 73

4.2 元宇宙的发展前奏——数据要素市场化改革 / 78

4.2.1 数据要素的概念、定义与确权探索 / 80

4.2.2 数据产权与背后的安全风险 / 83

4.2.3 元宇宙下数据安全风险应对 / 84

4.3 元宇宙数字资产类型、权属与治理架构 / 85

第 5 章　从增信机制到可编程社会：元宇宙的底层逻辑　/　89

5.1　图灵留下的"秘密"——隐私计算　/　92
- 5.1.1　加密攻防改变人类历史　/　92
- 5.1.2　人工智能的奠基——图灵机　/　94
- 5.1.3　人工智能下的数据治理担忧　/　95
- 5.1.4　隐私计算与隐私保护　/　96

5.2　区块链技术与区块链经济　/　102
- 5.2.1　区块链缔造为元宇宙奠基的价值互联网与其背后的价值理论　/　104
- 5.2.2　开放网络与加密经济为可编程社会提供可信共识　/　108

5.3　DAO——可编程社会的经济学原理基础形态　/　111

第 6 章　从 UGC 到 Web 3.0：元宇宙的核心内容　/　114

6.1　元宇宙的初心——UGC　/　115
6.2　元宇宙的进阶——Web 3.0　/　117
6.3　元宇宙的终极形态——开放、隐私和共建的世界　/　121
- 6.3.1　开放的元宇宙环境　/　121
- 6.3.2　关注隐私与其背后的系统构造与治理逻辑　/　122
- 6.3.3　基于价值敏感设计的伦理治理原则　/　123

6.4　共建、共治和共享价值的复杂网络世界　/　126
6.5　从数字孪生到数字人生　/　130
6.6　Web 3.0 下的元宇宙算法规制与决策伦理的审慎思考　/　131

第 7 章　从碳基生态到硅基空间：元宇宙的"脱域"融合　/　139

7.1　硅基空间——"欲望之城"与科技井喷的共振　/　141
- 7.1.1　"欲望之城"的扩围将跨越碳基空间的边界　/　142
- 7.1.2　硅基空间的崛起驱策元宇宙的超越与赋智　/　145

7.2　数字交往——碳基生态与硅基空间的共生　/　149

        7.2.1 元宇宙"脱域"融合中的"数字永生" / 150

        7.2.2 "数字交往"重构人类实践行动新图景 / 151

        7.2.3 元宇宙"变维"生态下硅基与碳基的共生 / 154

第 8 章 从物理世界到虚实共生：元宇宙的社会解构与剖析 / 157

    8.1 元宇宙穹顶下社会运转的新机理 / 159

        8.1.1 数字原生的元宇宙 / 159

        8.1.2 数字孪生的元宇宙 / 159

        8.1.3 数字内嵌的元宇宙 / 160

    8.2 公共生活疏离化的扭曲与畸形诱发实体社会空心化加速 / 161

        8.2.1 公共生活常态化对于人类社会发展的底线意义 / 161

        8.2.2 元宇宙的虚拟空间发展对公共生活的冲击 / 161

    8.3 从"硬核权力"到"数字权力"触及法律权力的安定性 / 163

        8.3.1 "权力"在元宇宙世界中的演进范式 / 163

        8.3.2 数字权力的更迭及其对安定性的隐忧 / 164

    8.4 UGC 模式下平台数字劳动的异化与价值遮蔽 / 166

        8.4.1 UGC 模式对于元宇宙发展的意义 / 166

        8.4.2 UGC 模式下的数字劳动 / 167

        8.4.3 数字劳动的异化分析 / 168

        8.4.4 元宇宙世界中数字劳动异化的状态 / 169

    8.5 沉浸式社交系统的"致瘾性"加剧精神意识危机 / 171

第 9 章 从数据法理到算法伦理："奥卡姆剃刀"定律的彰显 / 174

    9.1 数据与算法——元宇宙社会聚合运转的黏合剂 / 176

        9.1.1 数据喂养与算法驱动培植元宇宙虚实融合的数字生态 / 177

        9.1.2 数据主义与算法规训潜藏元宇宙"楚门效应"之患 / 179

9.2 走出"数据洞穴"——数据的法理依据与治理 / 188
    9.2.1 以数据正义超越数据主义 / 190
    9.2.2 以数权体系形塑数据治理 / 192
    9.2.3 从技术之治转向良法善治 / 195

9.3 穿透"算法滤镜"——算法的伦理回归与形塑 / 196
    9.3.1 "算法滤镜"背后的工具主义 / 197
    9.3.2 算法伦理的价值回归与旨向 / 198
    9.3.3 游走于算法与法律间的形塑 / 201

第 10 章 从科技向善到技术平权：元宇宙的敏捷治理 / 205

10.1 数字经济发展中的元宇宙 / 206

10.2 元宇宙的应用价值 / 208
    10.2.1 元宇宙中的娱乐 / 208
    10.2.2 元宇宙中的数字化交易 / 209
    10.2.3 元宇宙中的数字劳动 / 210
    10.2.4 元宇宙中的数字教育与科研 / 210

10.3 数字经济背景下元宇宙治理问题的提出 / 211

10.4 元宇宙本身存在的缺陷 / 214

10.5 元宇宙治理的理论研究方向 / 218
    10.5.1 虚拟化只是现实的镜像而非人类文明演化的方向 / 218
    10.5.2 利用元宇宙治理形成赛博空间的平衡 / 218
    10.5.3 防止元宇宙形成虚拟上瘾的社会侵蚀 / 219
    10.5.4 促进元宇宙与现实世界的真实联接 / 220

10.6 元宇宙治理应当遵循的必要原则 / 222
    10.6.1 分类治理的原则 / 223
    10.6.2 元宇宙的个人信息保护要借鉴现实社会的相关规则 / 223
    10.6.3 元宇宙与真实世界治理中虚实融合的原则 / 224
    10.6.4 贯彻绿色、社会责任和公司治理原则 / 225
    10.6.5 未雨绸缪，建立多维风险模型，实现多元共治的原则 / 225

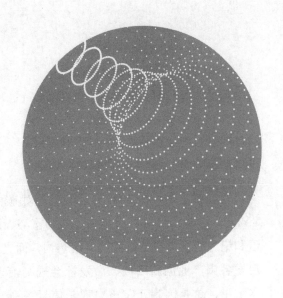

第 1 章

从赋魅到祛魅：
邂逅"全球头号大网红"

"元宇宙",在2021年不仅与诸如碳中和、百年未有之大变局、EMO、YYDS、破防、祝融号火星车、共同富裕、双减等一样,属于网名表达流行用语和记述社会大事件符号的网络热词,而且已然成为诱发全球资本蠢蠢欲动、启发各国产业创新布局、激发社会规则治理升级的"全球头号网红"。从根本上讲,这是因为元宇宙更像是信息革命对人类生产力解放的又一次总攻,而这次总攻又会为当下及未来的人类社会发展带来诸多既值得期待的畅想又颇具不确定性的变数。事实上,从历史经验来看,每一次生产力的解放都是机遇与挑战并存。所以,当世界邂逅"全球头号网红"元宇宙之际,源于物理生态的自然人类仍需持归零的冷静心态,审时度势地理性地分析元宇宙"红"的根源所在,深思其究竟是网络流量红利见顶的救命稻草,还是抢占资源蓝海的内卷昭示,抑或是资本增值的狂欢盛宴,甚或是人类文明的蝶变升华。

凡是过往,皆为序章。2021年虽被称为"元宇宙元年",甚至宣称这堪比大航海时代的大迁徙,但究竟何谓"元宇宙"以及"元宇宙"何为等原发性疑问,却布满世人的脑电波内而有待深入讨论、立体解读。若将1992年尼尔·斯蒂芬森在小说《雪崩》中提出的"Metaverse"作为首次明确"元宇宙"称谓的开始,元宇宙这个概念至今已经有30年左右的历史。然而至今,元宇宙还是一个内涵和外延并不清晰甚至还在不断发展的概念。

在语义学上,当前中国语境下的"元宇宙"一词,是从英文"Metaverse"的字面意义上翻译而来,即meta和universe的组合,其中meta有"继""在……之后""介于……之间"的意思,universe则包含"世界""领域"的意思,meta和universe的语义组合旨在表达在人类物化身体和现实世界之间,存在另一种生活空间。当然也有其他不同的翻译,将"元宇宙"翻译为"超元域""后设宇宙""形上宇宙""元界""超感空间""虚空间"等义。①而在诸多意译中,"超元域"一词相较而言更准确地指涉了"超越次元场域或物理世界"的关键性语词含义。

而从科技进程来看,伴随着近年来移动终端的勃兴多样、应用场景的生态闭环、虚拟技术的智能传感、全息影像的立体仿真等新一轮数字革命的全面展开,我国社会公众对诸如沉浸式体验与探索、区块链共识与诚信、开放源代码共享与共创等科技理念也逐渐从新鲜好奇到广泛接受乃至普遍应用,由此用户生产内容的网络文化生成机制和以趣缘社群为纽带的虚拟主体组织已经形成一定规模,这就为元宇宙赋予了超脱语义层面之外的更具社会系统演变与未来文明演进的现实性内涵与实践性思考。诚如有专家指出,"元宇宙是整合多种新技术而产生的新型虚实相融的互联网应用和社会形态,它基于扩展现实技术提供沉浸式体验,以及数字孪生技术生成现实世界的镜像,通过区块链技术搭建经济体系,将虚拟世界与现实世界在经济系统、社交系统、身份系统上密切融合,并且允许每个用户进行内容生产和编辑"②。可见,元宇宙本身并非某种单一技术,而是需要整合,诸如5G/6G、人工智能、大数据、区块链等不同新技术而缔造物理社会与数字世界虚实相融的一种实践化理念。

因此,当前中国语境下的"元宇宙"概念,暂且是指基于信息革命的数字技术集群应用所构筑的对物理世界领域既具创生性超越又能镜像化映射的数字生态空间。这就有别于纯粹的虚拟空间或单纯的"精神意识"活动。简言之,"元宇宙"的发展须避免"虚无主义",且应承载象征人类文明的知识结晶与价值体系。

当然,被各界热烈讨论的元宇宙概念,直到目前还无法得到一致的理解,事实上也没有必要做出统一的解读。因为,一个新事物的出现带来百花齐放的解读与阐释,本身就是相关概念领域或学科活力持续的健康表现与发展过程。同时,一旦极度缺乏或泯灭想象力,又将有碍人类区别于其他动物的创造性灵魂的优势释放。因此,对于成为"全球头号大网红"的元宇宙,追溯其概念的源起则恰恰缘于科幻类的文学创作、影视编排甚至游戏娱乐等充满看似脱离现实却又像折射现实的叙事情境。

---

① 胡泳、刘纯懿."元宇宙社会":话语之外的内在潜能与变革影响.南京社会科学,2022(1):106.
② 清华大学:2021元宇宙发展研究报告.https://new.qq.com/rain/a/20210930a0717q00.

1.1 《雪崩》叙事中的元宇宙幻境

元宇宙的概念源自文学艺术创作,所以当元宇宙迅速蹿红于大众视野之际,创作于1992年名为《雪崩》的科幻小说则率先被元宇宙的各界人士所重拾与关注。也许,该书作者美国著名科幻大师尼尔·斯蒂芬森自己都没有想到其笔下的"Metaverse"会成为2021年燃爆全球的头号网红,会在21世纪成为真实社会发展中的一种机遇、一个风口甚至成为刻画未来世界的一个关键词。

1.1.1 "雪崩"赋魅元宇宙的魔幻与敬畏

在回望如浩瀚星辰的科幻叙事历程中,以小说《雪崩》为代表而描述的一系列充满魔幻场景与敬畏心理的想象,确实是对元宇宙"赋魅"的典型。而所谓赋魅,在这里就是指将神秘感、神圣性赋予某事物,从而让人产生对该事物的敬畏之心、渴望之情、珍稀之感。

小说《雪崩》是斯蒂芬森在互联网刚刚兴起之际的科幻著作,但这并未限制斯蒂芬森极为敏感、新奇、超前的创作灵感,他设想电脑通过激光识别人类大脑或人类通过穿戴外接设备,以虚拟分身进入由计算机模拟而呈现出与现实物理世界平行存在的虚拟空间——这被称为"Metaverse",即元宇宙,这里面不仅有小说主人公阿弘自己进入其中建立起来的超元域的百老汇、香榭丽舍大道等街区,还有需要在超元域遵守的"三维时空法则",但同时又存在允许超元域居民自由格斗的特殊街区,那即是松绑文明束缚、回归丛林法则,继而可以互相猎杀的超元域地带。《雪崩》正是采用超现实主义的叙事风格和赛博空间的逻辑推演,向世人描摹了互联网对未来人类生存状态与社会空间系统的颠覆影响乃至改写。其中,作为书名的"雪崩"一词是小说中的核心隐喻,"雪崩"是一种能够通过社会基础设施与人类信仰体系得以扩散的病毒,它既是计算机病毒也是生物病毒,它不仅可以在网络系统里传播,还可以在现实生活中传染,最终造成网络系统崩溃和人类头脑失灵的双重沦陷。也正是围绕这一"雪崩"的存在与发展、被利用与被消灭等线索,不仅演绎出各种穿梭于虚实两界的奇景妙象,铺开了《雪崩》一书在展现诸多科幻情节和虚实境象的同时,还延展出以虚实相交空间下的互通性危机所共同印证着的人类天然的脆弱性,这就颇具隐喻地抒发了类似超元域的元宇宙对人类存在的价值意义及未来发展的隐患危机。

由此,一方面,元宇宙在斯蒂芬森笔下是以超凡想象力的科幻文学为叙事载体,所勾勒的元宇宙轮廓就是在今天看来仍然充满着幻象与魔境的超凡色彩。另一方面,元宇宙在小说中也被硬核技术的思维所推演、网络应用的术语所包裹,从而使其所展现的"超元域"(虚拟实境技术)对后来的计算机技术,尤其游戏领域产生了深远影响。就这点而言,斯蒂芬森这一开创性的想象叙事,不仅是催生充满奇趣的平行世界故事的起跑点,更是催化元宇宙的科技梦想与哲学反思的起搏器。可以说,描摹元宇宙幻境的《雪崩》既是侠客小说,也是惊险小说,还是科幻小说。时至今日,无数的专业网络技术人员正在一步步接近斯蒂芬森当年的神奇梦想,根据《雪崩》中的情境想象和技术描绘而生产层出不穷的新奇产品,让科幻文学想象的产物得以现实转化、呈现。其中最具代表性的是美国一家游戏公司根据小说中"超元域"概念开发的3D虚拟社区游戏《第二人生》,也是近年来硅谷科技领袖和诸多VR、AR研发者的对标,同时,在"第二人生"网络虚拟世界中的"公民"数目前已突破500万人次,瑞典、菲律宾等国甚至在其中设立了"大使馆"。美国《时代周刊》评选1923年至今"100部最优秀英语小说",《雪崩》位列其中。在网络广为流行的"100本今生必看科幻与奇幻小说"书单中,《雪崩》榜上有名。亚马逊网上书店评选"20世纪最好的20本科幻和奇幻小说",《雪崩》高票入选。

当然,并非只有斯蒂芬森一个科幻作家捕捉到未来的新气息,不少科幻作家或未来学者都意识到互联网将开辟一个全新世界。

在斯蒂芬森之前,加拿大籍的科幻文学创派宗师威廉·吉布森在1984年就基于计算机和当时的人工智能创作了《神经漫游者》(*Neuromancer*)三部曲,该三部曲成为赛博朋克的"圣经",吉布森也被称为"赛博朋克之父",其所提出的"赛博空间"概念所描绘的就是一个存在于现实世界之外,由计算机定义的兼容物质和代码的新型世界。而赛博空间已是具有很高程度的元宇宙想象。《神经漫游者》作为最具影响力的科幻小说之一,描述了未来世界中一个自我意识觉醒的人工智能,为了获取自由,雇用四名职业罪犯,去偷一把钥匙和获取一个密码的故事。这也被看作是后来热映科幻大片《黑客帝国》《银翼杀手》《盗梦空间》等剧作的影子。

而在《雪崩》出版三年之后,乔·弗劳尔就在英国的《新科学家》杂志上发表了一篇文章,基于《雪崩》的构想,讨论如何利用虚拟现实(VR)技术去建构一个元宇宙世界。1999年,上演并大获成功的好莱坞大片《黑客帝国》,则以声像并茂的影视剧作生动化地向世人展现了两个平行但可以通过人机对接方式连接的人类居住世界Zion和计算机设计并主宰的虚拟世界Matrix。影片中的Matrix可以理解为一个具有高度沉浸感的元宇宙,甚至在某种意义上是个理想的元宇宙,但片中那种躺着闭眼、身后插管、以刺激脑电波而产生无数幻觉与触感的"人肉电池"等形象,不免引发人们关于元宇宙中人类生存状态良莠的疑云,反思计算机技术的无限发展可能对人类社会形成的致命性挑战,深忧元宇宙空间中人类和人工智能之间的物种平衡等。再如2018年上映的《头号玩家》,则以更加直观化的形象表达了元宇宙的运作逻辑及其与现实物理世界的复杂关系。

实际上,无论于《雪崩》之前还是之后而创作的科幻文学及影视编排,其实多数都是将生活中的欲望与焦虑、苦闷与迷茫、不满与失落、挫折与失败等现实窘境影射到虚拟想象中,并沿用网络技术的运转规律与呈现载体的特点反向诉说或玄幻描述着在虚拟世界中的另类投影,以此激活要不悠然自得、洒脱随性,要不侠肝义胆、豪气冲天的想象性叙事基调。在这一叙事基调中,"人类完全可以把现实的生活看成是异化的、机械的与无聊的,而把虚拟技术所创生出来的故事化生活当成具有真情的、有机的、生动的生命经验之来源"[①],如此沉积于现实中的困局在元宇宙的想象世界中似乎获得解脱与驱散,哪怕在这种"剥离现实"的情境中有像"雪崩"病毒一样的隐患与危机,也阻止不了世人所期望的从想象性叙事中被唤起的"最真自我"的幻觉意识的满足。

总之,诸如《雪崩》类科幻文创的叙事情境,营造的元宇宙是一个不仅能够上载幻境丛生而且还会潜藏重重危机的虚拟空间,这就赋予了元宇宙在世人眼中充满神秘且魔幻、负有神圣且敬畏的第一印象。小说之所以将"雪崩"作为书名,不仅因为"雪崩"是作为以从元宇宙感染由人体血液传播的"病毒"形象示人,关键还在于"雪崩"所包含的一套有关元宇宙世界的宏大理论,它既暗喻网络技术威胁论并浓墨重彩地渲染了未来世界中潜伏的毁灭性力量,又比拟丧失伦理价值寄托必将招致社会崩溃的暗淡前景,但同时却在人类社会几近被黑暗吞噬的边缘时刻又保留了不屈从恶劣环境而奋斗、坚守自我原则而最终活出属于人类本真的人设安排,从而又点燃了对于人类未来

---

① 周志强.元宇宙、叙事革命与"某物"的创生.探索与争鸣,2021(12):37。

的内心祈盼与寄托。

"雪崩"之下的元宇宙散发着魔幻与敬畏的气息。恰恰是如此叙事而赋魅于元宇宙，才不仅引来人们对元宇宙更浓厚的好奇与探求，而且也不乏招致颇多质疑甚或拒斥。那么，元宇宙究竟会把人类引向因狂妄自大的诱惑而招致灾难，还是能够成为规避真实社会窘困、治愈现实人生伤痛的救世灯塔，这仍是一个极具未知性的话题。

1.1.2　元宇宙幻境：巴别塔的诱惑还是诺亚方舟的救赎

源自科幻文学的叙事想象再配以影像技术的声像展示，使得元宇宙被世人所了解的最初状态即便是幻境性的，但依然能够催生人们对元宇宙从情绪感知的魔幻性进而激发起心理上五味杂陈式的敬畏感，这种对元宇宙的成功赋魅，既是有效地迎合并紧扣着人们对超现实非凡世界的无限向往与新奇，又是洞察并负载了人类本身深邃且无尽的欲望高塔，这就像西方宗教典故中的"巴别塔"与"诺亚方舟"在现代演绎的科幻版。

巴别塔，原是指《圣经·旧约·创世记》第十一章中提到的由人类联合起来意图建造能够通往天堂的高塔，后来世人常用"巴别塔"比喻因狂妄自大而僭越良知、冲破常规的徒劳无功，而诺亚方舟，也是由《圣经》中的一则故事衍生而来，其寓意着危难时刻生命获救、生灵得以重生的美好愿望与寄托。从本质上讲，巴别塔与诺亚方舟都具有因芸芸众生对现实不尽如人意而渴望改变甚至脱离现状从而奔赴理想的意味，只是它们各自表征的寓意有所不同：巴别塔始终释放着由人的傲慢贪婪而引发打破现有势态既存规律的诱惑，诺亚方舟则是基于人所面临的窘迫困境甚至疾苦痛楚而希冀获得的援助与救赎。

仍以小说《雪崩》中的元宇宙场景为例，主人公阿弘在现实社会中处于物质贫穷、精神困顿、情感挫伤的蝼蚁状态，但在元宇宙的虚拟空间中不仅坐拥豪宅而且自由洒脱、酷帅奢华，也就是说，元宇宙不仅成为阿弘驱逐现实生活中的匮乏与苦闷并满足自身欲望的寄托，甚至成为影射所有现实焦虑与危机并将其予以剔除的另类完美空间，从这类幻境的意义上而言，元宇宙不仅是以对现实的打破甚至颠覆为模板的新世界再造，更为重要的是，元宇宙似乎就是弥合人类社会繁纷复杂的现实不足乃至化解世界末日的诺亚方舟。

吊诡的是，诸如《雪崩》一类的科幻文学与影视剧作都从不同侧面体现并遵从着这样的叙事脉络：即使是元宇宙也难逃大千世界中阴晴圆缺、旦夕祸福、波谲云诡的宏大逻辑。《雪崩》中的时代背景被定格为如下景象：人类社会虽然没有遭遇技术灾难，但政府已然全面崩盘，法律失效，垄断企业割据式发展，通货膨胀，钞票面值已达一万亿，房价高到连住储物仓库都要合租，毒品、犯罪、帮派、宗教混乱交错。正是处于如此的混沌不堪，一种被称作"雪崩"的奇幻病毒才被某个宗教组织所掌控，它不仅能够通过感染人的血液得以在现实社会中传播，并驱使人类对毒品形成依赖，同时它还可以通过攻击计算机底层算法对网络系统中的虚拟世界形成控制。此种情境下的"雪崩"与其说是一种奇幻的病毒，不如说是人类无尽欲望放纵的极端化产物。这一境界下的元宇宙对于欲望丛生的人类而言更似巴别塔的诱惑，它也许将人类引向"天国"，也许诱向"人间地狱"。也就是说，元宇宙在为人们加载超现实的幻境冲浪快感之余，也暗藏了人类沉溺于妄自尊大、贪婪而不自知的"人性bug"，由此因缺乏本应坚守的自我反思甚至漠视敬畏伦理的人性底线，最终可能导致人类面临撕裂、暗淡的未来危机。小说对此也有印证性的叙事线索：为避免"雪崩"引发的危机进一步蔓延，主人公弘和前女友胡安妮塔潜入宗教组织内部，找到"解药"并打破了"雪崩"对现实世界的控制，反派势力企图在整个超元域中散布病毒的行为也被阻止，人类得以逃离这场信息末日。当然看到这里，人们可能庆幸，"雪崩"引发的这一切幸好只是科幻文学的隐喻而非现实社会的事实，但同时又可能在感叹未能"玩转"元宇宙的遗憾或不甘心，因为从内心深处的渴望而言，人们依然翘首祈盼着能有救世主般的诺亚方舟存在，从而让人类夙愿得以承载甚至达成。

事实上，从小说中的幻境到现实关怀的回归，人类自我存在与主体价值的思考再次成为直击科技盛世的疑问：科技源于人类的创造发明，反过来又使人类改变世界的能动性效能与日俱增，而一旦科技强大到可以改变整个世界乃至不可逆转时，身在其中的人类又当如何自处？是否仍拥有主体的自由？人还是食物链最顶端的主宰者吗？人与科技的关系是否会本末倒置？而以科技生态为闭环的元宇宙对于人类文明进程究竟是在延续还是要重启甚或会是摧毁？

对于这一系列疑问，一类观点认为这即是元宇宙的悖论起点，另一类观点则认为这恰恰是元宇宙的魅力所在。

就第一类观点而言，其理由是：即便随着信息科技发展的强劲势头，元宇宙可能有助于人类追求价值"极致化"的梦想实现，但这也易于纵容人类无限欲望的膨胀，元宇宙可能扮演的会是人类觊觎资源的无限占有、对自然无畏索取的遮羞布，并反而异化为迷失信仰、僭越良知、沦丧道德、泯灭人性的人类噩梦集合体。

而持第二类观点的理由是：事实上，无论是作为当前谈资热点的元宇宙话术，还是研发应用于社会发展的元宇宙技术，即便是科幻漫游的元宇宙艺术，都是在围绕人类意义世界的拓展性构建、移情机制功能的充分化发挥、感知体验的沉浸式探索而展开，并创设性地以元宇宙这样一个概念去预估未来社会中可能产生的多重现实与人类发展中的多重自我等前瞻性问题，是通过以元宇宙为想象载体不断激发并释放人生创想和表达的巨量空间，并锚定代表人类持续发展的自省化、自主化、多样化的"意义世界"拥有聚能增长的生成活力。

所以，元宇宙应该是有赖于科技生态的健康循环而并非科技发明的单品，元宇宙也并非现代生活世界背后的基础逻辑，其实它更应是人类在铸就自我生存环境的优化与升级的进程中嵌入了一个独特的发展维度，这个维度可以是平行的也可以是交融的，归根结底都是人类智慧将自身与自然、机器、代码等，以信息技术构架彻底连接、黏合在一起，形成了人类世界新的意义系统，也许今时今日人们对待元宇宙的神秘与魔幻总是迟疑不决，而若干年后却发现元宇宙只不过是人类漫漫文明史中的一个脚注，或许也只是标识人类文明魅力的符号之一。

总之，无论元宇宙是热度话题的"概念洗脑"，还是技术创新的"价值洗礼"，关键是人们需要以科学辩证的态度对待元宇宙、理性向善的技术塑造元宇宙，那么它才具有被关注与热议的实际意义。未来图景中的元宇宙世界，当然会存在与现有科幻小说中幻境的雷同之处，也存在人们纠结于是要放弃诱惑，还是在寻求救赎的迷茫。但是，真正能让元宇宙由纯粹的概念炒作转换为真知实感的场景体验，则不能仅靠碎片化、情绪输出性的艺术灵感烘托，而必须要搭建尖端技术集群化应用的全新技术平台，直面解决虚拟世界的完美打造、现实世界与虚拟世界的无缝衔接，同时将人文价值与伦理关怀前置于元宇宙的发展定位中，并为集中代表人类社会存在意义的治理智慧开辟更高层次的规则设计标准。毋庸置疑，最初只是作为一个文学性概念的"元宇宙"，确实点燃了不同领域的专家、学者针对元宇宙而乐此不疲的理论激情，但真正推动社会发展进步、提升人的价值意义的研究，必须建立在解构元宇宙"神话"姿态的前提之下。否则，即便人们都对元宇宙心驰神往，也难免叶公好龙，元宇宙也不过是过眼云烟而已。

1.2 "技术"祛魅下的元宇宙雏形

诸如"雪崩"类科幻型的文学与影视创作，赋予元宇宙给人以魔幻且神秘、渴望而敬畏的独特魅力与无限想象，从艺术情感上纾解着人在现实彷徨与理想追求之间的矛盾性、复杂性、多样性的欲求，这些欲求的实质就是作为自然物种之一的人类始终不渝所寻求的对生存方式持续优化与生命意义不断完善的满足，而这种满足有赖于在人类对自然改造的生产实践活动中得以丰富与拓展，并伴以反思性的自我认知提升与改造化的外界适应能力增强的过程中去实现，这其中最突出显在的依赖就是技术。

因为即便文学、影视以其科幻艺术手法成功赋魅元宇宙而激发世人备感好奇与向往的绝妙之处，但若仅留滞于作为科幻形象认知的元宇宙，则不免会让人反思它的真实存在性，那么，元宇宙最多不过是"可能之世界"其中一种而已。因此，只有通过技术祛魅，人类才能"真知真觉"地创造并享用元宇宙世界的"事实化"存在与"真实性"价值。而所谓技术祛魅，就是通过阐释与说明运用现代信息技术的特质与功能剔除科幻文创中"魅惑"有余的元宇宙所包含的神秘感、玄幻性，以技术路线勾勒元宇宙的清晰轮廓，从而形成对元宇宙科学化的理性认知。

所以，随着科技革命的强劲发展，呈现于世人面前的元宇宙并非能如科幻文创中那般玄幻，但却在具备感知体验的拟真化、沉浸式的技术加持下，其"真实之面目"的雏形日益具象化，元宇宙所代表的虚实共生的世界也不再是以"天方夜谭"的"故事"存在，而是以人们借助技术的力量获得亲历的互动与亲身的参与所构成的"事实"得以展现。

1.2.1 技术支撑元宇宙的核心底座

元宇宙的概念早在 1992 年的科幻文创中就存在，但真正令元宇宙燃爆大众视野的则是 2021 年 11 月 Roblox 公司的上市。Roblox 宣称自己是元宇宙公司，因旗下与公司同名的世界最大的多人在线创作游戏平台 Roblox 中，大多数作品都是用户自行建立与改造的，即用户生成内容（User Generated Content，UGC）铸造了 Roblox 的虚拟世界，由此作为用户的玩家又是 Roblox 虚拟世界的主体。截至 2019 年，就已有超过 500 万的青少年开发者使用 Roblox 开发 3D、VR 等数字内容，月活跃玩家超 1 亿。Roblox 庞大的用户基础不仅产生众多的 VR 游戏，也使得 Roblox 有可能成为虚拟现实社交平台的先锋引领，同时，Roblox 还拥有 Robux 虚拟货币，Robux 通过充值和创建游戏获得，如果有玩家想购买游戏创建者的物品（item）或通行证（gamepass），需使用 Robux 支付，但是其中需要扣除部分税金。基于以上这些使 Roblox 成为了现阶段元宇宙的代表。

尽管 Roblox 不免出于商业与资本炒作的动机而宣称自己是元宇宙公司，但从其目前在线创作游戏平台来看，其也确实在局部地实践着虚实空间交互、UGC 生态搭建、虚拟货币流通、数字身份流转等具备元宇宙沉浸式效果的体验，哪怕这对于气势磅礴的元宇宙全景而言只不过是冰山一角，但从中依然可以洞悉到：想象力只是元宇宙憧憬的底色，信息技术才是元宇宙成就的底座。从本源上看，信息技术从属于技术范畴且为技术的具体样态，天然承载着技术本质的二维属性，也正因为如此，信息技术就为元宇宙的"真实化"存在与展现奠定了物质层面与精神层面的双重基石。

1. 技术本质的二维化

在人类学上，人被定义为能够使用语言、具有复杂的社会组织、可以发明创造技术与工具的高等灵长类动物。在此，代表人性生存方式的技术创造和发明是人类区别于其他所有生物的根本不同，因为技术的产生是在人的意志支配下进行，并用于创造属于人类对美好生活的理想追求。

就本质而言，诚如马克思所指出的，技术的本质在于"揭示人对自然的能动关系，人的生活的直接生产过程，以及人的社会生活条件和由此产生的精神观念的直接生产过程"[①]。在马克思看来，现实活动中的技术都是自然技术、社会技术、思维技术相互作用而形成的内在整体，由此，技术是人对包括自然环境、人文社会以及人类思维等的活动方式与关系媒介，它使自然之中蕴含的无限能量成为人类可资利用的对象。可见，技术是人类文明进步的重要标志之一，也是人类生存的基本方式。人正是通过正确认识、总结、利用自然规律而达到在现实生产和生活中发明与应用技术，才充分体现了人自身的潜在创造力和现实行动力，并将这些技术应用到改造对象的有效性实践活动中，

---

① 马克思，恩格斯. 马克思恩格斯全集：第 23 卷. 北京：人民出版社，1980：410.

以解决人的生存、改善人的生活、体现人的价值等问题。所以说，技术的产生与发展是人的生存欲望和所要改造对象相互作用的结果，从技术产生的那一刻起，它就和人的生产生活紧密相联，不仅有力地促进人类生活水平的提高，而且带动了人类精神世界和物质生活的全面进步。

就范畴而言，技术有广义和狭义之分。广义的技术包括管理技术与社会技术，通常包括组织、程序、体制、制度等依托人类历史、社会、政治、经济发展的抽象工具，这表征着人与社会的联系。狭义的技术是对科学发现与发明的应用，常包括基于自然科学原理的各种仪器、机械、装置或与此相匹配的运行软件、程序等，这表征着人与自然的联系。

在元宇宙的话题语境下所指的技术则是从狭义的层面来讲，特指发轫于20世纪50年代以来经过半个多世纪不断迭代更新的互联网科技与数字化应用等汇集而成的信息技术，其显著表征着人类已经进入对自然资源与物理环境实现超强意识、自主目的地利用、加工进而形成极富智识性认知的成果，也可以较为宏观地称为"后工业时代的技术"。这些以网络化、数字化为特质的后工业时代的信息技术使原本匍匐在自然界脚下的人，由被动地利用并依赖自然资源而满足自身的基本需求，成为改变人与自然、人与社会之间的关系不再是被动依赖，而是主动探索与挖掘甚至是索取与超越的重要桥梁。

概括地讲，技术是人类本质力量的载体与展现，而人类本质力量的源泉则来自遵循自然规律前提下的想象力思维和创造性劳动，于是基于自然的客观规律性与体现人的主观能动性则成为技术应有之义的二维向度。

那么，信息技术作为后工业时代的技术表征，其在本源关系上当然具有技术二维化所蕴含的向度：

一是客观维度上，信息技术是在特定的物质基础之上遵循一定的自然规律而产生与发展的，不仅在一定条件下可以呈现为独立于社会之外的客观性力量，而且能够反作用于社会发展，从而对社会变迁的方向产生重大影响，释放信息技术推动社会多方面改进与变革的巨大潜力。

二是主观维度上，代表后工业社会发展症候的信息技术集群既是人类科学的实践产物又是现代社会的重要构成，外形上是由人发明、创造和使用的技术形态，内质里则是由社会结构、经济发展、政治文明、文化进步等宏观因素与特定社会群体的价值、利益、观念等微观因素共同决定的，其发展和应用必然是在人所组成与主导的社会环境中实现且受到各种社会因素的影响和制约。

总而言之，具有同源本质的信息技术所蕴含的二维向度，不仅反映了信息技术是在人对自然和社会的认知过程中所形成的一种现代性知识，而且也是基于人对自然和社会的深入化认识成果，并将其应用到适应尤其是深刻化改造自然和社会过程中的一种现代化工具，但尽管如此，信息技术所代表的人类对自然和社会的认知依然是有限度的，人适应与改造自然的行为也应该是有界限的。所以，当今人类社会发展虽然已经迈进以"算力+数据+算法"为新型构架的互联网科技轨道，但人的知识边界与行为边界却始终存在，那么，信息技术的发明与应用一方面会触动运行机制转换、引致各项制度变革、激发公共治理精准等科学化、智能化、现代化的社会发展新逻辑，而另一方面这种发展新逻辑又不可能、更不应该是完全超乎现实甚至滑向虚幻、虚无的情境与路线。信息技术对于人与社会的关系而言，始终应着眼于为服务更好的现实而有限度地超越现实，这也恰恰是其具有技术本源所应坚守的主观、客观双重向度上的二维化本质使然。

2. 信息技术奠定元宇宙的双重基石

当前学术界与实操界对于元宇宙的定义众说纷纭、莫衷一是，但达成共识的是，元宇宙是以数字化的信息技术为主导的互联网发展的极致形态，并通过集群化应用，诸如5G/6G、人工智能、大数据、区块链、AR与VR等叠加聚合的数字化信息技术所构筑的对物理社会既具创生性超越又能镜像化映射的虚实交融的新世界。的确，虚实相融与共生是元宇宙的基本属性，也是互联网科技当下及未来不断追求极致与达到巅峰的表现，但这恰恰意味着元宇宙的真实化显现是不可能脱离物质世界而囿于臆想。正是依托以信息技术为底座才可能成就元宇宙"真实感"的倍增，而信息技术所具有的主、客二维的本质性向度又会带来社会组织构架、行为模式甚至思维逻辑的革新，这些革新又为元宇宙能够真实化发展而非仅是臆想性存在奠定了物质与精神双重层面的基石。

事实上，工业社会的技术更需要因循自然规律，由此则倾向于模仿性特质；后工业社会的技术更多地体现为如何充分地释放人的能动性与道德追求从而激发事物发展的质变飞跃，由此则侧重于创造性特质。因此代表后工业时代技术典型的信息技术，虽然因其自身显著的工具性创造力决定了信息技术只是引发社会制度变革的条件而非决定性力量，但信息技术依然具有能够直接触发社会组织构架转型创新、颠覆既有行为模式与思维逻辑的强大潜力。

一方面，基于信息技术的客观维度，决定了应用信息技术就意味着互联网世界中的算法规则、数据资源、社交互动和思维符号等都会嵌入现实社会中的组织和行动中，从而促使线上化、虚拟化、网络化的新型行动模式成为必要需求。这种新型行动模式又与原有的社会制度、组织体系之间形成一种张力，进而促发并累积了实现整体社会运转机制变革的力量。由此，基于客观化维度的信息技术对人产生了赋能与操控的双向影响：就赋能影响而言，信息技术不仅实现了跨时空的多点同步交流，改变人与人之间的交往形态和生活方式，而且不断激发甚至刺激人对超现实的向往与追求，更为重要的是人对于"自我"的个体化存在意识甚至是"超自我"的虚拟性存在都因信息技术不断满足的力量而得以印证；就操控影响而言，信息技术因其庞大的网络覆盖、海量的数据信息、高效的算法决策、深度的用户感知、精准的个性推送等综合效能，为人及人的社会编织了一张无形却有力的监督之网，在此信息技术客观上塑造了人们行为的"自我收敛"。这即所谓"物质决定意识"，正为元宇宙的存在与发展奠定了颇具创新化转型与科技性升级的社会组织构架与人文认知水平。

另一方面，源于信息技术的主观维度，决定了信息技术也是社会制度的构成要素之一，即便信息技术并不是决定制度变革的根本力量。但事实上，社会转型和信息技术的应用促使人们把关注点从制度层面转移到了行动及其产生的新的条件，以行动为中介，信息技术成为实现当代社会制度变革的有力杠杆，尤其是在现代社会已经历过由数字信息科技引领的"第四次产业革命"的洗礼而"升级换代"的前提下，信息技术的应用不只是提出了实现全面制度变革和组织模式变革的迫切要求，而且身处其中的人类更不能坐等信息技术应用自动地引发制度变革，要根据人类社会的历史发展方向，积极地运用新兴信息技术去创新社会制度机制与运作形态，从而为元宇宙能够被真实化感知与现实化展现创造有利的存在空间与发展环境。

总之，信息技术的二维化本质向度，首先是为元宇宙的真实化奠定了作为社会性组织产生与发展的前置性条件，其次又让元宇宙不沦于空洞与虚幻，并代表人类社会先导性价值而赋予人更多的自由选择空间和突破限制的能力。元宇宙的双重基石乃是源于信息技术的二维化向度，由此为打造元宇宙所必需的虚实空间奠基了从零和博弈的竞争状态转向共生共赢的融合互促，为元宇宙的事实化存在与真实性价值提供可以被人感知、体验甚至直接参与其中的社会生态环境。

1.2.2 技术形塑的元宇宙雏形

无论是炒作噱头还是人类梦想，元宇宙的提出是在绘制着人类世界的终极形态，回应着意识生命永生不灭的渴望，渗透着人对理想社会状态的某种预设。这种预设既包含着对社会发展潜能的认知与挖掘，又表达着促使其得以建构的努力与不断实践的过程。然而，任何事物都会有无数个潜在状态，只有借助以技术为典型的外在力量，才有可能转换其为现实状态，就如亚里士多德的观点："使用技术就是思虑、谋划某种既可以存在也可以不存在的东西如何生成。这种决定权在制造者而非制造物手上。"① 那么，元宇宙的核心底座即是依托于人类科学发明而产生的各项信息技术及其应用，在这一意义上，元宇宙就是技术的制造物，技术自身水平的高低与实现程度的强弱决定着元宇宙是仅能沦于臆想还是可以外显于世，甚至直接关乎着元宇宙发展态势的良莠。

当前以数字化、智能化为超常发展的信息技术，正与元宇宙场景预设相契合，并为之真实化呈现而提供技术路线的雏形画像，由此相关的信息技术又是理性认知元宇宙这一新鲜事物的科学化路径，所以海德格尔说，"技艺不是使用和做本身，而是一种认识方法。"② 至此，就以信息技术的路线图形塑元宇宙的雏形样貌，以相对具象化的技术阐释为切入口，消解因元宇宙最初被以魅惑式、玄幻性的流行描述而难免质疑之声甚或被认定为虚无化象征的误读。

信息技术之所以可以形塑元宇宙雏形，究其原因仍在于信息技术自身所具有的主、客二维化本质。根据各种关于元宇宙将现实业态场景、社会交互关系和虚实两界张力予以复刻，而后回转、触及现实体验或感知的相融化构想来看，其并非不经之谈或无中生有。事实上，随着信息技术革命的脚步加速与迭代更新，从20世纪的PC端普及与信息高速公路铺设，到21世纪云计算、大数据、5G/6G、新一代人工智能、区块链、虚拟现实等信息技术的井喷式涌现，成就了爆发性的网络虚拟空间的拓展化成长、海量数据的持续生成与积累、智能应用的叠加与升级等，这似乎不仅在为未来数智世界的理想筹措具象化的主观认知前提，而且更像是在为元宇宙降临储备基础设施的客观外在条件。因此，在信息技术的主、客二维化向度下，元宇宙的雏形得以系统化地形塑。

---

① Aristotle，Nicomachean Ethics，in Jonathan Barnes，ed.，The Complete Works of Aristotle: The Revised Oxford Translation，Princeton University Press，1995，p.1800.
② 海德格尔.柏拉图的《智者》.熊林，译.北京：商务印书馆.2015：25。

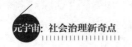

1. 互联网交互生态孕育元宇宙天马行空的动力之源

在宣传晕染与资本入场的推波助澜下，人们当前对于"元宇宙"这一称谓的感知已较为熟悉与普遍，但究其严格定义与具体形态却依旧没有统一的认识。尽管媒体报道或业界宣称都认为元宇宙是互联网发展的终局，但由于元宇宙概念最初来自科幻性文学影视作品的虚构和想象，这不禁让人们反思元宇宙的真实存在性。而值得注意的是，元宇宙的提出、演进和发展在一定意义上是经历媒介不断革新的产物，即脱胎于文字描述的想象，后依托电子声像的助力，又得益于网络游戏的吸引，当下及未来更须借势于数字智能。在文字到技术的媒介变化中，互联网深刻地开启了社会交往形态的聚变，衍生着人类深层交互的强烈欲求。

1969 年，互联网作为军事技术的产物得以诞生。1989 年，根据分类互联网协议，万维网（World Wide Web）出现，互联网开始走向民用化。近年来常用 Web 1.0、Web 2.0 及 Web 3.0 概括互联网的主要发展阶段，对此说法各有不同，如有将消费互联网、产业互联网、价值互联网的三个层次与之进行对标等。

在这里，将以互联网作为交互媒介所拓展人类社会交往空间的变化为划分层次：

首先，将 Web 1.0 看作是互联网的信息时代，此阶段的互联网交互状态主要以信息传递的便捷性和即时性为红利产生的集结点，人们从中获得与享受的正是无限丰富的信息资讯乃至迎来信息大爆炸。

其次，将 Web 2.0 视为互联网的关系时代，是在 Web 1.0 即时传递信息的基础上构建诸如"网民或网友"之类的新型化人的存在方式或人际交往关系，此阶段的互联网交互状态从单纯的信息传输路径演变成虚拟化的人际网络关系渠道，并由此形成网络空间下虚拟人际中的信息传播民主化。此时，任何人只要花上几分钟时间就可以在互联网上拥有"一亩三分地"——博客的个人主页，大多数人都是通过这样的网上冲浪寻求到了自身在互联网交互中的数字化身，并拥有自己个性化的昵称、性别、职业、所在地等涉及身份的虚拟化设置，并且随着互联网信息技术的进一步发展，诸如化身、博客、个人主页等，在表达形式上已从纯文字变成包含图片、动图、音视频等，在内容关联度上已从独立的个人主页变成交互的个人主页，在交互载体上已从桌面 PC 端转入移动端 App，此时互联网进入移动交互的生态期。

最后，随着互联网的高速发展，这种强关系特征终究会因互联网交互生态的持续演变而为畅想 Web 3.0 做好了叠加升级的先期准备，虽然对于真正的 Web 3.0 终究是什么，学界和业界目前争论活跃，但基本可以预判的是 Web 3.0 将以高密度语义网络、代码机制、算法体系、区块链等高度发达的智能技术为基础，以完全实现"万物互联"，让人享受比拟现实的强沉浸感。这些阶段显示了互联网交互功用不断进化与提升的生态历程，从 Web 1.0 到 Web 2.0 就已开始形成从信息传输为中心过渡到塑造新型人际互动关系为重点的网络生态进化，"人"的地位和作用在网络生态中逐渐突显，进而得以推断，Web 3.0 必将是高度以"人"为中心的网络交互生态，因为 Web 3.0 是在 Web 2.0 的基础上发展起来的一种需要更充分发挥、体现网民的数字劳动价值，并且能够实现数字价值均衡化分配，具备信息交互更为精准、数据价值传递更为活跃的新型互联网生态。

正是在互联网交互功用的生态化演进中，彰显着人对自身和自身关系构建诉求的日益外拓与扩展，这需要满足人们进行交互在深度、广度、速度等层面的诉求。因此，互联网交互生态的进化与升级带来的不仅是人在互联网中地位和作用的改变，也不断体现着信息技术的驱动力量，使得互联网功用从信息转向人，同时为了不断回应人们对交往层次增多与水平提高的诉求，互联网交互功用的极致生态必定是完全以"人"为中心，甚至是全面"社会化"的虚拟空间。而这些交互生态的演变与递增，就为延续元宇宙天马行空的落地化构想及加速"真实化"呈现提供了最为基础的孕育之所。

譬如，最直观但并非能完整体现元宇宙全貌的典型之例就是网络游戏，网络游戏最擅长的事情就是构建一个虚拟世界，让玩家在其中进行交流、游玩，通过网络游戏玩家获取诸如战略型、角色扮演型、益智型、动作型、射击型、体育型、格斗型和驾驶型等不同模拟形象的趣味性，玩家徜徉于网络游戏创造的虚拟世界中流连忘返，尤其是借助高超的数字技术和显示技术，虚拟世界不仅提供了一个虚拟化的空间，而且还可以让玩家在这个虚拟空间中从事同现实基本相一致的活动：可以在这个虚拟世界中进行买卖交易，甚至是收集材料，圈地盖房，也就是虚拟了一整套类似于甚至可能与现实高度契合的经济模型，为玩家构建了一个自由且异常真实的虚拟宇宙沙盒世界。

总之，互联网交互生态的进化与拓展，强化并展现着信息技术推动多元化、智能化媒介的发展，从而让虚拟世界逐渐具象化、外显性地被人感知，使元宇宙迈出从科幻文学中的"可能性世界"向"真实化感知"的关键一步。

2. 沉浸式技术聚焦元宇宙多模感知的可望又可即

元宇宙从抽象概念到现实转化最根本的就是必须寻找到使现实环境与虚拟世界得以融合发展、交错生成的联接口，由此才能展示沉浸感、交互式、构想性的超现实体验。这就要求从视觉、听觉、嗅觉、味觉、触觉等人体多感官的满足，到能够精准再现地球上的天气、海洋、地质、生物等纯粹的自然系统和现象，甚至包括人为操作导致的物理、化学等变化。在此要求下，元宇宙要具备与真实世界的平行态、自我运行的三维式、自然人用户的"化身性"等构成元宇宙内在的社群成分与栖居之所的要素特征。而能够满足这些要素特征的，就是沉浸式技术。

"沉浸"一词，英文及法文均为immersion，其拉丁词源为immersio，原指潜入水中的行为，在汉语中常比喻处于某种境界或思想活动中。在元宇宙的语境下，"沉浸"的概念所指至少包括以下三个层面：

第一，过程层面，即沉浸是指使用者借助相应感官界面可以从物理界面潜入一个由模拟真实存在的立体空间、立体事物、逼真感受的三维技术所创建的且具有以动画渲染、建模特效而生成虚拟世界的过程。

第二，事实层面，即沉浸应是通过不同的虚拟界面，使人感受到抽离于现实世界、存在于虚拟世界中的情景化事实，或至少是能通过感知、形象、触碰、交互等真实性的体验而获得的经验化事实。

需要说明的是，虚拟界面包括感官性界面、行为性界面、感官—运动界面。其中，感官性界面能让使用者借此感受到基于视、听层面的虚拟世界，也是行为界面组成的一部分；行为性界面包括运动界面，在此界面中人可以获得在虚拟世界中拥有"行走"之类的运动体验；感官-运动界面则是实现人与虚拟世界双向交流的互动相融效果的界面。

第三，状态层面。根据虚拟界面的差异，沉浸可以分为完全沉浸与部分沉浸。完全沉浸，是指让使用者完全潜入一个由电脑生成的三维互动环境中，在此处虚拟空间中完全感受不到此空间之外世界的任何迹象；部分沉浸，是指使用者处于一种外部现实世界感知未被完全剥夺的虚拟环境中，此时人成为虚实两界纽带般的承载者，而这一承载能够实现的接口就是某种虚拟界面。

可见，针对不同沉浸概念所开发的技术产品所带入的虚拟化或者虚实共生的状态差异，将影响着元宇宙世界所需的多模感知系统的现实投射效果，多模感知系统立体化、周延化的构建是元宇宙能够被可望又可即的关键。

针对此，沉浸式技术所关注的就是形成一整套改善或充实真实环境和人类感官的技术，通过将源于物理世界中的海量数据信息融入智能化数字技术里，创造一个新的虚拟环境，以替代或平行于真实环境。

沉浸式技术主要包括：主干层面的，即汇集虚拟现实（VR）、增强现实（AR）、混合现实（MR）三大技术，旨在生成一种真实因素和虚拟因素共存、互动的环境，最终整合为通过计算机将真实与虚拟相结合的扩展现实 XR，打造一个可人机交互的虚拟环境，这也是将 AR、VR、MR 三种视觉交互技术相融合，从而带来虚拟世界与现实世界之间无缝转换的"沉浸感"体验，而这正是元宇宙所需的多模感知系统的呈现。分支层面包括立体声、触觉反馈、全息摄像、数字孪生以及具有"人机物"交互临场感的遥现等其他形式的技术。

从某种意义上来说，元宇宙就是人类对于人机交互体验的又一次升级，也是人类第一次自主创造的新的交互体验模式。在信息技术应用初期，人类通过外部实体工具对机器进行物理操控，比如按钮、鼠标、键盘等方式，随着人工智能的发展，人类可以通过手势、声音、体感这些自身最直接的沟通模式与机器进行交互。未来，随着脑机接口技术的成熟，人类甚至可以直接用脑电波控制机器。毋庸置疑，这一系列沉浸式技术的应用使得创生沉浸式情境与多模感知成为可能，不仅彰显它们特具的沉浸性和实时互动性成为未来元宇宙重要特性的组成部分，而且能够使呈现元宇宙存在感的体验越来越好，越来越趋近真实。尤其是随着人机交互的突破性发展，必将能够达到元宇宙世界所需的多维反馈、多模感知的沉浸式要求。否则元宇宙依旧是人类梦想中可望而不可即的幻境，最多不过是一个升级版的网络游戏而已。

3. 人工智能：驾驭元宇宙智慧运转的"上帝之手"

企及元宇宙从"可能之世界"到"真实化存在"是乘着信息技术井喷式发展的宏大之势的产物。由此，元宇宙势必是一个由"数据"构成的信息交互高速运转的世界。不同于现实世界是自然为主的世界，尽管也有多样化的数据收集与应用终端，但就数据的生成速度、密度位点等都没有"元宇宙"中那般 360°闭环无死角。元宇宙必然需要面对并处理比现实世界产生更为海量的数据，这即成为元宇宙能否维持正常运转的关键秩序之一。在这一意义上，强大的人工智能成为塑造元宇宙世界的"上帝之手"。

三维数字技术模拟的沉浸式场景一定是形塑元宇宙的关键要素，这让元宇宙不仅在颇具趣味性的娱乐游戏之中体现了价值，还提升了现实生活工作的超便利性，但这些都不是追逐元宇宙梦想的价值归依。元宇宙于现实世界中人的根本意义在于，能够提供给每个用户更丰富的自由空间、更多样的行动可能和更便利的服务感知。这就体现在高度拟人化的各种社会场景中。诸如，入院就医时有耐心询问仔细查诊的数字医生为病人提供医疗服务，实训课堂利用数字导引员实现虚拟场景再现、生动性的音像资料演绎等，以实现教学工作多样化，这种作为中立性衔接主体而出现的NPC（Non-Player Character），在游戏中已经很常见，而元宇宙中的NPC既是为了追求高度拟真的生活化场景，也是为了及时为元宇宙用户提供更丰富的辅助，从而让人获得更自主化的自由体验。而NPC功能的强力释放是以强大的AI为支撑。因为只有NPC处于让用户无法分辨遇到的是真实自然人扮演的还是AI生成的，才能形成人与虚拟空间的智能化互动状态，才能符合元宇宙虚实交互的畅想。这实质上就是要求AI能够通过图灵测试，并训练AI具备更为强大的学习能力和适应能力，甚至还要具有人类的某些缺陷乃至于人类的一些正常化情感反应。可见，正是不断升级的人工智能及其更广域的应用才能驱动元宇宙的智慧化场景，从而驱使元宇宙得以更真实化地呈现在自然人面前，或达到与现实世界平行交错而生的可能。

然而，当下人们所能体验到的元宇宙却多是剪影式的片段，究其原因还是作为驱动元宇宙系统场景能够智慧化运转的人工智能，其自身也有阶段发展的局限。目前业界普遍接受的观点是，人工智能的发展分为三个阶段：计算智能、感知智能、认知智能。

计算智能，即指机器"能存、会算"的能力，如当年与李世石围棋大战的人工智能就属于典型的计算智能，这个方面AI已超越人类。

感知智能，兼具"能听、会说、能看、会认"的能力，这方面AI已能和人类媲美，比如语音识别不仅能惟妙惟肖地模仿特定人发音，甚至能听懂数十种语言，人脸识别则可在千百人中快速锁定目标对象，这方面AI基本上已经达到和人类一样的能力水平，甚至在某些领域超过了人类。

认知智能，是具备以人类语言的理解和常识推理基本认知的逻辑，是人工智能相对高级的阶段，其最为核心的突破点是多步推理和精准化常识判断，目前这方面 AI 和人类相比还有一定的差距，当未来脑机融合的技术一旦实现突破，人工智能就会以此作为另一种技术路线而获得提升，并很可能最大限度接近通用人工智能的水平。

所以，人工智能的成长阶段尤其是认知智能的进展快慢，会直接影响元宇宙的发展节奏与现实化效果。而元宇宙内部真实化"运动"起来须是基于超大规模的数据信息与算力消耗、使用超高带宽的网络与无处不在的多形态接入设备、自然流畅的人机交互与规则合理的智能算法，由此才能产生由 AI 形成的数字主体在元宇宙中自行演化，才能存在符合元宇宙内在情景特征的数字主体。这些不仅是元宇宙何时能够实现的关键控制点，而且本身就有赖于人工智能的强化升级，最终才能满足用户对虚拟世界的多样化需求与真实性感知。

4. 区块链根植元宇宙去中心化的信任机制

信任是人类社会理性化发展的重要源泉之一，它标志着人与人之间的依赖性相处与交往，因为只有值得信任的个人或团体存在，才意味着这个社会在履行道德、实践政策、遵守法律时具有彼此承诺与信守的意义，才能形成并实现涉及双方或多方间赖以生存的交换与交易等利害关系的基础。而若信任缺失甚或沦丧，不仅会让人类行为的不可预知性于隔阂、误解中极大增长，而且也会导致社会关系的凝聚力溃散、社会发展的盲目性增强。正是存在信任才能使纷繁复杂、利害攸关的社会关系总能处于历经博弈而最终选择合作性状态与合理性行为。

当前，因信息科技革命的到来而引发全方位创新如同摩尔定律的指数级增长时，作为全新升维式的新型社会组织方式——元宇宙也呼之欲出。特别是随着包含 5G/6G、人工智能、区块链、云计算、大数据、系列性延展现实、脑机接口、物联网等多领域技术的前瞻布局而促使信息科学新技术的融合发展与叠加式应用，使得虚拟与现实的距离逐步缩小，参与度、沉浸感与开放性都达到历史巅峰，这就为元宇宙中的虚拟社会的形成勾勒了框架基础。

与物理世界相似的是，元宇宙中的虚拟社会也要依托"人"的存在及其相互间关系的状态而维系。

与物理世界不同的是，元宇宙中的虚拟社会是由庞大的数据信息与精密的算法机制所组成的。

因此，在物理世界的社会中所讲的信任是"基于人的信任化"，或者说是"基于人控制的第三方信任",这就好比在现实生活中的人们把钱存入银行,其本质是对银行这一主体的信任,再如人们使用某一网络支付工具,其本质是信任开发、经营该支付工具及交易的公司,归根结底,就是信任国家担保的交易及国家的法律。在现实社会的整个运行中,有大量的信任模型,其实际就是依赖于信任个人、公司、组织、政府,以及人与人之间的互相制约和担保、公证、法律法规、程序等一系列明规则、潜规则,以及这些信任因素之间的组合。但在元宇宙的虚拟社会中,信任则更多基于"代码逻辑信任",因为元宇宙世界是以人工智能为运转驱动、以沉浸式技术为感知体验、以互联网信息为交互生态的数据社会,那么,在如此环境中的信任主要源于机器反应、数据质量、代码算运所生成的逻辑性结果。

当然,元宇宙所构建的虚拟社会也是与物理世界平行且具有对现实社会关系映射的数字化过程,所以奠基元宇宙的海量数据既来自"现实人"又需要为"现实人"服务。因此,如何分布式地存储数据、智能化地保障运行、去中心化地平等共识、安全性地价值流转等就成为维持元宇宙健康循环的关键。这就必然需要聚焦区块链的技术赋能。

所谓区块链,即是基于互联网效能演进与升级的一种新兴数据存储和数字传输方式,不仅能够弥补互联网的可信性缺陷,以新的数字诚信机制改变人与人、人与物、物与物的联接方式,而且带来生产关系的改变,从而为不同参与主体间、不同行业间的可信数据交互提供了有效的技术手段,实现由"信息互联网"向"价值互联网"的转变。由此,分布式、透明性、可追溯、防篡改等成为区块链技术的根本特征,这些特征适用于促进并提高社会发展、治理、服务等多领域中的透明化、共识性、诚信化、安全性以及去中心化的平等客观。

在元宇宙世界中,一方面,用户的化身生成包括化身的面部表情运动,都不可避免地涉及人工智能,尤其是机器学习。为避免被一人或一家机构所控制,元宇宙所追求的去中心化对区块链技术的需求就不言而喻。另一方面,虚拟化的数字资产的发展也对区块链所能供给的新型加密技术提出更迫切的要求,区块链技术的发展在保证数字资产的安全性之下,也能够确保正常数字资产交易的安全性。

如果自然人通过其化身在元宇宙空间购买土地、开发建物,诉诸NFT(独份代币或不可替换代币)和其他数字资产(或称加密资产)不可或缺,这背后自然需有智能合约和算法的加持。同一元宇宙内的物品交换或交易,也需要区块链和 NFT 来确保所有权的转移以及交易的透明和溯踪；不同元宇宙之间的互操作性也因此成为可能。倘若自然人的数字化身驻足于元宇宙中的虚拟商店，人脸识别技术也至关重要，以便真实世界的商家能够及时乃至同步向潜在客户推送定向广告。

总之，区块链的技术架构与设计理念耦合了元宇宙场景下虚拟社会发展所需的代码式、数字化的信任，并具体以数据确权跟踪模块确保虚拟"数字钱包"的安全，以数据同步共享交易模块盘活数字商城运行的自动化、高效率，以数据隐私计算模块保障并实现数据流转价值的安全传输。可以预见，在元宇宙社会中，当"碳基生命"迈向融合碳基、硅基、信息人等多元化"后人类时代"时，当社会结构与治理机制逐步走入虚实共生、数据协同的共治时代时，区块链必将是支撑元宇宙升维的基石，并因有效保障数据价值安全释放与健康流转而成为构筑元宇宙新型信任生态的关键。

5. 数字替身创生元宇宙镜像生态的"虚拟文明"

当前对于元宇宙解读比较流行的说法之一，就是元宇宙也是通过数字孪生技术映射现实世界而形成与现实平行化存在的镜像空间。可见，数字孪生技术以提供丰富多样的数字孪生模型而构成元宇宙空间环境中的各种虚拟对象，并通过数字孪生技术的应用场景——从物联网平台到元宇宙环境，和数字孪生系统的复杂程度——从系统级向体系级扩展，以这两个层面的技术呼应力求元宇宙镜像生态的完整化。简言之，元宇宙和数字孪生都关注现实物理世界和虚拟数字世界的联接和交互，但在本质上，元宇宙源于构建人与人关系的升级版因而是直接面向人的，数字孪生则起源于复杂产品研制的工业化，因而首先是面向物的。因此，元宇宙的终极价值是让人类绝大多数活动能够在虚拟空间中得以复现甚至是永生。这就要求元宇宙能够承载绝大多数现实自然人的参与性构建，否则就算元宇宙空间获得数字孪生技术的完美镜像化，却没"人"的参与型活动，那也是个单方面被动化存在的静态公园且与时下畅想的元宇宙场景相去甚远。

事实上，元宇宙的终极价值仍是人类文明的传承、延续、超越甚至是永生，只是在形态上以虚拟文明存在，也就是说文明的存在是元宇宙生命的载体，而元宇宙生命载体的繁荣在于"人"的活力缔造。具体而言，元宇宙的虚拟世界也是由"人"组成的，只不过这种"人"不是自然的、实体的"人"，而是称为"数字替身"的虚拟化的"人",数字替身即是元宇宙虚拟世界中的"居民"。毕竟,从根源上而言,没有主体的想象力,虚拟交往也就无法实现,虚实交互更是无源之水。

数字替身(Avatar),原指在计算领域中,代表着人们的动画(Graphic Representation)或个人角色(Character)。该词源自梵文 avatar,指神的显身。在印度教中,各种神在人间都以多个化身存在。于 2009 年获全球票房大热的美国科幻电影《阿凡达》的英文原名即是 Avatar,由此人们知悉了这个词的新媒体含义。

在元宇宙世界中,数字替身是人们在现实世界中身份虚拟化的产物,是人们现实身份在虚拟世界的延伸和映射,这不仅让现实人具备了数字空间中的"第二人生"载体,而且拥有了超脱于现实世界的"数据超脑",更具诱惑性的是现实中"人"的意义可以通过数字替身在元宇宙中以多重"自我人设"得以全新表达与展现。数字替身的多重人设,让人们深切领悟到虚拟世界中超越现实局限的跨时空交互,外扩了人的自由,从而为构建并融入整个元宇宙的文明基础架起了身份桥梁。

正是通过数字替身,元宇宙的"社会性"建设得以具备坚实、活跃、持续、强大的虚拟组织载体,实体化的人也才能参与虚拟世界的活动,从而将现实文明映射进元宇宙并基于此进行创新升级、改造发明,从而塑造元宇宙中的"虚拟文明"。借助数字替身作为元宇宙虚拟世界的原住民,不仅可以实施现实中做不到的事情或完成不了的人生梦想,比如在虚拟世界中实现飞翔、让自己成为驾驶 F1 驰骋赛场的车手等体验,而且利用数字替身还可以完成对虚拟世界的探索,获得同虚拟世界中环境的互动,实现集"人机物"于一体的深度交互。至此,最为关键的核心在于,数字替身让现实中的人在虚拟世界中拥有了"第二身份",人们借助"第二身份"在元宇宙这个新型社会空间中又聚集形成虚拟社群。当虚拟社群规模不断地扩大,就形成了符合这个社群的独特的规章和制度,进而形成与元宇宙运转逻辑相呼应的"虚拟社会系统"。元宇宙社会系统的形成,标志着元宇宙世界的"精神空间"的成熟,这让元宇宙具备生成带有强烈"人文"色彩的"活"的文明接入口。

总之,元宇宙中的虚拟文明,其演进过程同现实中的文明演进极为类似,只是信息技术的高度发达是助推其文明发展的主要支撑,但"人"的因素仍然为核心主导,只是这个"人"是以数字替身加以转化,数字替身作为人类创造文明的新载体对于虚拟世界的意义非常重要，它是创造与生成"虚拟文明"的承载者，而由数字替身汇集形成的虚拟社群，则是元宇宙形成完整文明体系的最基础单元。

1.3 元宇宙特征的多重性向度

从科幻艺术的赋魅到信息技术的祛魅，元宇宙的神秘面纱逐渐拂去，元宇宙的科学性禀赋、文明性价值的理性化轮廓逐渐清晰。科幻艺术启蒙人类对元宇宙的向往，与其说是艺术想象的魅力刺激，不如说是人对自我超越的矢志不渝。所以，在人类认知自然、适应环境、维持生存、改造社会、完善生活、提高自我的全生命周期中，人类发明创造技术，技术改变提升人类，由此技术所承载的意义就包括工具性与人文性的双重价值。因此，元宇宙作为人类文明传承与超越的升华，其所体现或具备的特征也应该是富于多重性朝向与维度的。

1.3.1 技术性向度的特征

当前高精尖信息技术的不断涌现并非一日之功，而是始于20世纪中期的电子信息技术和计算机产业的兴起。这期间已历经集成电路、计算机、互联网、大数据、云计算、区块链、人工智能、虚拟现实等一系列信息技术的缤彩纷呈，可以说，每一种新型信息技术的产生都会带来人类认知边界与社会经济发展的重大变革。而"元宇宙"这一概念的提出是否反映某种颠覆性的科学发明或技术制造出现了呢？

需要明确的是，元宇宙所具有的技术性特征：元宇宙并非颠覆性、独立化的一项新技术，而是技术叠加性的，算力和数据是元宇宙的基础，是在5G/6G基础上的"ABCD"系统集成的产物，其中A是人工智能（Artificial Intelligence），B是区块链（Blockchain），C是云计算（Cloud），D是大数据（Big Data）。元宇宙本身是无法在单项技术的独自支撑下实现程序启动与样态展现的，相反，多项软件与硬件技术的共同发展与联合应用赋予元宇宙生成与运行的可能性。如VR、AR、MR提供虚拟现实场景再造和沉浸式体验，人工智能、数字孪生保证内容生产和身份建构、区块链技术保障价值与权益实现等。一句话，元宇宙既是信息技术集群化应用的合成结晶，又是信息科技革命历程与愿景的剪影荟萃。

信息技术的革命性发展并非时间维度而是迭代过程。自20世纪中期以来，伴随各种信息新技术的层出不穷，确实引发一系列让人应接不暇的科技革命及其成果应用。与此相应，就出现不少或早于或晚于元宇宙概念而出现的赛博空间、数字空间、数据世界、虚拟空间等诸多概念，这些概念自出现便获得广泛认知与传播普及，相较于此，元宇宙概念则沉寂近三十年，于2021年才突然火爆。这一有趣现象的背后，恰恰是元宇宙技术特征所致。

事实上，元宇宙是将已经出现的各种功能相对专一的新技术予以组装式、整合化、集成性地综合应用，从而形成功能更加强大、场景更为丰富、连接更为紧密、切换更为迅捷、流转更为活跃的超级数字系统群。虽然以往单项信息新技术也带来经济社会的巨大革命，但其潜力尚未得到充分发挥，综合集成的功效也未得到充分展示。其他信息技术所带来的新概念之所以会更易于得到社会广泛响应，是因为它们分别反映着某一项革命性的新技术及其给人们的世界观和认识论在某一特定层面带来的冲击。

诚如，大数据技术试图将万物数据化，并把世界变成一个数据世界；区块链技术搭建了数字化增信、代码化确权的新型诚信机制；系列化的延展现实技术也能让人局部化地沉浸在一个虚拟的世界中；人工智能则能将智慧积累翻倍增强甚至形成"超脑"主体。但也可以看到，这些令人称奇的技术都有明显专一化、错落性的目标愿景，在其领域发展中也有自身不同的朝向。而元宇宙则在力图打造更为丰富、深刻、统一的技术应用愿景，并随着各项信息技术出现不断升级其自身的智能化、高速化、叠加化的进程中，获得可能被进一步加强实践的机遇，从而不断累积着于现实社会而言的价值存在感乃至成为相关业界的爆点。

1.3.2 交融性向度的特征

元宇宙的提出与呈现，必须依赖强大的交互技术，但同时元宇宙又需要与现实世界形成对接密切的交互融合的强关系，如此元宇宙才能避免滑向纯粹虚幻化境地而迷失其对现实社会的文明意义。可见，元宇宙的另一重特征就在于交融性。

在交融性特征的向度上，一方面，集中说明元宇宙应是可以从多个层面与角度融入现实世界，甚至可以通过诸如数字孪生技术而改变现实世界。另一方面,因元宇宙作为人类文明制造的科技产物,又应附属于至少应服务于现实世界。即便信息技术的数字化、智能化、虚拟化的脚步不曾停歇,元宇宙也极可能成为现实世界虚拟化的终极产物,但并不能例证元宇宙就是完全独立于甚至脱离于现实世界人的存在而以另一套完全由技术和算法把控的独立系统。因此,在元宇宙交融性特征的朝向上,又突显着以下三个维度的特性:

1. 现实真身与数字替身的融合

真身即本我,替身是与真身相对应的虚拟数字人,二者在身份上具备统一性,在认知、情感、交互体验上具备相通性。元宇宙的原住民即是数字替身,其实质就是现实中的人通过数字孪生等介质将个体塑造成虚拟空间中的第二人格、虚拟身份,由此才能便捷地在元宇宙的虚拟世界与自然社会的现实世界之间游走。同时,元宇宙自身独特的虚拟文明的诞生与更迭,也必须借助所有来自现实世界的数字替身共同参与构建,尤其是在信息媒介发展强大的预设下,必将促进元宇宙中"人机物"的深度交互、相融与共生。

2. 沉浸感的充分化释放

虚拟现实的发生原理在于深度沉浸,元宇宙最重要的特征是全身沉浸。因此,有赖于沉浸式技术的一揽子叠加应用,即伴随着从虚拟现实向增强现实、混合现实乃至扩展现实的发展,尤其是人们利用发达的可穿戴智能设备,将自己处于信息的环绕与包裹之中,从而以身临其境、多觉联动的沉浸方式观察场景与参与活动,即使人们所进入的元宇宙确为虚拟世界,但依然能够体验到充分的临场感和具身性。这个"身"不仅指身体,更指视觉、听觉、触觉、动觉综合一体的感觉和知觉的全面深度介入,即从深度沉浸走向全身沉浸,让人们产生脱离现实人格同数字替身完全融为一体的感觉。也就是说,依托相关技术互助而产生元宇宙的交融性,将呈现出对物理存在与虚拟感知"真假难辨"效果,强大的沉浸式释放是元宇宙交互性特征的再现。

3. 服务性的虚实两界延伸

如前所述,人们追逐元宇宙梦想的实现,当然是为人类的诉求满足、自由拓展而服务。尽管从技术预测上来看,元宇宙将是现实世界完全虚拟化的终极产物,但是这并非意味着现实世界将被颠覆。具备强大交融力量的元宇宙,其根本目的不是单纯复刻现实社会甚或替代现实社会,而是对现实社会不足的补缺与填充，进而与现实社会共生互进，最终达到现实社会人的自由全面发展。因此，社会对人的服务功能，不只现实社会才具备，元宇宙的虚拟社会不仅需要服务现实社会，促进现实社会更加便捷地发展，而且更要将服务于人的功能延伸并创新于元宇宙的虚拟社会中。

1.3.3 人文性向度的特征

人文，即是人类文化中与人类活动密切关联的先进性价值观及核心化规范力的总和，其集中体现为重视人、尊重人、关心人、爱护人等各种文化现象。虽然元宇宙是相对独立于现实世界的，但其又包含着大量的人类活动内容与形式，因此，元宇宙理应具有人文性特征。

需要强调的是，虚拟化是元宇宙的内核但不等于元宇宙就是纯粹的虚拟世界。对元宇宙的理性化认知与构想一定是源于现实且依托于现实却又独立于现实的虚拟文明。这套文明系统拥有来自人类诉求与秉性的政治系统、经济系统和文化系统，尤其是在数字替身的介入与接洽下，元宇宙的人文属性必然浓厚。所以，元宇宙的人文性特征在向度上还囊括如下特性。

1. 对现实文明的附属性

元宇宙世界中的虚拟文明在很大程度上即是现实世界文明系统延伸发展之下的产物，带有强烈的模拟特征。元宇宙的本质是人类制造出来的虚拟世界，正是通过人类发明与跟进媒介技术的不断发展才让这个世界逐渐由内隐状态走向外显姿态。元宇宙毕竟是人类现实活动的产物，通过数字替身能够在元宇宙中产生具有相对独立于现实的文明系统，但这种文明系统却并不完全是独立于现实的，而依旧是现实文明的附属，或者是通过现实文明产物的应用而成就的虚拟性结果或效果。

2. 内生文明的相对独立性

当然，从发生学的角度去考察元宇宙文明的特性，其必然是现实文明系统循环与进化的附属物。但这并不能抹杀元宇宙空间中也必然会存在相对独立于现实世界的内生性文明样态与系统。这种内生性文明的独立性表现在元宇宙中的虚拟文明拥有着明显区分于现实人类文明系统的特质，尤其是元宇宙世界中的一些运行规则或法则价值的定位，如在类似于强人工智能出现后的某些虚拟情景中，甚至存在元宇宙的虚拟空间可以于封闭的环境中自我运行而不受外界过多的干扰，但这种独立性依然是相对性的，尽管这种内生于元宇宙虚拟世界中的文明可能在生成速度、内容广度等方面要比现实世界中的文明积累与沉淀要迅捷、丰富，可它仍然是承载人类价值欲求的根本所在，并以或延续或衍生或超越的形态予以表征。

3. 虚实同构的文明统一性

人类的伟大，在于通过无限潜能的想象力再加持技术的发明与应用，于是类似元宇宙的魅力世界就被从零开始由想象力牵引、技术性搭建、信息化运作起来。搭载快速、多样高新的信息技术发展，元宇宙的世界与现实物理世界不再是分崩离析的，反而于终极价值目标而言更应趋于统一。信息科技中的实时交互技术与多模感知设备将助推现实中的"国际村""地球村"等在元宇宙世界中真正得以实现。因此，元宇宙中内生的虚拟文明也应该同元宇宙一样，具有统一性的特点，即不具有区域性和种族性的差异。

综上所述，元宇宙的出现与发展是社会文明高度繁荣与信息技术高度发达的共谋产物，是互联网发展到至今的最前沿科技，是对现阶段已有虚拟世界的升级，并拥有着高度发达的虚拟社会系统，并将在未来塑造一个虚实同构化的全新社会形态，在这里，人们借用数字替身进行彼此的交流并与世界交互，以此为基础形成大量的虚拟社群，而随着时间的推移与信息科技的飞跃，极可能催生出依托于现实世界又独立于现实世界的虚拟文明。简言之，技术和人文的交融与共从而合力构建起人类所向往的元宇宙。

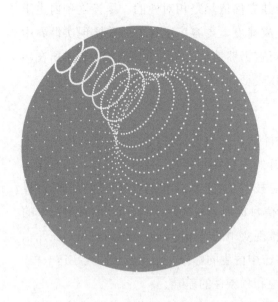

第 2 章

从技术到学术：
元宇宙的意蕴迭代

第2章 从技术到学术：元宇宙的意蕴迭代

以时下流行的话语风格讲，人类文明本身也是一段段持续更迭、不断推演的社会文化代码集成。而每一段社会文化代码又都是基于人类社会所处特定阶段中具备的主观因素与客观条件共同作用的产物。当前人类文明显然正在面临信息科技革命与智能应用升级所带来的重大挑战与转型机遇的双重可能，社会文化系统所包容的诸如组织构架、运行机制、行为模式、价值观念甚至治理思维及治理工具等多元领域也都正在发生巨变并将面临新的选择。也许是顺势而为，也许是理想化预测，总之以人类文明高段位姿态出现的元宇宙，不仅是作为社会文化进步尤其是网络科技发展高歌猛进成果的最终形态，而且更是似乎要成为人类文明演化进程中重要历史性节点的象征。元宇宙，于历经信息科技革命广泛洗礼的当代而言，既是人类潜能充沛的主观想象之所欲，又是社会发展无限的客观现实之所求，此种意义上的元宇宙是虚拟构想与现实条件结合的过程，是技术成果与人文需求交融的产物。所以，在元宇宙的形成与发展中，势必会带来对传统社会进一步的信息化、数字化替代。尽管对于元宇宙的热议乃至追捧近乎全球化，但若只是一味盲从其"话术热度"而不深究其潜藏于理念导向、意义符号、技术伦理、制度系统等多方聚变的人文价值，那也只不过是以罗伊·阿斯科特（Roy Ascott）的名言"未来即当下"为幌，使元宇宙始终诟病于"虚火旺盛"或"精神鸦片"的诳语之中，反而不利于可能撬动人类新世界的元宇宙施展拳脚，更甚者还会遭遇人们对元宇宙"叶公好龙"的纠结与尴尬。总之，未来已来！未来的社会，生活与技术密不可分。因此，在元宇宙作为当下引爆思想、舆论、资本、产业等新热点之际，谨慎且深思元宇宙所带来的从社会的治理效能到人的需求满足的多维度、深层次的意蕴发展是十分重要的。

2.1 "缸中之脑"的理论假说与元宇宙的底层逻辑

大众认知比较流行的是，元宇宙这个称谓最早出现于20世纪90年代的科幻小说《雪崩》中，但大众所忽视的是，元宇宙的思想理念却可以追溯到1981年就已出版的专著《理性、真理与历史》一书中所提出的"缸中之脑"这一著名的思想实验[①]。该书的作者美国哲学家希拉里·普特南在书中以实验假想的学说，阐释了有关"认知世界"何谓"真实"与"虚假"的哲理思考，其中不仅提到对人的大脑或意识的奇思妙想由此而延伸出对人工智能、脑机接口、生物电波等的扩展想象，而且基于这个思想实验还形成了对虚拟世界甚至是对当下所流行的元宇宙形态的极致想象。熟知并非真知。以下就围绕"缸中之脑"实验进一步探求介于理论之辨与现实之思的元宇宙意蕴。

2.1.1 "缸中之脑"假说中的元宇宙缩影

在普特南"缸中之脑"实验假设中，人被邪恶的科学家实施了从身体上切下其大脑的手术，然后将其大脑放入一个充满营养液和信号传输设备的缸中，以此为这个大脑维持长期生存而提供"滋养原料"。大脑的神经末梢联接在计算机上，由这台计算机按照程序向大脑精准传输各种电子脉冲信号给神经末端，让大脑的主人保持一切完整的知觉使其有依然处于真实世界中的感觉，似乎现在感知的经验和行为都与先前并无差异，对大脑的主人而言，似乎人、物体、天空还都存在，自身的运动、身体的各种感知也都可以输入，甚至可以通过截取掉大脑手术的记忆而输入其他可能经历的各种环境、日常生活，甚至通过输入代码让大脑主人"感觉"自己可随时获得阅读的愉悦。更为疯狂的是，在普特南更为大胆的设想中，甚至一个人的所有器官都可以浸泡在这个充满营养液与传输信号设备的缸中，而人的外部则连接着一台超级智能的大计算机，在如此超理想化的实验条件下，无论是缸中脑还是缸中人都无法区分自身是在真实世界还是虚拟世界。

"缸中之脑"的技术原理可以被简化为：以计算机设备为介质关联人脑与虚拟空间，并将电子信号传输装置负载于这一介质上从而实现人脑与虚拟世界的双向信息通信。这里涉及两个层面：一是计算机可以提供类似于人面对世

---

① 普特南. 理性、真理与历史. 童世骏、李光程，译. 上海：上海译文出版社，2015：7-9.

界时的体验和认知的模拟信号，二是人类大脑的命令或意识能通过脑神经元信号传输给计算机，由计算机控制的电子信号装置进行反馈，进而完成交互任务。在这一往复过程中，计算机反馈的虚拟信号必须十分逼近人类的脑神经元信号且须与人类大脑中枢的反应处理快速及时对接，由此形成类似于人在现实世界中操作自身或工具进行活动时的真实感体验，乃至大脑都无法区分自己是处于真实世界还是虚拟世界的效果。而这像极了元宇宙的简化版，是对元宇宙所追求的虚实两界信息共通、交融共生的缩影。

元宇宙运转的底层逻辑：首先，以包含视觉、听觉、味觉、触觉、感觉等多模感知的技术系统达到虚实同感的效果；其次，作为现实真身的用户可以通过数字替身或虚拟自我的 ID 在虚拟世界中传递自己的意图与观点由此获得在虚拟世界自由驰骋的存在感；最后，元宇宙作为一个充满智能技术搭建的虚拟组织载体，也必须能对现实真身的用户产生反向性的深度影响，这种深度性不只包括体感反应还包括对现实真人的意识活动、认知水平、记忆能力等立体化全方位的影响。

普特南"缸中之脑"的思想实验首先是在诸如电影《黑客帝国》中的"人肉电池"、《盗梦空间》中的"造梦催眠"等场景中得以体现。而于数字信息技术日渐集群化应用下的元宇宙提出之际，普特南的"缸中之脑"就不再停留在科幻作品层面，而已经成为数字信息科技探索的前沿课题，在此中意义上，"缸中之脑"的理论假说成为论证元宇宙的思想理念依据、印证元宇宙的发展程度标准。

就目前相对普遍的认知，塑造元宇宙雏形的核心技术主要包括但不限于人工智能、VR 与 AR 等延展现实技术、5G/6G、云计算、物联网、区块链等，但若想要类似"缸中之脑"所具有的把人脑和虚拟世界"并网互通"而产生"身临其境""置身于内"的具身性效果的沉浸式体验，对于元宇宙而言，来自人工智能及与之密切相关的脑机接口的底层逻辑最为符合。

可见，"缸中之脑"的思想实验，乍听起来略有怪诞之风甚至细思极恐，但其对于元宇宙存在与发展的推演却颇具底层技术逻辑与衍生思想方面的活跃启发与深刻哲理。

2.1.2 元宇宙底层逻辑在脑机接口与人工智能中的渗透

元宇宙运转的底层逻辑要领，就是要在虚实两界之间实现强大的信息输入与输出、有效的操控与反馈的双向闭环交互体系。脑机接口,正是解决信息输入、输出的双向传输通道的关键技术;人工智能,则是向大脑提供虚拟世界的内容、为虚拟世界供给现实数据的关键性信息生产活动。这两种技术的逻辑脉络具体如下:

一方面,脑机接口是最彻底、最高效实现元宇宙"身临其境"体验的方式,它可以将大脑和电脑直接关联起来。

所谓脑机接口,是指在大脑和外部设备之间建立的信息传输通道。在脑机接口的技术逻辑中,预设了意识是大脑神经元活动的结果,即通过植入大脑皮层芯片,能实现对大脑电波信号的读取、解码、编码,从而控制对大脑信息的输出、复制、下载,也可以反向地输入、上传、修改,甚至可以改变大脑的记忆、思维和认知,进而实现信息、知识在大脑和电脑之间的交互传输。

当然,这种技术逻辑是建立在物理主义的立场上,认为意识等同于大脑神经元的活动,认知和体验以神经元电信号为载体。但事实上,大脑的结构及活动非常复杂,而尤其是人的意识活动与情感内容是否等同于神经元活动本身以及相应的信号传输及处理结果,这有待于真正成熟的脑科学予以回答。那么,元宇宙中所期望对人的认知、记忆、知识乃至情感等的精确操作是否可行?脑机接口的技术边界又在哪里?

另一方面,人工智能又是有效配合神经科学实现脑机接口技术对大脑信息输入与反馈、达到外部世界与虚拟世界互动的关键所在。

事实上,无论脑科学何时能够回答脑机接口的问题,都不妨碍也必须要高度重视人工智能在脑机接口顺利应用于元宇宙正常运行中的核心作用。这是因为,人工智能可以根据海量的信息数据运用相关算法生产类似于人的感官所感受到的数字信息,再由计算机将这种数字信息传输给脑机接口从而转换为大脑电波信号,最终完成对大脑皮层输入反馈信息。不难看出,对于脑机接口获得输入信息的来源与材料,以及输出信息的反馈与互通,人工智能在其中具有全程化驱动的效能。没有人工智能,就不可能有脑机接口输出、输入的信息传递,势必影响元宇宙可能提供的及时性、具身化的沉浸式体验。

但同样的问题出现了,人工智能必须遵守"Garbage in,Garbage out"(输入错误的数据,就会得到错误的结果)的数据规则,人工智能制造高度逼真的虚拟现实内容的能力,直观因素取决于是否获得真实人的视觉、听觉、触觉、体感乃至嗅觉、味觉等的特性、产生方式以及处理机制等方面的精准数据,根源因素则必须借助发达的神经科学并由此破译人体完整真实的器官信息以及大脑如何处理这些器官数据的生物信息机制,由此才能针对性地探索和建立高度发达的"类脑算法",并由"类脑算法"生成、提供脑机接口所需的人的意识与情感色彩的信息传输与反馈,搭建真正虚实交互且直观触达的连接载体。

总体而言,脑机接口与人工智能的两种技术逻辑与元宇宙运转的底层逻辑最相匹配,但若想达到"缸中之脑"假说的目标效果,二者的技术效能是否都必然受制于神经科学的发展水平与高级应用呢?于是,真正需要深层次追问的关键是:是否只有神经科学够发达,脑机接口才会很"灵光",人工智能才能"强大"?问题的本质也就突显了:这些技术的底层逻辑是站在生物自然主义立场还是物理还原主义立场?立场不同,关乎这些技术之间是否存在相互钳制的可能又或具有彼此增进的期待。

2.2 技术逻辑的理论衍生与现实回归

科学技术是第一生产力,而信息技术的突飞猛进则是现代科学技术发展的重要领域和重大成果。20世纪中期以来,信息技术不断取得辉煌成就,与之相伴的是网络化、数字化、智能化的叠加效应将人类社会在之前主要依赖经验总结与传承的现实生活中又另辟出了富有新奇、便捷、高效的虚拟生活,并且这也深刻地改变着国家、社会和个人之间互动关系的新状态。而这种新状态的极致化,也许就是物理空间的人、财、物与虚拟空间的数据、算法、代码、建模等彼此交织、共生同构、相互塑造、虚实融合的元宇宙。尽管元宇宙目前仍倾向于是一个新概念、新趋势,但它依然吹响了人们再度热切关注有关虚、实双重空间的互动影响对于人类社会文明发展问题的号角。因为,尽管元宇宙并非颠覆性的独立技术,但却很可能是颠覆性的社会风险,在人类社会赋予元宇宙丰富意蕴的同时,也让具有"自发性"与"应用性"双重风险的各类信息技术集群化地付诸于元宇宙中,这就使得元宇宙天然具有鲜明的技术属性,也就负载着相应的技术风险,这也就决定了必须慎思元宇宙的功能定位、目标追求的"能"与"不能"的理性边界。

2.2.1 生物主义与物理主义衍生的两层思考

就技术逻辑而言,以脑机接口与人工智能为底层逻辑的元宇宙,其身临其境式的沉浸感打造，相较于借助 VR、AR 等延展现实的技术效果，则属于进阶升级版。而就理论认知层面，则始终存在这一进阶升级版是否只能借助发达的神经科学才能实现的争论。这就衍生出关于元宇宙虚实互动场景塑造的高保真究竟是基于生物主义立场还是物理主义立场的第一层级思考：

一方面，生物主义立场认为，人类的一切意识活动及关于世界的认知经验，亦即感知自我、他人、世界的人类意识与情绪都是基于大脑神经中枢建构了有关生物信号的输入、传递、储存、处理及反馈的模型及过程，并认为人类智能乃至意识是基于自然因素和规律的产物，只有像人类大脑神经元组织这样的结构足够复杂、规模足够庞大的生物系统才能产生智能乃至意识。由此，基于生物主义决定论的立场得出，只有掌握了大脑的信号，才能掌握人类的智能和意识活动。

另一方面，物理主义立场则认为，智能乃至意识的实现条件是具有足够的复杂度和规模化的物理组织，诸如生物芯片植入外加算法机制介入也能实现超级逼真的类人智能，从而实现元宇宙力求的虚实交融境界，因而生物神经元组织并非是智能及意识的必要条件或唯一条件。在物理主义立场看来，尽管计算机的二进制决定了数字化表达的是离散性信息，并且现实领域中的事物基本都是可形式化的，但二进制式的数学描述却仍是推动现实运转的潜在性、联续性逻辑，所以关于世界、生命的形式化表述也可以通过数字化或至少近似数字化予以展现。由此，物理主义还原论断定，可以通过数字代码与建模程序拟真类脑的人工智能来表达对现实世界及人的孪生复刻甚至超越，进而以类脑算法实现类似人类的视角去认知世界，然后再将这些"类脑认知"的数据通过作为对接虚实界面的物理组织反馈到现实世界，成为沟通现实中的人所需要了解并可以学习的新信息。

于是，再次回到普特南"缸中之脑"的思想实验上，很明显在意识和认知问题上，该实验更倾向于物理主义还原论立场的预设，即接受并承认人类的意识及认知是完全可以还原为大脑的功能，是大脑神经元组织活动的产物，但更为重要的是，脑机接口可以监控所有神经元活动下的意识状态及内容，并通过算法及正向收集数据、反向解码信息的超强硬件，产生类似大脑的意识信号。也就是说，人类意识现象既可以由大脑产生，也可以由硅基芯片加算法实现。强人工智能的预见是现实可得性的，在这一前提下人工智能产生了类人的智能及意识。因此，按照"缸中之脑"理论假说所引发的衍生性思考，站在物理主义还原论立场上，元宇宙是可以拥有模拟甚至还原人类第一人称视角的体验和认知，通过脑机接口技术的发达、人工智能的超强，可以使虚拟世界的逼真性达到与人类在真实物理世界中的体验和认知一样的水平。

当然，随着信息科技以一次次成功的产品诞生、成熟的场景应用、友好的体验反馈等迭代更新的进步在验证着这些理论推演与现实可行之间的距离缩小，但却仍然衍生出第二层级的思考：

从元宇宙的生成意义与价值目标上看，追求高度逼真性的体验感只是元宇宙的主要目标之一，达到"缸中之脑"的逼真程度也并非元宇宙之夙愿。真正的元宇宙始终与现实世界或交错而行，或交融相生，但却并非重合为一，这就暗含了元宇宙既可以是与现实世界平行，也可以是对现实世界超越，跨时空的"差异性"与"新鲜感"当然可以是元宇宙有别于现实世界而言的应有之义。所以说，技术塑造对于元宇宙呈现的真实化而言极为关键，但对于彰显元宇宙的价值意蕴来讲却又并非纯粹。

事实上，饱含人文情感需求的寄托与创造才是元宇宙意蕴所在的本源之水。仅以"庄周梦蝶"为例，世人之所以对其魂牵梦萦，不仅是因为其是中国哲理典故中浪漫主义情怀和开阔性审美的意蕴典范，更应是在于"不知是庄周梦中变成蝴蝶，还是蝴蝶梦中变成庄周"的愉悦和惬意。这其中当然体现着"周与蝶"的互动逼真，但同样需要参悟的是："周与蝶"必定是有区别的，正因为如此，无论是蝴蝶化为庄周还是庄周化为蝴蝶，在"梦"这个极似元宇宙的空间中他们拥有过不同的自己、感知到的也是自己之前未曾拥有过的，但是，至于庄周所感是否真的就是蝴蝶原有，又或蝴蝶所感究竟是否就是庄周所具，此刻于实则"物我两异"、虚则"物我同化"的境界而言似乎已非重要。

因此，无论是站在生物主义决定论还是物理主义还原论立场上，普特南的"缸中之脑"思想实验对元宇宙的深度技术分析和充满哲理的现实反思都是一个很好的理论范例。从中深究的是脑机接口与人工智能的技术脉络依然与元宇宙生成与发展的底层逻辑相吻合，只是需要有一个较长的期待期，即期待通过数据持续积累与算法不断精准等技术进步逐渐达到趋于逼真的模拟结果。当然若确实能够获得发达的脑科学或神经科学的集成化应用，那一定是高阶版的元宇宙构造诞生了。但无论于初级版的元宇宙还是高阶版的元宇宙，关乎其意蕴内涵的仍然是元宇宙究竟给人类社会带来的是文明价值的领航还是意义世界的迷失。

2.2.2 "星辰大海"抑或"沉沦虚妄"的现实考量

无论是作为理想的追求还是资本的追逐,其所指都是元宇宙的极致形态,都是从长线期待的结果论角度为元宇宙"画像"。但事实上,当前只是"提出"元宇宙的创想及构建问题,而"走向"元宇宙的过程还未真正步入正轨,至于"实现"元宇宙虽不是可望而不可即的遥远但也并非如一些科技型资本巨头乐观想见的唾手可得。可见,步入正轨之路的"走向"元宇宙才真正是元宇宙概念的实践化、元宇宙目标的实现化之关键,否则不仅元宇宙的极致形态难以转化为真实场景,同时也会致使集成应用的各项先进科学技术出现异化发展的危机甚至畸形为人类文明的终结者。

而这一正轨之路,一方面,是以"技术中立"为前提条件,包含并接纳中立主义者的认知立场,认为铸就元宇宙极致形态的集成化应用技术不过是纯粹的物质汇集与基础奠定,这些技术本身是中性的,只是那些创造和使用技术的人让它们成为一种"为善"或"作恶"的力量,即铺就元宇宙正轨之路的技术本身至少不应是"恶"的。另一方面,则是警示多数技术风险并非属于"自发性"风险,而是更多出于"应用性"风险。自发性风险一般可以通过技术自身的不断完善与短板抑制得以缓解或规避,但是应用性风险则常常因人的因素而得以产生、加剧甚至引发从技术性风险扩散升级为社会性风险的连锁隐患。

因此,在"走向"元宇宙之路上,关注的不仅仅是什么样的科技能为元宇宙带来何种程度的技术效果,更应关注的是元宇宙未来会带给人类文明何种程度的发展,也就是说,"缸中之脑"的假说理论在向世人展现元宇宙底层逻辑的部分内涵时,其实也已触发回归现实视角对元宇宙的深层次思考。的确,从现有状况来看,基于理论上的不确定性和技术实现的困难程度,呈现元宇宙的极致形态至少在短时期内很难达到,但出于元宇宙极有可能是未来发展之大势所趋以及对人类和整个世界历史进程的影响极大,则需要在现实社会发展中预先以元宇宙的极致状态作为一种极端情况的参照,从而预判未来可能存在的风险,制订可行的计划,选择更为优化的应对之策。这就不免反省式地追问:元宇宙的尽头究竟是星辰大海还是沉沦虚妄?

当代现实社会中"知识型"主宰在很多领域中都得以凸显,而由人类知识的迅猛增长所催生的科技发明不仅有力地提升了生产力水平,而且积极地重构着新型的生产关系。所以,当前大多数国家的经济社会发展都极为重视科技战略的谋划，科技是驱动社会产业结构调整与升级的第一生产力。那么，高度重视并理性规划元宇宙的建设就显得极为必要。毕竟，在元宇宙概念的提出与构想的推演之中，已经阐明要将现有的信息技术、生物科学、纳米科技等一系列相关前沿技术加以集群化应用的前景规划，这既是在并构整合诸如人工智能、虚拟技术、脑机接口、神经科学、物联网、数字货币、区块链、无人驾驶、信息安全、智慧城市等领域众多的研究和集群应用，又是在撬动协同促进新旧产业升级换代、新型业态良性循环的行业发展新支点，伴随一系列高精尖技术的合力爆发，很可能引发整个社会的工业产业转型革新，这些转型革新的工业产业成果又迭代生成更高层级的新型技术革命和产业革命的助推器，由此搭上国际产业新分工的顺风车。可见，高度关注元宇宙有助于从战略发展的角度及时跟进并把握产业转型创新的前沿趋势，这无疑有利于为成就星辰大海而奠定不可或缺的物质条件与经济动力。

另一方面，一旦上述多种高精尖技术在持续发达且集群应用于元宇宙的建设中，诸如具身化沉浸、数字化替身、虚拟货币流通等得以全面实现，这便使元宇宙天然具有高度的致幻性、成瘾性、诱惑性，这既是技术功能之所在，也是元宇宙目标之所求，于是人们通过在元宇宙的虚拟时空中得以回避现实中的问题及不完美的自我，不仅能够获得"忘我"尤其重置"第二人生"的满足度，而且会逐渐更多地停留于虚拟环境下的舒适感，从而影响或直接阻碍了作为个体的人原本在现实世界中出于进取或竞争而不懈努力的脚步，最终致使作为整体的人类在知识发现与实践探索上的迟滞与懈怠。如此这般，元宇宙带给人类社会的是完全沉沦于数字空间而对虚拟世界形成高度依赖，带给人的则是更易于彻底沉溺于虚拟化生存状态中的"人生歧途"，此情此景下的元宇宙无异于人类文明的"虚拟陷阱"。

因此，郑重考量的更应该是如何"走向"一条与现实社会嵌入耦合、对现实社会有益补充的元宇宙正轨之路，毕竟人类文明的进步是遵循人类自身的不断学习积淀所得，而人类之所以会不断学习的心理根源在于通过努力得到回报的正向激励与良性竞争的循环。若一味追求如"缸中之脑"般的"第二人生"，表象上是可以暂时拥有心灵慰藉，避免竞争焦虑，减少烦恼痛苦，但实质上这不仅消磨人在真实世界中的斗志、忽视认知层面的激励路径对人的成长与社会进步的意义，而且明显延缓人类探索未知和发展文明的进程。人们渴望的元宇宙，应该是能够有益于持续延伸人类改造自然的能力，加快文明的递进与升华，引导人类更深入、更真切地接近对太空与大洋的探索，为人类未来和宇宙万物的和谐共生拓展更大的生存发展空间而缔造的一个"异域"。

2.3　人的自由全面发展与元宇宙的终极关怀

"在我们这个时代，每一种事物好像都包含有自己的反面……技术的胜利，似乎是以道德的败坏为代价换来的。随着人类愈益控制自然，个人却似乎愈益成为别人的奴隶或自身的卑劣行为的奴隶。甚至科学的纯洁光辉仿佛也只能在愚昧无知的黑暗背景上闪耀。我们的一切发现和进步，似乎结果是使物质力量具有理智生命，而人的生命则化为愚钝的物质力量。"[①]这段话昭示了工业生产盛行的大机器时代中人与机械之间关系的反思，同样，这也启迪着信息生产勃兴的知识型社会中人与科技之间关系的慎思。

信息生产力是人类在不断开拓网络科学知识与技术迭代更新中所形成的以创造、采集、处理、使用信息为主而不是以单纯开发和侧重利用物质资源为主的生产力，因而与传统工业生产力相比，信息生产力具有高智能化与网络化、高渗透力与跨时空性等显著特征，很明显，信息生产力具备更高级、更复杂的知识型创造的技术基础，能更好地体现并满足极富人类主观能动性的现实需求与自我超越，应当有力地、显著地推动人类文明的快速发展与进步。但无论是工业生产力还是信息生产力，都要面临围绕技术而展开的工具理性与价值理性的讨论。

按照马克思主义的科技观，"人本理念"才是科学与技术发展的终极归宿。因此，以信息生产力为构建基础的元宇宙世界，在其理念提出、过程打造、目标追求的全周期发展中都必须以"人的自由全面发展"为元宇宙价值意蕴的终极关怀。这就极为郑重地确立了元宇宙意蕴的终极立场：在组成元宇宙的机制系统中，互联网络设施、脑际接口应用、人工智能算法、区块链信用体系、AR或VR系列延展现实技术等作为技术支柱的集群，在面对已经进入知识型主宰时代的人类，它们所带来的不应该仅仅是产业领域与资本市场的震荡，更应当赋予的是人类文明蝶变升华的震撼，并应将饱含人文价值的"人之意义"世界凝练为天地万物间的永恒叙事。

---

① 马克思在《人民报》创刊纪念会上的演说．人民论坛，1997（8）：31。

2.3.1 "人的自由全面发展"之多维内涵

自人类脱离自然界的纯粹束缚而在创造性的劳动实践中形成人的社会以来,就开始了对自身的探究和追问。而只要人类社会发展的脚步不停歇,有关人的发展问题的探索就永不止步,所以人的发展史是一部古老、沧桑、厚重、激荡的宏大历史叙事的积淀。这其中,马克思主义的人文观就是在纵贯历史发展之脉络、横越科技与人伦的唯物辩证探索中,确立了"人的自由全面发展"是关于人的解放和未来发展的终极目标,这一终极目标本身包含着有关人的发展、自由发展、全面发展等多重概念的整体性、丰富化的内涵,是将人的"感性需要"与"精神的和社会的需要"[①]密切关联统一,不仅揭示着人类自身对终极目标的美好追求和艰辛探索,而且始终不停顿地伴随人类社会的发展进步与开拓进取,最终寻求符合人类对自身命运更具有深远感召力和持久生命力的追问。

何为"人的自由全面发展"?马克思依据人的发展状况,将人类社会划分为三大类型的共同体:第一种是由人对人的依赖关系而建成的自然共同体;第二种基于人对物的依赖关系而形成的抽象共同体;第三种源于人的自由全面发展而构筑的真正共同体。这一"真正共同体"正是马克思主义关于人的解放和发展思想的价值核心和行动目标,即"在真正的共同体的条件下,各个人在自己的联合中并通过这种联合获得自己的自由"[②],每个人的自由全面发展是真正共同体的终极目标。所以,理解"人的自由全面发展"这一历史性命题,就需要从多个维度予以阐释,以此说明为何该命题才是正确推动科技化社会进步与知识型人类发展的重要思想引擎。

1. "人的自由全面发展"的主体之维

这一命题中的"人",在范围上既指有独立性和个性的"个人",也指"一切人",而不是"某些人";在人与社会的关系上,坚持立足于整个人类社会进步来谈全人类的共同发展,在实现社会进步的同时也要实现所有人的解放;在属性上,这一命题中的"人"必然是自然属性与社会属性统一的主体,即人首先属于自然存在物,人靠自然界生活,这是马克思关于"人"的存在的首要前提,一旦离开这个前提来谈"人的自由全面发展",就会脱离唯物主

[①] 马克思.资本论:第1卷.北京:人民出版社,2004:269.
[②] 马克思,恩格斯.马克思恩格斯文集:第1卷.北京:人民出版社,2009:571.

义的轨道走向唯心主义，人便会成为一种无实存意义的虚无主体，同时人也具有社会属性，即劳动实践，这是人区别于一切动物的根本属性。劳动以社会关系为基础表现出人的存在的社会属性，使社会属性在现实性上成为人的生命活动的本质属性。从这个意义上来说，人不是一个抽象概念，而是从事实际活动，进行着物质生产实践、真实存在于生命活动中的人，即"现实的人"。"现实的人"是唯物史观的根本出发点，对"人"的多层次阐释揭示出了"人"是一个具有丰富思想的密切联系的有机整体。

2."人的自由全面发展"的内容之维

人的自由全面发展包含"自由发展"和"全面发展"两个密切相关的层次，即"自由"是人解放的高度，"全面"是自由实践的广度。"人的自由全面发展"是人发展的客观境界和主观境界的有机统一。其中，"自由发展"是指在自由人的联合体内，人能最大限度地克服外在条件的限制，能自主自愿地发展自己的脑力、体力的过程，其前提真实地体现在劳动实践。"全面发展"则理解为体现在人对自身本质的完整占有，在人的各方面能力协调发展的同时，强调人的发展内容必然随着社会实践的变化呈现出历史性和动态性的特征，因为"全面发展的个人——他们的社会关系作为他们自己的共同的关系，也是服从于他们自己的共同的控制的——不是自然的产物，而是历史的产物"①。也就是说，以"定量化"的思路解释人的全面发展是形而上的错误思维，必须立足于唯物史观，从社会发展的实践角度以历史生成的眼光来阐释"现实人"的全面发展，只有这样，才能真正把握"人的自由全面发展"的实质蕴含。

3."人的自由全面发展"的功能之维

正是通过人的自由全面发展的不断社会实践才可能激发并生成以"真善美"为崇高理想的人类文明追求，才能积聚并彰显人文价值先进化的发展动力所在与发展目标所向。人文价值的理想本体始终要追溯到人，要回归到人的自由全面发展中，是以人本需求、人本理念为出发点，是以人的自由自觉的创造本性的全面发展为目标，最终达到人的解放的高度与广度的统一，实现从人类整体发展的维度使每个"现实的个人"都能通过实践劳动获得全面发展，从而摆脱被异化的掌控而保持主体性地位与主体性价值的体现。

---

① 马克思，恩格斯. 马克思恩格斯全集：第 8 卷. 北京：人民出版社，2009：56.

总之,"人的自由全面发展"这一经典命题所概括的不仅是有关人类发展史的理论积淀,更是回应现实创新与发展的动力与支点。所以,被预设为人类文明新奇点的元宇宙,从其概念缘起到构建创想乃至目标追求都必须以"人"为价值中心、价值原点、最高价值标准,由此元宇宙才能契合丰繁精深、旨意幽远的"人的自由全面发展"的历史性命题与务实化理念,才能承受引领人的发展不断走向更高理想境界的时代使命,才能具备以虚拟世界达到人类自由王国延伸外扩的现实期待。

2.3.2 元宇宙缔造与人的自由全面发展之耦合

以信息技术蓬勃发展为先导的科技革命,为元宇宙的生成提供了一系列数字化、智能型的具有集群化效能与物理实体特征的信息技术,从而把现实世界所拥有的各种景象、感官刺激等综合浸蕴于一个类现实场域,这个类现实场域缔造了元宇宙世界在空间上与内容上获得被人们可直观、可体验、可感受、可理解的现实性但又并非完全的物理实在而是技术的产物或技术的呈现,由此元宇宙才能真实化地展现于世,人类才能现实性地接触元宇宙世界,否则,元宇宙就是个充满魅惑的想象。因此,元宇宙世界的缔造在一定意义上就是一个技术王国的活动过程与发展成果,而这其中渗透着浓厚的"人本"需求并与人的自由全面发展具有内在同一性。

1. 技术王国中的"人本之域"

一切能够或需要应用于缔造元宇宙世界的技术,无论是作为信息传输还是速率提升,无论是为了塑造体验还是打造场景,其都是力图扩展超自然时空的范围,制造包括由复刻与映射的物理之物、新生与再创的虚拟之象而构成的环境,实现以数据传输生成价值信息、以价值信息传导人类进步的虚物实化的效能,从而确保元宇宙世界对人类而言具备视觉、听觉、嗅觉和触觉等真知实感的认知可能与接入媒介,最终以虽"虚"犹"实"的空间体验与存在状态嵌入人类生活,并在人的体验反馈与良莠评价中不断获得持续更新与升级发展。

也正因为如此,技术王国的工具理性与虚拟效果从源头与目标上其实都是在遵循人的本质需求。首先,无论缔造元宇宙世界的各项数字技术在工具效能上有多么强大,甚至达到如尼葛洛庞帝在《数字化生存》一书中所描述的"虚拟现实能使人造事物像真实事物一样逼真,甚至比真实事物还要逼真"[①]的效果,但它们仍然只是一种符号化、数字化、代码化的存在形式,只有赋予它们一定的人类感性认知、情绪色彩、理性解释、关系结构等人的"意义世界"的内容,这些虚拟现实的形式或场景才有实际的价值。其次,缔造元宇宙虚拟世界的技术群还应有助于推动人拥有更先进的创造能力和走向一种更高级的创造形态,甚至增强人超越物理世界的局限而将不可能转化为可能的手段、方式与介质从而实现人类的自由度与发展空间的外扩。最后,通过数字信息技术的集成化效应,使人全面了解虚拟世界是如何借助网络程序、数字代码、沉浸技术、全息媒介等完美刻画自然环境的物理特征和感觉特征的整个运行过程,从而让人形成超越自我感性认识的局限,进而提升对"数字思维是如何思维"的直观认知与理解,实现人作为主体对现象世界与意义世界构建的完整把握,最终以不断获得合规律性与合目的性的主观能动力而逐渐向真理性认知靠拢。

正是经过不同技术的发明与应用,人的本质需求才能在元宇宙世界中不断得以体现与满足,同时人类又借助以技术王国而缔造的元宇宙系统环境再创造一个又一个的新奇迹。如此周而复始中所不变的根本是:缔造元宇宙的技术始终都应是由人创造、为人可控,应始终负载人的理想、人的智慧、人的价值,并以人类征服和驾驭自然物理世界与数字虚拟世界的双重创造欲望为源泉。这就意味着,元宇宙的终极目标并不在于实现和满足人类生存层面的扩充与物质利益的增长,元宇宙的终极关怀在于通过疏通人与自然的相融而共荣、人与社会的协调而和谐,从而来高扬人的创造本能,彰显人的自由本性,最终达到人的全面发展与真正解放。

2. 技术王国的动态与人类发展需求的双向奔赴

元宇宙的发展进程在很大意义上是由驱动其内部运转的一系列集群化技术的升级更新所决定。这些集群化技术及其迭代变化并非自发生成,而是基于人的终极发展目标所需。换言之,不论元宇宙多么极富创新,其最初的生成与最终的发展始终都要与人的自由全面发展具有相伴随而并生、相交融而互动、相契合而偕行的耦合性关系,具体表现为以下几个层面:

第一,在目的与途径的关系上,人的发展始终是人类历史永恒不变的主题,而缔造元宇宙的技术王国中所有的数字信息技术自产生之始就是为人的发展

---

① 尼葛洛庞帝.数字化生存,胡泳,范海燕,译,海南:海南出版社,1996:140。

这一目的而诞生与存在的，也正是通过这些先进技术使人发展的可能性空间更宽广、更自由，使人的主体性内涵得到新的扩展和提升，为人的自由全面发展提供一切可能条件，这都是得益于技术王国的先进化发展动态。简言之，技术王国是因人的需求而生，而人的自由全面发展为技术王国的动态变化提供目的驱动与目标指向。

第二，在互动与交叉的关系上，技术发展史与人的发展史始终处于相辅相成、互促共进的同一历史过程中。技术的进步尤其是科技革命以来的信息技术的腾飞更是将人的自由全面发展推向了一个以指数级叠变的状态，而获得多层级、立体化发展进步的人又反过来主导并深挖科学技术的更高级发展，并随着人的需求不断变化和升级，科学技术无论于种类上、功能上以及价值取向上等也日趋更为精妙、强大及人性化，正是这种跟进式与互动性的发展关系，才使得技术发展与人的发展难以泾渭分明地疏离与分割。人的发展中有着科学技术的贡献，科学技术发展中交织着人的发展因素，人的发展与科学技术的发展虽然各自遵循自身运动的轨迹，但又依托彼此取得各自的长足进步。

第三，在协调与同一的关系上，技术王国的动态变化始终伴随人的发展进步与自由需求，尤其是当代信息科学技术在不断靠近人的自由全面发展这一终极目标的过程中发挥着重要的参与力量，甚至还将可能发挥主导影响。当然，在科学技术发展不断延伸与拓展当中，人的发展又始终处于主导地位，同时只有科学技术与人的自由全面发展得到高度协调，才能使二者实现相互促进、共同提升。一旦科学技术背离人的发展目的，就将走向异化境地而制约人的发展，这又必将反噬技术自身进步的空间与可能的条件，毕竟，科学技术在为人的自由全面发展提供物质、文化、精神等各方面支撑时，人的自由全面发展更为科学技术进步创造智力、素质等多维度的条件，而如元宇宙这种由诸多高精尖技术集成的系统一旦遭遇这种反噬不仅面临发展受阻甚至影响正常运转。

因此，深入分析与探讨技术王国动态与人类发展需求的耦合性关系，有利于在元宇宙的发展进程中，避免因技术的发达高效而遮蔽漠视人的内在动因与价值意义的所在，确信与坚守技术的动态之变与人的自由全面发展之间的双向奔赴关系，以此不仅突显元宇宙缔造与人的自由全面发展之耦合性，而且说明元宇宙缔造之于人的终极意义、人的终极需求之于元宇宙的目标指向。

2.3.3 以"真善美"为轴心的元宇宙人文底蕴

人文价值对于人类社会、人的意义世界而言至关重要,这是标志人类文明的根本与初衷。人文价值之"价值",不是单方面的客体价值,而是关系价值,是价值客体对于人和人类社会的积极意义与有益关系;人文价值之"人文"主要是指人的精神生活与文化意义,在此人文价值主要是指人的精神价值和文化价值。总体而言,人文价值的现实追求和终极指向,就是以追求真善美等崇高的价值理想为核心,以人的自由和全面发展为终极目的,其价值本体始终要追溯到人,其理念起点就是以人为本,强调凸显人的主体性在人文底蕴中的重要地位,把对人的生命意义与人的自由全面发展作为人文底蕴中的价值之首与终极关怀。因此,生成于人类想象、依托于人类发展并将引领着人类未来的元宇宙,不仅是脱胎于人文价值,而且还需遵循与尊重人文价值,更要彰显与升华人文价值,对人文底蕴终极追求的"真善美"的承载与超越是元宇宙正向发展、良性循环、进阶高级的轴心所在。

1. 元宇宙超越工具理性走向价值理性

元宇宙不是自然物理的现实世界而是信息技术虚拟的数字世界,这其中因为数字信息科学技术的强大效能与广泛影响以致人的作用、人的价值、人的意义似乎于元宇宙的亮相中,显得不再那么耀眼,相反以数字信息为特质的各项技术则格外炫目。很明显,工具理性在元宇宙世界中很易获得根深蒂固的滋生土壤,因为元宇宙的构建与发展确实对于信息技术的依赖性极强,但这是否就意味着工具理性就可以在元宇宙中独霸天下了呢?倘若真的如此,人类将会是何处境?在回应这些疑问之前,先对工具理性及与其相对的价值理性做扼要分析。

简言之,工具理性是以工具崇拜作为生存依据与发展目标,侧重于关注"器"的因素和"物"的目的,而价值理性则是以人的意义与目的、人的理想与价值、人的道德与追求为立足与归宿,注重对人性终极关怀的表达与人文精神的弘扬。尊重"人"的因素与"道"的宗旨。工具理性与价值理性是两种相互对立的价值观及其认知方式。

于是可以推断:工具理性若在元宇宙中大行其道甚至横行无阻,必将使人深陷于符号与代码的迷宫,而迷失人之主体性的价值所向与意义所在,虚拟的代码与符号成为勾联社会关系的一切出发点,人本身变成了网络程序与数字技术分析与审视的对象，人处于意义与价值虚无的境地，由此元宇宙中所充斥的代码即法律、符号即身份因为丧失价值理性的屏障保护与意义过滤，而成为绝对化的普世标准，长此以往，各种创生虚拟现实的技术发明与应用逐渐背弃人性和人文，却以由符号或代码复制或生产的虚拟景象为虚假繁荣，最终元宇宙留给世人的反而是以技术的"解放力量"转化为"解放的桎梏"这一理性惨淡、自由丧失甚至颇具压迫感的形象。

因此，元宇宙应该摒弃纯粹的工具主义立场，在重视工具理性对元宇宙运转所赋予技术支撑的发展功能与理性意义的同时，又要超越工具主义理性的阴霾，元宇宙的发展趋向应是跨入价值理性的场域，秉持人本理念、坚守以人为本的人文底蕴，并定位自身的前进轨道，即以"放弃机械论的二分法，提倡有人文精神的科学精神，同时有科学精神的人文精神；或者有人文关怀的科学技术，有科学精神的人文科学，这两者相结合，发展充满人文关怀的科学技术，同时发展有科学精神的人类道德"[①]为旨归，最终在元宇宙的世界中仍体现为人类的"交往意义"旨趣高于或优于技术的"代码符号"旨趣，这一"交往意义"既来自现实世界真实人的精神价值与文化意义的交往，又可以是出于虚拟世界中数字替身的数字信息意义的交往。总之，元宇宙只有超越工具理性的禁锢走向并吸纳价值理性所蕴含的人文底蕴，才能在人的意义世界中生成具有补缺性甚至不可或缺性的存在意义，否则难免沦为人类社会发展进程中的过眼云烟或鸡肋之物。

2. 以"真善美"为终极关怀的元宇宙

缔造元宇宙的技术王国从诞生之日起就释放着人类意欲改造与控制自然的自由意志，甚至具有超越自然物理限制而奔赴人的自由全面发展的更大空间，所以，元宇宙既要依托技术王国之工具理性的支撑，又要超越技术单纯的工具理性，并通过促进人文精神和人本文化的进步，来体现元宇宙自身的价值理性所在，这必将导致元宇宙以追求"真善美"等崇高的人文价值理想为终极关怀。

元宇宙所蕴含的人文价值首先体现在其所带来的精神馈赠层面，并由此而展示出对人的存在意义的关注、对人本文化的延续或延伸以及对人文精神的弘扬。

---

① 王大珩，于光远. 论科学精神. 北京：中央编译出版社，2001：294。

首先，元宇宙以数字信息技术的集群化应用不仅延伸了人类的物质生活空间，更重要的是开拓了人的精神生活的空间，昔日只有在神话故事中才有的千里眼和顺风耳，如今已可以通过多模感知的智能化系统与具身沉浸技术得以实现，并即时满足"足不出户而独步天下一览万事"的信息收获甚至达到人可以通过在虚拟世界中的创造力来确证自身的想象力并让这种想象力去强化自身的创造力从而扩展心灵活动的空间与自由精神的外溢。

其次，元宇宙不仅实现了精神世界的可视化境界，而且为解放人的感性认知铺垫基础。正是通过脑机接口、大数据画像、人工智能算法、AR或VR等延展现实技术的综合化应用，将人的观念以可视化的图像、数据性的解释、生动再现的三维动画等展示出来，这就为人类的精神成果与感性认知提供了一系列的可视化或可触化的平台、介质。于是，在元宇宙的世界中，一切可能与不可能的东西通过相应的数字信息技术以视觉印象或多模感知体验系统等方式将感性认知予以表现，从而实现人的感性解放。正如麦克卢汉所认为的那样"媒介是人的延伸，人的任何一种延伸无论是皮肤的、手的还是脚的延伸对整个心理和社会的复合体都产生影响"[1]。元宇宙的虚拟场景与相应技术的功能释放，不仅能以人机交互活动的密切深入为表现形式，而且直接带来人可以摆脱现实物质环境的限制而进入超现实的感知状态，带来人对感性需求的具身化体验与直观性满足。可以想见，在元宇宙世界中，"一方面凭借的虚拟技术延伸了人的视觉、听觉、触觉等感觉器官，超越了传统的感觉方式、感觉对象、感受性和感觉经验，打破了现实性与虚拟性的时空界限，导致了传统的自然平台上不存在和不可能的感性解放，实现了人的感性超越。另一方面虚拟技术创造了人际交往的全新模式和新平台，对人的生理和心理机能的整合产生巨大影响。人们可根据自己的生理和心理需要在虚拟空间中制造新的自我，并使之得到人格整合"[2]。这种整合为解放人的感性认知铺垫了适应性和开创式的新基础。

再次，以技术群的集成化发展与应用奠定而成的元宇宙，其本身就诠释了以人为本的价值理念。因为元宇宙所囊括的每一项技术发明和创造都凝聚以精神外化物质与以物质包容精神的双向价值的人类智慧与心血，并表达着人之情怀与理想追求，最终使元宇宙的空间氛围与人的精神价值、艺术审美与现实需求融为一体，激发并引导现代人对生存环境抱有更高的期望，对人生境界提

---

[1] 麦克卢汉.理解媒介——论人的延伸，何道宽，译.北京：商务印书馆，2000：21.
[2] 齐鹏.人的感性解放与精神发展.哲学研究，2004（4）：73-78.

出更高的要求，甚至元宇宙世界还会给人提供"科学方舟"去跨越生存时空的藩篱，让人体验到把生命的有限提升为生命创造的无限之心灵慰藉与精神快感，从而实现人类精神价值的最大化，最终奔向人的感性延伸、知性解放、理性自由的全面发展。

最后，元宇宙的生成、发展及未来的运转都不过是作为整个人类文化活动的一部分，同时也是整个人文精神组成不可分割的重要部分。在元宇宙的虚拟世界中，共享精神、互动精神、平等精神、自由精神和批判精神等，既是现实世界发展中所不懈追求与持续实践的现实人文精神，又是数字信息的虚拟世界中必须坚持的网络精神之真谛。所以，元宇宙世界更应以弘扬这些人文精神为自身的发展使命，这既是元宇宙精神世界由虚向实的人文回归，又是元宇宙价值先导对现实人文精神的升华，目的就是更好地促进元宇宙的自我完善和人类走向全面的发展。

总之，元宇宙所蕴含的人文价值其终极目标就是围绕人类文化所体现的以"真善美"为根本追求的轴心化价值，并以人的自由和全面发展为终极关怀。当然，围绕以"真善美"为轴心化价值追求的元宇宙所关注的真、善、美在具体内涵上有其自身的特点，在元宇宙世界中即：

"求真"，就是追求建立在科学规律、科学认知、科学方法的基础上，以可计算、可操作的技术功能和建模机制实现对元宇宙有序发展的理性化场域搭建；

"求美"，就是希冀借助各种沉浸式技术与延展现实的智能系统，实现在元宇宙场景下基于人体工程学与美学规律的友好型虚拟体验；

"求善"，就是力图让人的实践理性体现为元宇宙活动的自觉指导，促成元宇宙运转效果最大程度地为人类谋福祉、增福利，从而达成真、善、美的统一，最终促进人的全面发展与自由的增长。

尽管元宇宙世界中所追求的真善美与现实世界中的真善美在具体样态与内容上存在多样性的差别，但对于人的自由全面发展的终极价值关怀目标是一致的。从这一点上来讲，其实无论是元宇宙的虚拟精神文化还是现实世界的人文活动意义，都不能完整地体现追求真善美等崇高的价值理想，所以才需要更为注重以"真善美"为核心的人文价值去塑造元宇宙的终极关怀，并使之形成与现实物理世界相互契合的人文底蕴，以便消除影响或有碍虚实交融之间的文化阻隔。

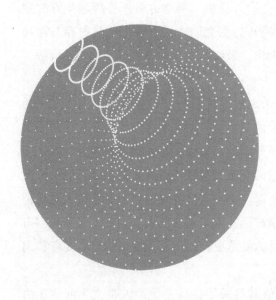

第 3 章

从科技井喷到数智革命：
元宇宙的创世鸿蒙

第3章 从科技井喷到数智革命：元宇宙的创世鸿蒙

伴随着深度合成、人工智能、大数据、增强现实、区块链等技术的应用，人类的存在方式随着科学技术的井喷已经发生了巨大的改变，这也使得元宇宙的诞生有了数字与智能化的基础。一方面科技给人类带来了更健康、更舒适、更长久的生活方式，让人们有更多的文化探索和自我价值实现机会；另一方面，创世鸿蒙与其相关技术的背后却面临着巨大的科技伦理问题，无论是脑机接口、深度合成还是人工智能都给人类社会的基本伦理观念带来巨大的冲击。特别值得考虑的是，我们正在面对的全球新冠肺炎疫情挑战是人与自然规则的再一次正面交锋。在悲天悯人的情怀和众志成城的坚强意志下，人类无疑会战胜病毒。然而不能忽略的是，如果这样的"黑天鹅"事件再次发生的时候我们如何自处？我们需要重新正视这些根本性的问题——元宇宙生态下技术与人类的关系：作为人类的最强大力量之一，科技将引导人类社会走向什么样的未来？如果技术是一种药，那么这种药给人类带来的副作用到底是什么？

其实，科技本身不具备色彩，但加入了人性的催化剂，却可能转化成危险的"黑科技"。人类对于好与坏的标准根植于社会文化之中，在很大程度上会左右科技的发展，当今的任何一个技术都带着社会文化的烙印。因此，对技术伦理的分析也必须放到社会文化的大背景之中。换言之，技术本身并不涉及一个定性的伦理判断，而是技术为相应的伦理判断创造了特定条件和空间，使得人类可以将技术放在某一种社会文化中进行讨论。这并不意味着单纯的"技术中性论"，而是表明人性的影像会倒映在技术之镜上，直接作用于技术的发展，以及技术发展之下的伦理选择。

本章主要是从科技哲学的角度去看待为元宇宙诞生铺垫的多种技术可能带来的终极问题，这些问题包括不限于：深度合成下的赛博格是否是人类种族生存的未来？人工智能是否会控制人类？我们如何制定智能时代的数据规则，等等。比较特别的是我们会从数字经济学的视角来看科技伦理而非传统经济学的范式，更深层次的关注这些具备一定"后人类"属性的未来科技，尤其是人工智能技术，希望通过数字经济学和科技哲学的视角为读者建构一条理解元宇宙这一创世鸿蒙之未来的道路。

3.1　从深度合成看元宇宙的"创世"风险

如果说你我生活中无处不在的人脸识别，是通过侦测人脸特征信息实现身份识别，那么深度合成则是基于包括人脸、人体在内的对象所具备的特征，合成虚拟形象并尽可能模拟所参照对象特征的真实性。从某种意义上来说，深度合成是构建数字孪生世界的重要方式。

作为 AI 合成内容（AI-Generated Media）技术的一种，深度合成最早主要被应用于电影制作中的数字特效，但却由于 2017 年有人利用该技术将美国成人电影中女主角的脸换成好莱坞知名女星的脸而受到公众关注。也正因如此，该技术被推至舆论的风口浪尖，并受到多国政府网络监管机构的监控与限制。但实际上 AI 换脸只是深度合成应用中的一小部分，深度合成包括人脸再现、人脸生成、语音合成等技术，且未来有望向全身合成、数字虚拟人的方向发展。

其中，最早进入公众视野的"AI 换脸"也就是人脸替换，作为目前应用较多的深度合成形式，主要是将某源人物的脸部图像覆盖到目标任务的脸上，如 ZAO、FakeApp 等可实现最基础的人脸深度合成，但不足以实现高精度深度合成信息。

"人脸再现"则主要涉及对目标人物的脸部表情驱动，包括目标人脸的嘴部、眉毛、眼睛和头部的倾斜，以实现对目标对象脸部表情的进一步操控。不同于人脸替换，人脸再现不是为了替换目标身份，而是改变某个真实存在的人的脸部表情，从而模拟并让其说自己从未说过的话。

"人脸合成"则是用来创造媲美真实人脸的全新人脸虚拟图像，甚至可以代替一些真实肖像用于广告宣传、用户头像等。

"语音合成"则是创建特定的声音模型，将文本信息转换成接近自然语音和节奏的口吻来叙述。

除此之外，当前深度合成技术已经不仅仅局限于对声音、表情、人脸等特定生物信息的合成，而开始向全身合成与三维合成的方向发展，整合三维人脸和与体态重建，结合文本、语音、口型上的自然模拟与神经网络渲染等技术，利用生成对抗网络实现对人体动作的模拟，这也是未来数字虚拟人技术的基础。

尽管深度合成在最近几年的发展有目共睹，并在影视特效和数字孪生等前瞻应用场景方面大展拳脚，同时也作为元宇宙的关键生产基础。但由深度合成引发的一系列生物信息伪造的应用风险逐渐显现，例如使用AI换脸制作色情视频，通过合成的虚假政客视频传播有害信息等，引发了业界对深度合成技术作恶的担忧。尤其是利用这些假冒数字媒体内容进行欺诈、假冒身份等非法活动，令信息安全与网络攻防面临新挑战。

而深度合成背后的产业链所蕴含的诸多问题，包括隐私数据滥用、安全攻防等方面的系统性风险也不容忽视，例如基于深度合成技术，借人脸识别原理逆向部署的一些极具针对性的反人脸识别措施也极大地动摇了人脸识别本身的安全性。深度合成的数据存储分发应用销毁以及利用生物特征信息制作商业化虚拟角色背后所蕴含的法律合规风险等，需要以更具前瞻性的眼光看待。

最后，深度合成的技术伦理风险也值得关注。深度合成将人的身份与生物特征抽象成数据并以合成虚拟形象的方式在公共网络中流动，是否存在对人的异化？而数字人身份也进一步弱化了人参与社会活动的地位与角色，是否有将人标签化、工具化的嫌疑？再者，如果深度合成成为社会治理的一个重要组成部分，但当刷脸成为社会制度的一部分时，人对自我身份与行为控制的权利是否会因刷脸作为社会治理的一部分所具有的强制性而遭到削弱？诸多命题都需要在推行人脸识别与深度合成之前进一步明晰。

3.1.1　系统性风险研究

在信息化、智能化、数字化浪潮下快速推进的深度合成技术，其算法模型的迭代离不开大规模基础数据集的保障。与传统机器学习所使用的文本化数据不同，深度合成技术基于大量图像数据，数据作为应用最为广泛的公民身份标识，直接决定公民在数字治理环境下参与公共活动的权利，一旦该数据被不法分子篡改或利用不仅会侵犯公民肖像隐私权利，更会干预甚至剥夺公民参与社会公共活动的权利，或者直接篡改一个人的身份与社会角色，其发生泄露、篡改的风险与造成的后果影响更为显著，这也为承载深度合成技术的隐私保护、网络与数据加密、安全攻防、标准规范建立等提出了更高的技术与道德要求。加之基于深度合成的人脸伪造不断挑战人脸识别的安全认证机制，未来人脸识别的系统性风险不容忽视。

人脸数据作为每个人独一无二的身份标识，其使用权，也就是所谓的"肖像权"理应归自然人本体。作为人格权的一部分，肖像权包括公民有权拥有自己的肖像，拥有对肖像的制作专有权和使用专有权，公民有权禁止他人非法使用自己的肖像权或对肖像权进行损害、玷污，或以营利为目的且未经肖像权人同意擅自使用其专有肖像。但以ZAO为代表的人脸识别结合深度合成的一系列应用，其在用户协议中对用户合法权益的侵害不容忽视，如ZAO用户协议第1版第六条规定"其享有全球范围内完全免费、不可撤销、永久、可转授权和可再许可对用户内容进行修改与编辑，以及对修改前后的用户内容进行信息网络传播以及《著作权法》规定的著作权人享有的全部著作财产权利及邻接权利"，这种借助技术便利过度攫取用户授权与隐私数据的行为，进一步引发了公众对于ZAO以及人脸识别应用于安防、金融、身份识别与权限管理等敏感领域的安全性和可靠性的质疑。而以基于人脸数据的深度合成为例，这种未经他人允许合成某个人的肖像并用于商业目的的行为，可对现有公民权益保护与司法保障机制带来极大挑战，其侵权界定模糊与侵权影响广泛将直接威胁公民合法权益。

3.1.2　加剧社会不平等现象

深度合成技术产业链上集中了芯片、传感器、算法、终端、行业应用、解决方案、安全加密、网络传输等诸多相关方，技术滥用与不正当竞争的现象难以完全避免。一旦其中任何一方采取针对用户或者其他相关参与者的歧视性策略或不正当竞争举措，偏见与不平等最终会传递至终端消费者并损害其应当享有的公平权利；加之深度合成技术的硬件、算法、数据集等都具有较高技术壁垒，不公平一旦形成则难以被打破；最后，由于机器学习的黑箱特性，模型所得结果往往具有一定不可解释性，算法透明度存在较大争议，这可能导致基于深度合成技术的用户身份与行为分析结果，与用户性别、肤色、年龄之间的相关性往往无法得到科学有效的阐述，可能被别有用心的人利用，从而进一步加剧性别与种族歧视现象。

3.1.3 技术与标准缺失叠加监管科技的落后使深度合成技术的应用有待规范

尽管深度合成技术普遍应用于现阶段的数字虚拟，但由于缺乏统一的技术标准与安全评估规范，不同技术原理、平台、场景下的深度合成技术方式存在较大性能与安全差异。除此之外，行业内也缺乏不同深度合成技术与方式的安全性能和应用场景敏感程度的规范标准，导致终端厂商在匹配深度合成技术与应用场景时容易出现匹配失效。

最后，现有公共管理体系缺乏对于借助人脸识别与深度合成技术侵犯他人合法权益的侵权责任司法界定与行政处罚标准，加之技术本身的高度专业精密化，技术治理与监管科技的发展远远落后于技术进步的步伐，一旦出现侵权责任事件，对受害人的保护与对施害人的惩戒往往不到位，进一步加剧了深度合成技术的不规范应用所带来的不良影响。

3.1.4 安全攻防与稳定性风险

随着深度合成技术的应用场景不断拓展，其算法模块也愈加复杂，尤其是在线深度合成技术需要基于云计算、分布式存储以及高并发处理等技术，各个环节都有可能暴露出的技术误差、密集的功能潜在变化与连锁性风险不容忽视，也会显著影响深度合成技术的终端体验与安全性。

3.1.5 技术的风险与福利评估核算

无论是预装在个人终端上的虚拟形象，还是广泛分布在娱乐产品中的数字人，其本质都是用户将自己的生物特征隐私数据交付给供应商或者第三方机构，并以此换取数字虚拟沉浸体验。但用户在交付之前只能看到深度合成技术所带来的便捷与福利，却无法准确认知其所存在的风险与对自身影响，即便有异议也只能在用与不用之间做出选择。当我们在核算深度合成技术的风险时，往往会因为深度合成技术的便捷性大大超过其带来的风险而选择拥抱人脸识别，但这并不意味着技术风险就此消失，实际上一旦技术风险造成实质性影响，其所带来的损失和成本可能会远超其所来的福利与效益，技术风险与技术福利的损益核算难以有效评估。

3.1.6 进一步加深数字鸿沟

随着深度合成技术的全面开花,虚拟数字形象与数字孪生逐渐普及甚至成为公共基础设施的一部分。但深度合成技术的广泛推动实际上是基于一个不平等的前提,也就是默认公民都为当前数字基础设施红利的享受者与拥护者,可实际上基于CNNIC(中国互联网络信息中心)的数据,现阶段我国仍有超过5亿人未接触互联网,其中很大一部分为老年人、残疾人等弱势群体。他们在面对深度合成技术与社会治理高度结合的产物时可能寸步难行,以致被剥夺享有一切社会公共服务与保障的权利,数字鸿沟进一步导致权利分化。除此之外,随着技术的扩张,技术风险不断膨胀的同时技术福利却逐渐转变成基本规则。而并非所有人都是技术的拥护者,每个人都有权利决定自己的生物信息等隐私数据是否被用于其他用途,这就让那些希望降低技术风险或捍卫自身隐私数据而拒绝使用深度合成技术的公民丧失了享有社会基本公共服务与基础设施的权利。

3.1.7 对人的异化与对人类现有认知的挑战

信息时代数字行为一定紧密围绕基于个人行为方式与外貌、性格等特征建立的个人信息体系来进行。从社会心理的角度,个人行为、隐私、心理活动、生理状态等在数字活动中的典型表现是信息与数据,而这些信息与数据会直接成为人与人交互的第一参考。另外,随着越来越多的生物特征被用于计算机交互,一些原本不具有私密性或本质上不应该私密的个人特征被赋予极高的安全管理级别,以至于人们不得不将其作为隐私来看待。

深度合成技术利用人体的行为与生物数据创造虚拟形象,实际上是一种对人的异化,这种异化主要体现在信息隐私化、特征工具化、人格标签化、个体数据化等方面,人对现有事物的传统认知在这一过程中被挑战与重塑。

人格标签化,体现在人脸识别系统可以完全不经个人主观意愿的允许就收集、分析、披露个人的姓名、年龄、职业、财产状况等稳定信息及运动轨迹、消费记录等实时信息,这些标签化的信息可能被用于绘制用户画像以实现更加精准的商业活动,但也有可能会结合深度合成技术被用于生成与该目标高度仿真的"虚拟数字人",但这种基于标签化信息重塑的数字个体,其能够真实还原目标人类的动作神态、精神世界吗?我们利用这样的数字个体用于一系列商业或非商业活动,本质上难道不是携带一系列数据并用其向追随这些标签化人格的消费群体贩卖标签人设吗？

个体数据化，人被视作一个信息结构，而整个人体也就全然等同于大数据库下的一个局部数据库。人脸识别技术的功能潜变会造成这些"局部数据库"的信息可以被技术使用者随时且无代价提取使用；在该过程中，深度合成技术创造出了虚拟信息等价物尽管归属于识别对象本人所有，但使用权掌握在技术使用者手中，且几乎不会为其所有者带来任何意义上的正面收益，反而可能会带来无法估量的损失。

深度合成技术若想在元宇宙世界创造足够逼真的数字人形象，则必须以真人作为参照主体，且不单单参照外表指标，还需要将其性格与心理模式参数化，其中包括大量被参照者的生理与心理隐私信息，且不说这些信息能否被冰冷的数字科学量化，这种将隐私信息化的行为本质上也是一种对人的异化。

3.2 人工智能的道德哲学与伦理困境

在讨论了元宇宙所依赖的深度合成技术带来的科技伦理问题之后，我们来关注元宇宙背后的人工智能技术，以及其涉及的伦理与技术哲学问题。普遍来说，我们可以看到的是整个社会面对 AI 存在两种不同看法：第一种认为，人工智能带给社会发展新的技术红利，不同的行业因此得到了赋能，通过人工智能技术的发展终将重塑人类社会和人类未来的可能性；第二种认为，人工智能技术带来了巨大的伦理风险，会冲击社会的基本秩序和伦理底线，使得相关责任人陷入伦理困境，甚至从长远来看，人类可能会被 AI 全面超越和反噬，技术人将取代人类。

事实上，人工智能的核心哲学思想就是假设智能系统是在约束的资源条件下运作的，而主流的深度学习方法论则与此相悖。本文就是基于以上认知，来讨论 AI 伦理与技术哲学之间的真实困境。

从 AI 伦理的研究阶段来说，目前全球的学者关于 AI 伦理的研究经历了三个阶段：第一个阶段是关于 AI 伦理必要性的问题，相关的研究主要发起在美国，由于美国在 AI 技术上保持的领先性，以 Google 为代表的企业在很早之前就遇到了诸如 AI 军事化等伦理问题，引发了产业界和学术界的重视。第二个阶段是 AI 伦理准则的讨论，这个阶段欧盟和中国都积极参与，例如 2019 年 4 月欧盟委员会发布了人工智能伦理准则，这些原则包括：确保人的能动性和监督性、保证技术稳健性和安全性、加强隐私和数据管理、保证透明度、维持人工智能系统使用的多样性、非歧视性和公平性、增加社会福祉以及加强问责制。据统计，迄今为止有数十个研究机构或者组织提出了各自的伦理准则和建议，大体上这些原则具备一定的普适性和内在的一致性，在伦理的树立层面达成了一定的共识。第三个阶段是目前我们所处的阶段，也就是人工智能伦理体系的研究，也就是 AI 伦理准则的具体内涵和应用措施的研究，通过"伦理使命 - 伦理准则 - 实施细则"的规划体系，来解决两个原则层面无法解决的问题，一个问题是"AI 伦理的自我执行性问题"，即原则如何通过相互配合的运作机制进行落实；另一个问题是"AI 伦理的风险控制问题"，即通过前瞻性研究技术应用的可能性以降低其应用风险。简言之，人工智能体系规划阶段就是 AI 伦理从虚到实的过程，只有这样才能规范化地推动人工智能技术的发展，不断改进和完善其技术的演化路径。

　　从技术视角来看，AI 伦理体系如何与人工智能技术的动态演化相适应？在回答这个问题之前，我们需要了解人工智能的技术本质。人工智能技术拥有不同范式，包括逻辑智能（命题逻辑和一阶谓词逻辑）、概率智能（贝叶斯定理和贝叶斯网络）、计算智能（遗传算法和进化计算）、神经智能（机器学习和深度学习）、量子智能（量子计算和量子机器学习）。

　　总体来说，人工智能可以看作机器通过建立在大数据基础上的逻辑推理与感知学习，来与真实世界互动。换言之，AI 逻辑算法能够执行的底层架构是海量的数据，AI 公司拥有越多数据资源在竞争格局中优势越明显。《人工智能时代》作者、斯坦福大学人工智能与伦理学教授杰瑞·卡普兰认为，"一个非常好的 AI 公司往往依靠大量数据，而且强大的公司会越来越强，他们能将数据的累积、迭代和自动标注形成一个良性循环"。机器从特定的大量数据中总结规律，归纳出某些特定的知识，然后将这种知识应用到现实场景中去解决实际问题，这个过程即计算机的逻辑推理。

　　人工智能从 1956 年概念建立至今，最初是逻辑学派占主导地位，主要是因为逻辑推理和启发式搜索在智能模拟中避开了大脑思维规律中深层次的复杂问题，在定理证明、问题求解、模式识别等关键领域取得了重大突破。早期科学家普遍认为，人工智能与传统计算机程序的本质差别在于它能够进行逻辑推理。这种思维抛开了大脑的微观结构和智能的进化过程，单纯利用程序或逻辑学对问题求解的过程来模拟人类的思维逻辑，所以也被分类为弱人工智能。

这也提出了一个问题——AI智能的知识论问题，即知识论中的哲学研究是如何与人工智能联系在一起的，传统哲学所关心的知识指派、信念与知识的界限等问题，它的背后有没有统一的认知建模的解释，人工智能是否能通过知识论的建构获得理解智能的能力？

回顾近现代知识论中重要哲学家笛卡儿的理论，真正的智能将体现为一种"通用问题求解能力"，而不是特定的问题求解能力的一个事后综合。这种通用能力的根本特征就在于它具有面对不同问题语境而不断改变自身的可塑性、具有极强的学习能力和更新能力。

这种通用求解能力是机器感知的必要不充分条件，只有当机器不单纯针对某个具体问题展现过人的水平，而是在各类通用问题上都能构建自我逻辑系统与学习系统来与世界反馈，才能从真正意思上实现机器觉醒。相对应地，康德在《纯粹理性批判》中提出了整合经验论和唯理论的心智理论，他将心智的知觉活动划分为两个板块：其一是感性能力，其任务是拣选出那些感官信息的原始输入；其二是知性能力，其任务是致力于把这些输入材料整理成一个融贯的、富有意义的世界经验。康德将主要精力投向了知性能力，给出了一个关于高阶认知的精细模型，并通过该模型将知性能力区分为十二个范畴。

当机器拥有知性能力，便获得了感知世界并与之交互的能力，也可以称为自主意识。自主意识可以让机器在没有预先设定程序的情况下通过自我感知与学习来处理复杂系统。从美国心理学家和计算机科学家约瑟夫·利克莱德提出"认知计算"概念——可以让计算机系统性地思考和提出问题的解决办法，并且实现人与计算机合作进行决策和控制复杂的情形，而这个过程不依赖预先设定的程序。从科幻电影中我们也可以逐步生成对机器感知的主观印象：从1927年的德国电影《大都会》，1968年的《2001：太空漫游》，到如今的《超能陆战队》《她》《机械姬》，观众们普遍认为强人工智能带来的会是一个有意识的、有人性的、有智慧的与人类相当甚至超过人类的机器人。

AI伦理问题随着自动驾驶汽车日益普及，特别是一些无人驾驶导致车祸事故的发生，"电车难题"成为保证无人驾驶安全性乃至人工智能伦理必须要思考的问题。麻省理工学院参考"电车难题"启动了一个名为"道德机器"的在线测试项目来收集整理公众的道德决策数据。来自233个国家和地区的数百万用户共计4000万个道德决策的数据反映出一些全球性偏好：更倾向于拯救人类而不是动物、拯救多数人牺牲少数人、优先拯救儿童。但基于地理和文化等因素的异质性，在部分问题选择上不同地区的人们依然具有不同倾向程度的差异。2018 年，德国为自动驾驶汽车制定了首个伦理规则。该规则提到，相比于对动物或财产造成的伤害，系统必须最优先考虑人类安全；如果事故不可避免，禁止任何基于年龄、性别、种族、身体特征或其他区别的歧视；对于道德上模糊的事件，人类必须重新获得控制权。这种通过人类预先设定道德算法在机器身上植入能够控制机器选择与行为的方式属于"自上而下"。

从解决方案来说，设计者必须先在伦理理论上达成与社会的一致性，分析在计算机系统中执行该理论所必需的信息和总体程序要求，然后才能设计并执行伦理理论的子系统。尽管这种自上而下的设计方式可以建立在无知之幕的基础上以保证相对公平，但预先设定的算法往往在具体问题上产生自相矛盾的困境。相比之下，"自下而上"是一种全新的思路：让机器通过日常规则的迭代衍生出自己的道德标准。具备感知学习能力的机器可以汇总外部信息，在不同情境下形成系统行为模式。同时，设计者可以通过建立一个奖励系统，鼓励机器采取某些行为。这样一种反馈机制能够促使机器及时发展出自己的伦理准则，类似于人类在童年时期形成道德品行的学习经验，使得人工智能够真正成为人工道德主体，具备自己的道德原则，同时基于这些原则做出道德考量，建立自身行为的正当性。

为了理解思考机器是否能够成为道德主体，我们不得不思考人与机器的关系。人工智能的技术想象突破了自启蒙运动以来人和非人实体之间的界限。美国技术哲学家唐·伊德把人与技术人造物的直觉结构分为四种关系：具身关系、诠释学关系、他者关系和背景关系。在具身关系中，技术人造物常常会隐退起来，或者用海德尔格的话说就是技术的"抽身而去"。随着人工智能的发展，人、技术与世界的关系结构发生了改变，人和技术也表现出融合关系，例如后现象学技术哲学家维贝克提出的赛博格关系和复合关系。当机器的主体地位独立于人类，其是否能够成为更为人道的责任主体呢？

以智能化无人机为例。自 2018 年 6 月美国国防部宣布成立联合人工智能中心以来，美国不断加快 AI 军事化应用的步伐。近日，美军袭杀伊朗高级将领卡西姆·苏莱曼尼，让中东局势骤然紧张。媒体报道称，美军在这次行动中使用了"收割者"无人机。伴随 AI 技术在军事应用领域的深化，以"收割者"无人机为代表的智能化无人机已具备了智能化的某些特征，由此也引发了关于战争责任主体的新的争议。即相对于传统战争中人类作为唯一的责任主体，高度智能化的无人机能否更好地承担战争责任，进而将未来战争引向更为人道的方向？

美国佐治亚理工学院的罗纳德·C.阿金指出，在确保交战正义性上，较之有人作战平台，智能化机器人具有以下六个优势：①无须考虑自身安全；②具备超人的战场观察能力；③不受主观情绪左右；④不受习惯模式影响；⑤更快的信息处理速度；⑥独立、客观地监测战场道德行为。

基于以上优势，他认为在执行人道原则方面，智能化无人作战平台会比人类表现得更好。然而，限于目前无人机自治系统存在不稳定性和风险性，包括控制系统故障、电子信号干扰、黑客网络攻击以及其他战场上可能发生的意外情况，都会影响其执行符合人道主义规约的决策，甚至造成战场杀人机器的失控。另外，无人机导致的责任分配困境，还体现在如何应对"责任转嫁"的问题，利用人机的高度一体化，军方和政府可以把人为的责任转嫁给无人机，以逃避战争罪责。

无人作战的出现，必将导致一些传统的战争伦理发生深刻变化，这需要引起高度重视。目前，一些国家已经提出，给智能化程度越来越高的军用无人系统制定国际法和伦理准则，以约束其战场行为。2013年5月27日，联合国人权理事会例行会议也指出，将机器人从远程遥控发展至自动判断敌情、杀死敌人，可能误伤准备投降的士兵。这提醒我们既要利用战争伦理维护自己的利益，又要研究战争伦理为无人系统使用提供合法保障，或者发展符合战争伦理规范的无人系统。比如，对无人系统进行规范，要求其能够自动识别、瞄准敌人所使用的武器，使其失效或遭到摧毁，解除对己方构成的威胁，却不必杀死相关人员，以减轻人们对潜在"机器人杀手"的种种担忧。

机器拥有"心智"是人类的追求，也让人类对自身安全产生担忧，这反映的是一种对AI自主进化不确定性的恐惧，正如霍金所说"将AI用作工具包可以增强我们现在的智能，在科学和社会的每个领域开拓进步。但是，它也会带来危险……我担心的是，AI自己会"起飞"并不断加速重新设计自己，人类受到缓慢的生物演化的限制，无法竞争以至于被超越。在未来，AI可以发展自身的意志，那是一种与我们相冲突的意志"。

从技术路径来说，未来学家们担心的就在于超级人工智能具备了智能的演化和自我复制性，从而在思想上超越人类，也就是达到技术奇点。要理解人工智能是否能够达到这个所谓的技术奇点，需要清楚人工智能的本质是否具备

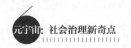

上文提到的感知要素。

最后，再回到深度学习技术的现实发展过程中来，这一轮 AI 技术的发展是以深度学习为基础的，虽然深度学习会在短期内造成人类劳动力表面上的解放，但是会在长周期内钝化社会机制，阻碍人类的治理发展得以充分实现。换言之，人类对深度学习依赖越多，就越难从这样的风险中解放出来。

深度学习带来的技术伦理风险有三个方面：第一，深度学习方法使得我们要按照其本身的需求对于人类的不同领域知识进行分类，这会使得人类对社会行业分类的权力和能力下降；第二，大数据技术与深度学习的结合，会对人类自身的隐私安全和信息伦理造成巨大的威胁；第三，深度学习本质上是一种归纳演绎出来的系统逻辑，对于"黑天鹅类"的风险应对能力有限，会削弱整个人类社会对偶然性的风险的应对能力。一言以蔽之，笔者认为深度学习的 AI 并不能带领人类走向更美好的未来，通用人工智能与人类资源的结合才有可能使得人类社会兼具效率和弹性，我们所期待的那个 AI 时代的革命尚未成熟。

本节讨论的是人工智能技术的伦理与技术哲学困境，实际上就是从人工智能哲学的视角去理解伦理，这也是讨论元宇宙这一创世鸿蒙所具有的规范准则的基础。国内关于这个领域讨论得较少，而西方则是更多从应用伦理学和社会治理角度去讨论人工智能的发展。我们需要回到技术哲学的本源来看，一方面通过知识论和哲学学理的逻辑推导出技术发展的未来，另一方面要将认知科学、心智研究和语言建模等学术领域的知识放入其中进行讨论，才有可能摆脱对人工智能发展无意义的乌托邦论或者危机论的讨论，回归到现实主义的路径中，去建构真正有利于元宇宙未来发展的伦理和技术路线。

3.3 数据作为生产要素的伦理新问题

基于数字经济而衍生的海量数据即大数据的地位和作用，随着人工智能、云计算等技术对公共服务与日常生活的不断渗透而日益凸显，成为当前助力国民经济运行与实体经济发展的关键且基础的生产要素，其所蕴藏的价值与潜能都不可估量。尤其是后疫情时代数字化推动线下生产活动数字经济在逆势中加速腾飞，中国在抗击新冠肺炎疫情上的成功，可能影响了巨大的人群从物理协同办公向移动协同办公的范式迁移，而全球也正因为疫情影响而飞速迭代远程协同、移动办公的工具，从而塑造新形态的移动协同形态。

无论是"元宇宙""数字孪生"还是"全真互联网",都需要通过大量的数据将虚拟和现实进行沟通,而这些数据要素往往来自传统要素通过一系列传感器以及转换方式的数据化结果,这些新范式的诞生,背后都以数据驱动为基础要素。本章节将以元宇宙的产业落地——工业生产的数字孪生为背景,主要通过传统要素向数据要素的变迁,探索元宇宙的生产基石,以及如何通过数据要素配置,奠定元宇宙的坚实发展基础。

第四次产业革命是以大数据为核心的产业革命,随之产生的物联网、人工智能、区块链等新兴技术的变革都要依靠大数据的驱动才能实现。随着大数据的发展,大数据信息蕴含的潜在价值不断得到开发。大数据信息价值开发涉及科技、商业、医疗、教育、人文以及社会生活的各个领域。在互联网、云计算和海量数据存储技术的推动下,大数据已成为全球科技界、企业界、学术界关注的焦点,各行各业都高度重视研究和开发大数据的潜在价值。

作为数据经济时代的"石油",具备大数据能力的国家相继实施大数据发展战略,推动生产和信息交流方式的变革,希望通过数据价值提升经济增长的质量。不过不可忽视的是,在大数据价值得到不断开发和验证的过程中,大数据中的伦理问题也引发了非常广泛的关注,如数据垄断问题、数据隐私问题以及数据信息安全问题。本节将从数据的伦理角度出发,通过讨论数据伦理的制度性构建以及数据伦理的哲学问题来为读者建立一种思考框架。

3.3.1 大数据伦理问题中最重要的数据垄断和隐私

信息价值的开发依赖于大规模的原始数据的收集,现在互联网、移动通信、电商、社交平台和政府部门等都在收集海量数据。然而,哪些个人数据是被允许的,哪些是不允许的,以及如何避免数据被滥用,在具体的实践操作中确实很难把握。

我们可以看到,数据信息的共享正处在一个不断趋于平衡的阶段。在大数据环境下,信息共享和融通是大数据信息价值开放的前提,没有信息共享就会出现所谓"信息孤岛"的现象,信息的价值无法充分开发;与此同时,信息共享的滥用会使得数据被无序开发,从而引发相应的数据伦理争端。

以著名的"Facebook剑桥分析事件"为例,Facebook被曝出利益集团利用社交媒体平台数据操纵美国大选,让人们感到愤怒的同时,也让我们意识到大数据对社会的塑造力量被低估了。人类生存于一个虚拟的、数字化的生存活动空间，在这个空间里人们应用数字技术从事信息传播、交流、学习、工作等活动，每个个体的言行举止在不经意间就会留下"痕迹"，成为可以被记录与分析的对象。在大数据时代，被量化的"痕迹"并不是孤立地存在，它们之间有着千丝万缕的联系，并且通过相关性耦合产生一套新的权力关系，进而对不断被数据化的社会带来深刻影响。从经济学视角来看，市场经营者基于自身数据优势，做出妨碍市场竞争和社会福利的行为，可以被认定为数据垄断。具体表现包括以下几方面。

1. 对数据资源的排他性的独占

经营者通过多种手段阻碍竞争对手获取数据资源，从而强化市场主导地位。尽管数据的非排他性、高流动性和数据主体的多归属性会弱化数据资源的集中程度，但经营者可能采取限制措施限定交易相对人。例如直接与用户或第三方签订排他性条款，从而达到阻碍竞争者获得数据的目的。谷歌曾要求第三方网站与其签订搜索广告的排他协议，防止竞争对手获取相关数据资源。

2. 数据搭售行为

根据《中华人民共和国反垄断法》没有正当理由搭售商品，或者在交易时附加其他不合理的交易条件属于滥用市场支配地位行为。在数据相关市场上居于支配地位的经营者，可能会基于数据优势地位通过搭售行为来增强在其他市场上的竞争优势。例如，基于自身数据优势，将数据与数据分析服务捆绑出售，以此来增强在数据服务市场上的竞争优势，这种行为在某些情况下能增加效率，但也可能排挤竞争对手、减少竞争，并被认为是滥用市场支配地位。

3. 根据用户画像施行差别定价

（1）经营者与用户之间存在明显信息不对称，拥有数据资源的主体通过大数据分析手段为用户精准定位，在为用户提供个性化便利的同时，也为差别定价提供了条件。在大数据环境下，垄断者能够准确识别每个消费者愿意支付的最高价格，就可以实施完全价格歧视。在以较低价格向一部分消费者出售商品的同时，又不会影响向其他用户索取高价格，从而满足所有的市场需求。在这种情况下，消费者剩余全部转移到商家。这也是为什么我们常常发现同一时间、同一地点、同一产品服务，在两台不同的手机上显示不同的价格的原因。

（2）从本质来看，Facebook案例中我们认识到的是"信息共享的双重性问题"：即信息共享的自由边界和信息孤岛的价值拓展。这个矛盾几乎是数据价值的内生性问题：Facebook 为所有的用户提供了几乎无限制的信息共享，但是同时也带来了隐私权和信息安全等问题。从数字经济学的逻辑上来说，大数据的隐私和垄断问题就是信息共享时代科技伦理的约束机制问题，其背后的基本逻辑是信息共享的边界和信息价值的公平分配问题。我们应该思考如何建立一种数据伦理的约束机制，在确保大数据信息价值被挖掘的同时也能避免相应的风险。

对应韦伯的《新教伦理与资本主义精神》一书的命题，我们可以把数据伦理的内在矛盾的解决看作这个时代的"数据资本主义精神问题"。即如何通过解决这种数据利用的道德伦理困境，在数字经济领域获得伦理共识从而大规模开始利用数据价值的关键。著名学者霍文（Jeroen van den Hoven）和维克特（John Weckert）对隐私和个人数据的保护给予高度关注，指出需要从个人身份相关信息的角度来定义个人数据，同时提出需要保护个人数据的四种道德依据：基于信息的伤害、信息的不平等、信息的不合公平以及道德自治与道德认同，可以看到这种数据伦理所涉及的道德问题是我们理解相关隐私权和垄断问题的关键。

（3）依据制度和伦理的关系来讨论数据垄断的规则制定问题，这需要我们来了解一下备受关注的案例，即谷歌的隐私侵权案例。2017 年 6 月，谷歌因在搜索结果中推广自己而屏蔽竞争对手的购物比较网站，违反了《欧盟运行条约》第一百〇二条关于滥用市场垄断地位的规定，被欧盟委员会处以巨额罚款。在这个案例中，相关机构创造性提出了"被遗忘权"的概念，用来表示数字经济时代人们有权要求相关服务的提供者删除遗留在互联网上的数据痕迹等个人信息的权利。

从隐私保护的角度来说，谷歌数据隐私侵权的案例提供了三个方面的数据保护法律架构：任何人拥有个人数据与数据处理的基本权利和自由，个人数据的控制者必须承担个人信息的法律义务和责任，欧盟各个成员国必须建立专门的资料保护机构。事实上，我们看到欧洲法院对西班牙谷歌分公司和谷歌公司诉西班牙数据保护局一案的判决，不仅实现了以上三个目标，同时对《欧盟数据保护指令》中保护个人数据隐私条款采取扩张解释的创新提出了相关意见。2018 年后欧盟推出的《一般数据保护条例》很显然也受到了相关案例的影响，推动了人们关注数据空间作为公共领域中的信息共享自由以及伦理限度的问题。

面对数据伦理相关的挑战，各国政府制定了很多涉及隐私和数据安全相关的法规，欧盟在2002年推出《隐私与电子通讯指令》，美国通过第四宪法修正案和第十四条宪法修正案的相关判例来保护隐私权，还有2012年推出的《网络化世界中的消费者数据隐私权》以及2016年《宽带和其他电信服务中的用户隐私保护规则》等制度。除此之外，很多国际合作组织，如欧洲数据保护组织联合会（CEDPO）、隐私权专家国际协会（IAPP）等也在做相关的制度建设。

这里值得一提的是日本公正交易委员会在2017年6月颁布的《数据与竞争政策调研报告》（以下简称《报告》）中，就数据及其使用环境与状态的变化、手机与使用数据对竞争所产生的影响评估方法以及数据收集与使用行为等多个问题进行了梳理和介绍，关注了很多数据制度的前沿问题（如竞争法框架中的隐私考量、数据原料封锁等），《报告》突出了数据的收集与使用的相关视角，将数据划分为个人数据、工业数据与公共数据，特别是后面两类数据的研究是非常前沿和细致的。

（4）在个人数据方面，《报告》提出数据与信息的概念是趋同的（这也是数据伦理和信息伦理的交叉视角），主要讨论的是个人数据较为突出的在社交网络市场上的相关行为。而在工业数据方面，《报告》强调了数据囤积的概念，指出垄断或者寡头企业可能限制数据访问或者数据收集渠道来实现数据囤积。在公共数据方面，《报告》着重于如何实现政府机构和公共数据的最大化价值应用研究。通过这样的方式，《报告》分析了数据交易市场界定的必要性，也对数据相关并购和审查提出了重要的视角。

尽管这些指令或者条例在一定程度上为数据伦理保驾护航，但从制度经济学的角度来说，数据监管的危机依然存在。原因之一在于基于芝加哥学派理论基础上的现代反垄断法主要聚焦于三类行为：单纯的横向固定价格和划分市场垄断协议、企图双边垄断和垄断的横向合并、有限的排他性行为。正是受此影响，监管机构容易忽视跨行业合并中对数据竞争的维护，大量数据驱动型并购也并未纳入经营者集中审查。这充分彰显了在现代反垄断法思维定势下，应对多边市场数据垄断问题的危机。

并且，对平台滥用市场支配地位行为的反垄断调查属于事后审查，具有滞后性和被动性。要促进数据产业长期健康发展，监管机构不应简单地以打破企业"数据垄断"为由，要求企业提供金钱赔偿或者提供超出必要范围的数据。

因此，除了加强对平台跨行业并购整合数据行为的事前审查之外，优化数据的分享机制也是促进大数据发展的关键之举。

笔者参加过国家知识产权总署关于知识产权和数据垄断的研究课题和汇报，了解到关于这方面的问题国内外也都还在做不同的尝试，并非已经形成成熟的治理模式，而分类数据以及数据行为是研究数据伦理问题的核心，需要深度思考数据与必需设施理论以及竞争损害理论之间的内在联系。

3.3.2 从哲学视角理解大数据带来的变革

从哲学角度思考数据伦理所代表的数据价值观与传统的哲学系统之间的关联和区别。

1. 数据的本质带来了新的关于"数"的价值体系

古希腊哲学家毕达哥拉斯提出了"数是万物的本原"的思想，将数据提高到本体论高度。随着大数据时代的来临，数据从作为事物及其关系的表征走向了主体地位，即数据被赋予了世界本体的意义，成为一个独立的客观数据世界。可以看到数据在用来记录日常生活、描述自然科学世界之后，终究会被用于刻画人类精神世界，这是数据观的第三次革命。大数据认为，世界的一切关系皆可用数据来表征，一切活动都会留下数据足迹，万物皆可被数据化，世界就是一个数据化的世界，世界的本质就是数据。因此，哲学史上的物质、精神的关系变成了物质、精神和数据的关系。过去只有物质世界才能用数据描述，实现定量分析的目标，而现在，大数据给人类精神、社会行为等主观世界带来了描述工具，从而能够实现人文社会科学的定量研究。总之，大数据通过"量化一切"实现世界的数据化，这将彻底改变人类认知和理解世界的方式，带来全新的大数据世界观。但人类的精神世界能完全被数据化吗？精神世界的数据化是否会降低人的主体地位？这也是我们在大数据时代必须回应的哲学问题。毕达哥拉斯关于数是否是世界本质的讨论，在计算主义哲学复兴之后终于等到了新的契机，一个数据作为基本生产资源之后我们重新思考世界的契机。

2. 大数据思维与系统思考的哲学，数据带来了思维方式的革命

它对传统的机械还原论进行了深入批判，提出了整体、多样、关联、动态、开放、平等的新思维，这些新思维通过智能终端、物联网、云存储、云计算等技术手段将思维理念变为了物理现实。大数据思维是一种数据化的整体思维，它通过"更多"(全体优于部分)、"更杂"(杂多优于单一)、"更好"(相关优于因果)等思维理念,使思维方式从还原性思维走向了整体性思维,实现了思维方式的变革。具体来说,大数据通过数据化的整体论,实现了还原论与整体论的融贯;通过承认复杂的多样性突出了科学知识的语境性和地方性;通过强调事物的相关性来突显事实的存在性比因果性更重要。此外,大数据通过事物的数据化,实现了定性定量的综合集成,使人文社会科学等曾经难于数据化的领域像自然科学那般走向了定量研究。就像望远镜让我们能够观测遥远的太空,显微镜能让我们观察微小的细胞一样,数据挖掘这种新时代的科学新工具让我们实现了用数据化手段测度人类行为和人类社会,再次改变了人类探索世界的方法。大数据技术让复杂性科学思维实现了技术化,使得复杂性科学方法论变成了可以具体操作的方法工具,从而带来了思维方式与科学方法论的变革。但变革背后的问题亦不容回避:可以解释过去、预测未来的大数据,是否会将人类推向大数据万能论?在过去数百年间,演绎与归纳都是基于经验和理性的方法论,而数据的价值则通过算法等方式推动 AI 等领域的产业实践和洞察,关于智能本质的讨论也是基于这样的方法论,如何理解它的真正价值是理解数据未来和复杂性经济系统的关键。

3. 数据建构出来的认识论问题

近现代科学最重要的特征是寻求事物的因果性。无论是唯理论还是经验论,事实上都在寻找事物之间的因果关系,区别只在寻求因果关系的方式不同。大数据最重要的特征是重视现象间的相关关系,并试图通过变量之间的依随变化找寻它们的相关性,从而不再一开始就把关注点放在内在的因果性上,这是对因果性的真正超越。科学知识从何而来?传统哲学认为要么来源于经验观察,要么来源于所谓的正确理论,大数据则通过数据挖掘"让数据发声",提出了全新的"科学始于数据"这一知识生产新模式。由此,数据成了科学认识的基础,而云计算等数据挖掘手段将传统的经验归纳法发展为"大数据归纳法",为科学发现提供了认知新途径。大数据通过海量数据来发现事物之间的相关关系,通过数据挖掘从海量数据中寻找蕴藏其中的数据规律,并利用数据之间的相关关系来解释过去、预测未来,从而用新的数据规律补充传统的因果规律。大数据给传统的科学认识论提出了新问题,也带来了新挑战。一方面,大数据用相关性补充了传统认识论对因果性的偏执,用数据挖掘补充了科学知识的生产手段，用数据规律补充了单一的因果规律，实现了唯理论和经验论的数据化统一，形成了全新的大数据认识论；另一方面，由相关性构成的数据关系能否上升为必然规律，又该如何去检验，需要研究者做出进一步思考。认知论问题究其本质就是我们理解世界的视角，在这个角度上数据正在重塑我们的思考逻辑，并推导出越来越多的思维方式。

  以上就是基于信息伦理、制度假设和哲学视角对大数据相关的科技伦理问题的讨论。在关注元宇宙背后的科技伦理问题时，我们不仅要看到技术的一面，还要通过经济学和哲学等其他视角来审视它的本质，这样才有可能理解元宇宙生态在现实中的应用范式和对社会运转的基本逻辑的影响。

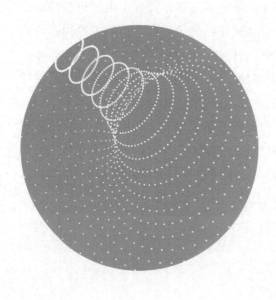

第 4 章

从传统要素到数据要素：元宇宙的生产基石

第4章 从传统要素到数据要素：元宇宙的生产基石

元宇宙的兴起，有赖于5G、人工智能、工业互联网等新型经济基础、教育设施的全面铺开，而这些技术背后所围绕的关键生产要素就是数据。数据可以支持采集和信息系统整理的相关技术服务，诸如大数据管理中心、云计算研究中心等将随之蓬勃发展。大数据技术在加强和创新社会治理中的广泛应用，将加深我们对智慧社会运行规律和治理规律的认识。

本章主要讨论数据与传统社会治理体系与元宇宙治理模式构建的密切联系，并基于此进一步探索治理体系的基础对象——生产要素与资产（也就是数字资产）的确权和治理架构，为读者构建元宇宙的生产基石。

4.1 从社会治理要素数据化到元宇宙治理

元宇宙的诞生，以及在元宇宙中的范式和规制的出现，可以说是对于现实中的治理体系的拟合但不仿真，元宇宙中的治理体系与现实中的治理体系相辅相成，同时元宇宙的秩序建立在数据驱动的智慧社会治理体系智能化的基础之上，也就是运用先进理念、科学态度、专业方法、精细化标准提升社会治理效能，有利于增强社会治理的预见性、精准性和效率。

元宇宙不是虚无缥缈的亭台楼阁，其治理体系对于现实社会的治理创新具有一定参考意义。当前，加强和创新社会治理，要求完善党委领导、政府负责、民主协商、社会协同、公众参与、法治保障、科技支撑的社会治理体系。"体系"即复杂的系统，在工程的意义上，大数据信息技术是社会环境治理结构体系获得科技支撑的物质文化基础，能够为企业社会经济治理体系的演化持续赋能。

进入元宇宙时代，我们构建智能化社会治理体系具有两大方法论优势：一是系统集成，大数据技术能帮助我们从总体上认识和把握现实社会矛盾和社会发展，在更加多元的维度上实现"1+1>2"的治理效能，并将这些经验迁移到元宇宙社会中。二是深度学习，以数据密集型的大脑式计算方法打造智能化核心驱动力量，实现社会治理科学化、精细化，这在数据规模庞大的元宇宙中具有参考意义。在社会化大生产快速发展的今天，地理上的以及相关行业的边界问题日益被数字化技术所推动的人口、生产技术要素的大规模流动所打破，社会关系网络空间的非线性动力学特征越来越具有鲜明。但是，面对全球化背景下社会大局的变化，社会治理体系的制度效应没有得到充分发挥，社会治理体系碎片化、分散化的问题还没有得到根本解决。智能发展科技介入将极大地提升我国社会环境治理结构体系的整体性和协同性，提高学生预测、预警、预防各类风险的能力，进而可以实现标本兼治和持续进行有效的长程管理。

探索数据驱动，首先我们要了解社会治理的定义范畴和概念，对社会治理法这一新兴的概念进行准确定义，是探究社会治理法调整对象的基础。目前我国法学界对于社会治理法的概念仍呈现出莫衷一是的状态。有学者认为社会治理法治化是法治国家建设在社会治理领域的具体实践。还有一些学者认为，社会主义治理法治化是指治理主体可以运用法治思维、法治教学方式，凭借国家良法（"硬法"）与乡规民约习俗（"软法"）构建知识结构严密、规范有序、协调运行的制度保障体系，优化自然、文化、社会、制度及人文生态环境信息资源合理配置，有效预防和化解我国社会矛盾冲突与社会市场风险，国家与社会良性互动、合作共治、良法善治，实现中国经济建设社会不断发展的"帕累托最优状态"。我们认为，社会治理法是与社会治理活动相关的各种法律规范的总和，它调整了执政党、国家机关、社会组织和公民在社会治理活动中形成的各种社会关系，确立和实现了各方在社会治理活动中的权利和义务，保证了社会治理活动的规范有序发展，最终实现社会和谐的根本目标。

通过以上的基本定义，可以看到社会治理相关法律有如下文所述的三个特点。

4.1.1 社会治理没有统一的法典，由形式多样的法律规范构成

社会治理法由分散于宪法、法律、法规、规章中的社会治理法律规范共同组成，尚难以制定成为一部综合性的法典。社会治理法的体系包括：宪法的相关条款，如宪法有关教育事业、医疗卫生事业、福利保障、社会治安等社会建设内容的原则性规定；全国人大及其常委会制定的相关法律，如《中华人民

共和国教育法》《中华人民共和国就业促进法》《中华人民共和国劳动合同法》《中华人民共和国人口与计划生育法》《中华人民共和国治安管理处罚法》等；国务院制定的相关行政法规，如《社会救助暂行办法》《工伤保险条例》等；相关的地方性法规，如《北京市食品安全条例》等；此外还有各种有关社会治理事务的自治条例、单行条例和大量行政规章。从现有的情况分析来看，社会治理法表现形式多种多样，这是由社会环境治理实践活动的广泛性、复杂性、开放性所决定的。因此，在未来的社会治理法治建设中，加强各级各类法律规范的协调配合，将是社会治理法治建设的重点。

4.1.2 社会治理法兼具了"软法"与"硬法"两种形态

著名公法学家罗豪才教授认为："法律有硬法与软法两种基本表现形式，其中'硬法'是指那些需要依赖国家强制力保障实施的法律规范，而'软法'则指那些效力结构未必完整、无须依靠国家强制保障实施，但能够产生社会实效的法律规范。"还有学者认为，法的实施通常需要"压制性资源"和"引导性资源"两种资源来加以保障。压制性资源表现为系统化的强制、惩戒规范以及警察、法庭和监狱等外在暴力力量。引导性资源是法所内含的理想目标、价值追求、道德伦理、公序良俗、利益分配、人性化管理等内在感召力量。"硬法"的实施需要有条件地兼用这两类资源，特别是以压制性资源为底线保证，而"软法"的实施则要充分运用引导性资源。在社会环境治理发展过程中，政府可以通过企业行政命令、行政强制等多种"硬性"手段对社会问题进行信息管理，在这一过程中，社会治理法就需要压制性资源予以保障制度实施，表现为"硬法"形态。而在中国政府需要通过不断拓展行政合同、行政工作指导等"柔性"管理活动方式治理经济社会主义以及我国政府与社会影响公众参与合作共治的过程中，国家强制力已不再是保障社会治理法实施的决定性因素，引导性资源占据了主导地位，这一教学过程中的社会治理法就表现出"软法"形态。因此，社会治理法兼具有"硬法"与"软法"两种形态。

4.1.3 社会治理法的内容有其独特的特质，社会治理法规范的是社会治理活动

（1）社会治理法的主要特征不同于其他部门法，因为它的作用是规范公共服务，化解社会矛盾，保障公共安全。社会治理法所规范的社会环境治理实

践活动，与民法所规范的民事行为活动、行政法所规范的行政管理活动等都有所不同，各类教育活动的范围不尽相同。社会治理法以社会治理过程中形成的特定的社会关系为调整对象，这种特定的社会关系，是各种社会治理主体在处理社会事务、开展公共服务、化解社会矛盾、保障公共安全等社会治理活动中形成的交错纵横的关系。社会生活的多样性和丰富性使这种关系的表现形式纷繁复杂，但共同点都是为了构建和谐社会。社会治理中的纵向关系，主要体现为执政党和政府在实施社会管理中自上而下所形成的领导关系、管理关系、服务关系、指导关系等。社会治理的横向关系，则体现为政府与社会公众在共同治理中形成的平等合作关系以及社会组织、公民之间的自我管理、自我服务关系等。社会治理过程中所形成的这一特定关系，与单一的横向民事关系和单一的纵向行政关系都有差别，这决定了社会治理法在调整对象上的特殊性。

理解了社会治理及相关法律后，我们要了解中国社会环境治理的智能化的技术发展基础，从治理角度来说，大数据信息技术是社会经济治理智能化的关键科学技术，而大数据的"底层"是一个个具体的机器可识别的数据，因此可以实现企业社会主义治理要素数据化，将社会国家治理要素转化为数据是智能控制技术与社会治理融合的基础工作条件。社会治理要素，是指具体的社会治理行为所包含的基本元素，社会治理要素的数据化程度将直接影响社会治理智能化的水平，如果要实现真正意义上的"社会治理智能化"，客观上就要实现社会治理要素的全面数据化。实践中，社会环境治理问题种类繁复，"社会经济治理"本身亦没有一个固定的外延，需要从不同的社会发展治理工作行为中提取出若干类型的可予以分析数据化的要素，这些要素主要包括人、地、事、物、组织、时间、空间位置等。在传统的社会经济管理会计工作中，如公安的户籍登记、人口普查、房地产企业管理等，主要可以通过人力录入的方式获得信息或者数据。在社会环境治理智能化的新要求下，我们国家需要按照新的技术发展要求对这些既有信息内容进行研究数据化。

（2）与传统的社会管理数据采集方法不同，社会治理智能化建设过程中的数据化注重数据采集的智能化，即利用新技术，特别是智能感知技术，自动将相关要素标准化并数字化为社会治理智能系统中的机器识别数据。例如，通过人脸识别技术，可以实现"人脸"的数据化，从而间接地实现"人"的数据化。此外，一些地方正在研究将人的步态（走路姿态）数据化，实现步态的机器识别，从而通过另一种方式实现"人"的数据化。当前，根据研究对象和目标的不同，智能感知信息技术企业可以分为四大类：基于人体分析的感知数据技术、基于车辆管理分析的感知技术、基于行为分析的感知技术和基于图像处理分析的感知技术。技术的持续发展将为社会治理带来更全面的感知，提供更丰富的基础底层数据。例如，杭州市拱墅区某街道"城市眼云共治"系统分析可以同时通过 AI 视频进行智能模式识别网络技术，自动识别出店经营、流动摊贩、垃圾成堆、车辆违停等城市经济管理中的常见问题，城管队员只需登录相关系统点开信息，就能看到违规操作行为的具体实践时间、路段、违规画面内容以及一些违规类型。

（3）智能感知技术为社会治理要素数据提供了技术保障，使以政府为主体的社会治理主体能够大规模收集社会治理信息，提高了数据收集的全面性。但是，智能收集这种做法还缺乏足够的法律依据。对于数据收集，我国仍然没有形成一套系统的法律规范体系，社会治理过程中大规模收集数据也引发了新的法律难题。随着我国数字经济的发展，数据技术已经可以成为一种重要的生产要素，对有关信息数据进行收集与处理的法律规则也逐步增加，然而这些国家法律规范的规制重心往往是一个企业的数据行为，因此不一定能够直接适用于社会环境治理数据的收集行为。比如，《中华人民共和国网络安全法》第四十一条规定了网络运营者收集使用个人信息的基本原则和规则："网络运营者收集、使用个人信息，应当遵循合法、正当、必要的原则，公开收集、使用规则，明示收集、使用信息的目的、方式和范围，并经被收集者同意。"此外，社会环境治理数据可以作为研究基本公共管理的数据，其收集与处理问题行为往往是公权力行使的表现，因此需要遵循"法无明文授权不可为"和比例原则，然而我国目前的社会经济治理数据大规模采集行为往往既缺乏一个明确的法律授权，也与比例原则有所抵触。

（4）除智能技术收集数据外，各地普遍构建了一套以网格员为主力的基础数据收集机制。许多企业社会环境治理的底层数据仍然需要依靠人力来收集，前期信息化发展建设过程中产生的许多研究数据也不符合当前智能化建设的需要，必须重新数据化，这就需要更多的人力资源。为确保数据采集的有效性和全覆盖，各地完善了网格化管理制度，这种机制比较适合当前中国特色社会环境治理的基层现状，但由于网格员与网格化管理会计制度目前仍然缺乏充实的法律基础，这种以非公职人员为主体的数据信息收集机制在实践中也面临许多重要问题。网格化管理虽然在事实上已经成为我国基层社会治理的基本制度，并在一些地方有力地推进了城乡社会治理一体化，但从全国范围来看，它仍然处于"地方探索"阶段，各地的制度构建与实效亦参差不齐。网格员收集社会数据的行为虽然得到了地方规范性文件甚至地方性法规的认可，但是其主体身份、行为性质以及法律后果等仍然有许多模糊不清之处。例如网格员收集数据产生的纠纷是否属于行政纠纷？是否可以通过行政诉讼程序解决？假如公民的权益因为网格员收集数据而受到了损害，是否可以申请国家赔偿？诸如此类的问题可以反映出我国在推进网格化管理的过程中可能存在一个较为严重的实用主义思想倾向，缺乏足够的法律培养风险控制意识。

（5）2020年暴发的新冠肺炎疫情就是在考验社会治理的水平以及智能化的水平，中国在这个领域取得了巨大的成就，也收获了一些经验。大数据时代的社会治理智能化更加突显了治理方法的科技引领性。随着5G、人工智能、工业互联网等新基础设施的全面发展，大数据中心、云计算中心等围绕数据采集和信息整理的相关服务将蓬勃发展。在此背景下，积极推进社会治理体系智能化，运用先进理念、科学态度、专业方法、精细化标准提升社会治理效能，有利于增强社会治理的预见性、精准性和效率。

其中比较典型的是2021年以来中国开展的新基建的政策的落实，显示了社会治理的数据基础的重要性。大数据技术不是对客观世界的随机采样，而是反映总体情况。正如美国数据科学家迈尔·舍恩伯格所言，"大数据发展的核心动力来源于人类测量、记录和分析世界的渴望"。大数据技术的进步能让我们更加完整和精准地认识世界，一个大规模应用数据、组织生产和共享经济的时代正在开启。近年来新基建被广泛重视，它是以新发展理念为引领，以技术创新为驱动，以信息网络为基础，面向高质量发展需要，提供数字转型、智能升级、融合创新等服务的基础设施体系。可以说，新基建将极大地带动社会治理体系的数字化升级。受益于当下的产业数字化和数字产业化，社会治理体系具备了大数据采集与计算的物质条件。

新一代移动通信技术将驱动社会进入万物互联时代，5G与云计算、物联网、人工智能等领域的深度融合，推动形成了新一代信息基础设施的核心能力。尤其是5G网络，与4G相比具有高传输、低延迟、泛联接的特点，应用场景涉及增强型互联网、3D视频、云办公、增强现实以及自动驾驶、智慧城市、智慧家居等。以5G网络为主体架构的新一代"信息高速公路"将为海量的数据和信息传递提供一条宽阔的高速传输信道，这是社会治理体系形成强大信息能力的保障。

此外，还有城市大脑技术也成为社会治理的重要基础设施，中国特色社会主义社会治理体系强调整体性和协同性，然而在市场经济条件下，社会结构的层次呈现多元化和弥散化，给协同治理带来了挑战。社会治理体系智能化以人工智能技术为支撑。人工智能如同云端大脑，依靠"信息高速公路"传来的数据进行深度学习和系统演化，完成机器智能化进程。目前方兴未艾的城市大脑建设正是这一进程的典型代表。就当前的实践来看，城市大脑主要是为公共生活打造的数字化界面，包括交通出行、数字旅游、卫生健康、应急防汛等若干系统的应用场景，每天生成的协同数据多达上亿条。来自四面八方的在线数据不是"静态的"，而是"运动的"，城市大脑汇集的主题场景皆为现在进行时。随着数据采集的颗粒度越来越细，城市大脑能够高效便捷地掌握社会治理场景的确切信息和事件资料。此外，在城市大脑建设中，多种网络实现有效联通，信息访问、接入设备的协同运作打破了过去部门、企业、团体之间的数据孤岛，从而推动形成了立体化、网络化的社会治理体系。城市大脑主要通过模型、算力和算法对大数据进行分析，并根据治理目标剔除干扰，提取信息，进行研判和预测，从而获得智能化解决方案，从技术上保障了社会治理效能最大化。社会治理强调系统治理、源头治理、综合施策，其外延呈不断扩大之势，涉及的部门或者主体越来越多，因此社会治理数据的来源可能会越来越多元。例如，《杭州城市大脑数字赋能城市治理促进条例（草案）》规定的社会治理领域就包括交通、警务、消防、城管、市场监管、安检、检务、环保、审计、信用等。在这种情况下，避免形成"数据孤岛"与"数据闲置"，将各方面的社会治理数据聚集并形成社会治理的"大数据"，就成为社会治理智能化的关键一环。

可以看到，为实现社会治理数据的汇聚化，各地在社会治理智能化建设实践中重点推动了三项工作。其一，实现数据汇合。社会治理实践会产生不同部门、不同层级的数据以及企业、公民个人数据。但一个部门、一个企业或者个人掌握的自身数据无法形成大数据，更无法支撑社会治理智能化建设的需要，必须通过技术手段和一定的工作机制将社会治理的数据汇合在一起形成大数据，才能实现不同主体基于各自的实际需要对大数据的开发利用，依靠社会治理不同维度的全量数据学习建模搭建各自的智能应用系统。其二，实现数据共融。不同主体收集的社会治理数据可能存储于不同系统之中，这些系统的数据并非完全遵循同一技术标准，因此即便汇合在一起，也可能没办法融合成大数据。为此需要通过构建统一系统或者统一数据标准等方式实现不同系统数据之间的兼容。其三,搭建统一的互联网数据平台。在智能技术时代,数据本身是以原料的形式出现,不同部门之间、政府企业之间、全社会共享的是数据资源本身,而非成品服务。为了承载来自各方面的数据,需要搭建一个统一的数据平台。当前,大数据主要是通过云平台实现聚集,继而以云计算作为分析工具,实现大数据的智能技术开发应用。

从以上对于社会治理的解析中可以看出,社会治理要素数据化为现实社会中的治理模式向虚拟世界迁移奠定了基础。包括社会治理法相关的基础内容,以及可能涉及的范畴和特质,数据化为赛博空间内可以通过算法和技术实现规制带来可能,为我们理解元宇宙社会中如何建构治理模式与法治路径,以及理解未来趋势奠定了基础。接下来我们将进一步讨论社会治理要素数据化的关键条件——数据要素市场化,包括传统生产要素向数据要素的变迁,以及如何实现安全可信、可持续发展的数据要素市场化。

4.2 元宇宙的发展前奏——数据要素市场化改革

伴随着中国经济的转型,大量传统要素的持续投入,极大地促进了中国工业资源配置效率的提高和后发赶超的实现。随着技术差距的不断缩小和创新能力的大幅提升,传统要素对工业全要素生产率产出份额的贡献逐渐降低,导致传统要素的边际贡献递减。挖掘新的增长动力,利用数据要素提高全要素生产率,已经成为重构经济增长动力的重要途径。在结构性放缓的背景下,中国的工业生产可以采用什么样的要素投入来有效提高工业全要素生产率?能否通过延长传统要素投入的机会窗口来缓解结构性放缓的问题?数据因素不仅影响工业全要素生产率,也影响中国工业关键创新路径的准确定位,促进工业高质量发展的实现。

传统经济模式将土地、自然资源、人口、资本等作为生产要素,其大多为实体资源。随着新一轮科技革命和产业变革的持续推进,叠加疫情因素影响,数字经济已成为当前最具活力、最具创新力、辐射最广泛的经济形态,成为国民经济的核心增长因素之一。而数字经济中的关键信息和价值元素则普遍以数据资源形式生产、存储、流通与应用,这样的虚拟资源形式不仅拓展了要素资源的应用广度与深度,与实体经济中的传统生产要素相结合,形成如人工智能、机器人、区块链、数字金融等新经济范式，为实体经济的传统产品和服务提供质量、效率和效益方面的深层次赋能，从而实现实体经济的效益倍增。

与此同时，随着数字经济在国民经济运行中的占比越来越高以及对实体经济的赋能不断加深，数字经济赖以维系的生产要素——数据已成为国家基础性的战略资源。海量且高质的数据作为工业社会的宝贵资源，为包括人工智能在内的自动化决策工具提供基于过往经验的判断决策依据。掌握了数据，拥有对数据要素的产权意味着拥有了回溯经验与洞察未来的主动权。

根据中国信息通信研究院发布的《中国数字经济发展白皮书》（以下简称《白皮书》），2020年我国数字经济规模达到39.2万亿元，较上年增加3.3万亿元，占GDP比重为38.6%，占比同比提升2.4个百分点，有效支撑疫情防控和经济社会发展。《白皮书》指出，数字经济在国民经济中的地位越发突出，2005年至2020年我国数字经济占GDP比重由14.2%提升至38.6%。在全球经济增长乏力甚至衰退的背景下，数字经济持续保持高速增长，《白皮书》显示，2020年增速达9.7%，远高于同期GDP名义增速约6.7个百分点，是同期GDP名义增速的3倍多，成为稳定经济增长的关键动力。具体来看，产业数字化对数字经济的主导地位进一步巩固，2020年我国数字产业化规模达7.5万亿元，占数字经济比重为19.1%，占GDP比重为7.3%；产业数字化规模达31.7万亿元，占数字经济比重达80.9%，占GDP比重为31.2%，为数字经济持续健康发展提供强劲动力。

在党的十九大报告提出的建设"数字中国"和"智慧社会"的宏伟蓝图指引下，中国数字产业化和产业数字化的进程不断加快。具体来说，建设数字中国需要加快数字社会建设，以智慧城市与数字乡村为抓手将数字技术全面渗透到社会生活与公共服务运行中，构建全民畅享的智慧数字公共服务保障体系。也需要提高数字政府建设水平，通过在政府管理服务中广泛应用数字技术来推动政府治理流程的数字化蜕变与模式革新，不断提高基于数据的治理决策科学性与执行效率。更需要营造良好数字生态，基于数字社会与数字政府构建综合数字规则与治理体系，促进发展与规范管理的统一。

综上所述，无论是数据端还是政策端，赋予资本要素和劳动要素的数据要素的深度融合，对产业全要素生产率有积极影响。一方面，数据要素对资本密集型产业全要素生产率的改善比劳动密集型产业更明显，尤其是在研发决策时，探索性研发决策对资本密集型产业全要素生产率的提高有显著贡献。

另一方面，限于高风险的利用性研发决策对产业全要素生产率没有显著提高。探索性研发决策可以促进数据因素为传统因素赋能，两者的有效结合可以显著提高产业全要素生产率，这也为数据要素的诞生奠定了基础。

4.2.1 数据要素的概念、定义与确权探索

探究数据要素需要辨析以下几个定义与其内涵：数据、数据资源、数据资产、数据要素和数据要素市场。

我们知道数字经济实际上是一种建构在数据之上的经济，这就使得数据自然成为数据要素市场最基本的组成部分。一切输入计算机并由计算机程序处理的所有符号都可以称为数据，包括文本、数字、图形、图像、音频和视频等形式的事实、概念或指令的正式表述。这就使得数据如果想要被人类所利用，就必须由计算机以数字化和可视化的形式呈现出来，同时数据的价值是其承载着一些客观事实，数据输入计算机程序，并且可反映一定事实，具有一定意义的符号媒体。而数据资源和数据资产则是不同维度类型数据的集合体，前者代表自然维度，后者代表经济维度。数据资源本身仍是一系列符号按照一定的规则排列和组合，从而成为加载或记录信息的集合。背后意味着信息的传递和分发，价值与所有权属问题便显现其中。同时数据作为一种无形的资源容易复制。这就引出了数据资产的内涵——本质上来说就是由个人或者组织企业控制的数据的产权，这些数据能给其所有者或者利益归属者带来经济利益与社会影响，并且可以转化为其他形式（例如货币）或者交换实物。数据资产无法像传统资产那样定价，因为对于不同的拥有者来说数据本身的信息和价值有着不同的评估标准，数据也只有在特定情况下才能被使用（例如加密数据、特定行业的数据等），这就让数据的资产化成为亟待解决的命题。

随着信息产业的高速发展，人类越来越多的生产生活活动被迁移到信息世界并且以二进制的形式继续存在于互联网和数字科技产品之中。生产过程需要借助运算、通信、传感、存储等数字技术单元，数据在提升生产效率的同时，对于生产的影响权重越来越明显，这就让数据成为像土地、资本、技术、劳动力等同样重要的生产要素。掌握数据资产的个人或者企业，便拥有了在市场体系中的定价权。同时作为生产要素之一的数据要素，与资本、技术、劳动力一样需要以一种合理公平高效且共识的方式在市场上得到分配，并形成其独有的价格体系，而价格体系的建立基于对数据确权的评估，但由于数据不仅是采集、

加工、存储、分析和流动的具有使用价值的对象，更是可提高生产效率与生产力进步的劳动工具，这种双重属性使其难以被简单确权和评估价值。这就需要进一步的——数据要素市场化的探索。

数据要素市场化就是将未被市场充分配置的数据要素转移到市场上进行配置的动态过程，目的是形成以市场为基础的基本配置机制，实现数据流动的价值或流动中产生的数据价值。数据要素市场化主要分为数据采集、数据存储、数据处理、数据流通、数据分析、数据应用、生态保护七个环节，涵盖数据作为劳动对象提取价值和使用价值的阶段，以及数据作为劳动工具发挥驱动作用的阶段。并且该过程建立在明确的数据产权制度、交易机制、定价机制、分配机制、监督机制、法律范围等保障之上。

每一环节的要求也不同。数据采集更多关注准确性和全面性；数据存储则关注安全性和实时调用性；数据处理关注准确性；数据流通则重点关注在不同主体之间分发传播时数据的所有者权益保护以及合理合规流通；数据分析数据结构化以及其背后信息的深度分析和挖掘；数据应用关注的是如何充分合理调动各主体，科学分配数据来全面发挥数据的价值，包括降低生产要素的获取成本，提高数据赋能水平。数据要素在参与数据处理活动的各方面的分配关系必须与生产力的发展水平相适应，而数据所创造财富的分配则由生产关系来决定。这就使得数据参与分配的先决条件是数据产权的合理划分，这也是为什么我们需要清晰界定数据产权，为数据要素市场化配置奠定基础。数据只有产权清晰才能实现所有权和使用权的分离并实现交易权和收益权，才能作为生产要素进入市场并实现在各成生产部门与成员之间的分配中。

数据要素市场化配置的目标是社会成员能够平等按需获取数据要素，并根据生产活动中的贡献得到相应的财富分配，但现实情况中，囿于数据驱动的生产力和生产关系之间的矛盾，个人用户与平台企业在数据确权上往往相互对立，同时企业之间也存在数据垄断等矛盾，具体来说，可以总结为以下四个方面："数据归谁所有？""数据谁在用？""数据用多少？""数据收益归谁？"。

（1）"数据归谁所有？"数据的产权归属问题一直是行业内争论的焦点。尤其是那些去除个人身份属性的数据交易行为，由个人产生的数据被企业所收集并脱敏存储，或被政府部门收集的情况下，其所属权究竟归属于个人还是企业/政府，各方莫衷一是：一种观点从数据创造价值的特征角度，认为非结构化数据在个人手中不产生任何价值，因此数据产权应配置给创造数据价

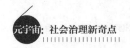

值的平台企业；另一种观点则追溯数据创造价值的逻辑，认为虽然个人数据并无多少直接使用价值，但作为企业、行业、政府甚至国家数据的逻辑起点，每一个用户所贡献的个体数据汇聚成能够为平台企业创造巨大价值的数据集，也应当从数字红利中分得相应的报酬，这样才能使得数字经济呈现平衡发展的态势。

（2）"数据谁在用？"作为当前数字经济时代数据大规模使用的两个主体，政府通过公共服务网站、数字政务中台与"一网通办"等系统采集大量数据，企业则借助向用户提供服务来收集用户信息，并通过数据分析得出不同维度下的趋势与规律特性，从而改进优化其服务精准与体验。也正因为如此，数据在以上应用过程中所体现的存储与传输的便捷性、非竞用性和低成本复制性也使得针对数据的产权保护成为难题，即便数据产权清晰也无法完全规避其被非法主体占用、窃取、滥用；加上随着技术的下沉与人们逐渐认识到数据的价值特征，诸如网络爬虫、撞库攻击等数据窃取技术发展迅速，无论是公众隐私还是政府治理与国家安全都比以往任何时候更容易受到隐私与数据窃取、滥用等不正当使用的威胁，严重侵害数据所有者的权益，损伤数据稀缺性。

（3）"数据用多少？"作为数字经济中财富与价值的源泉，个人消费者所产生的数据是平台企业利润与价值的基础来源，也是数字公共服务与政府实现数字治理的关键要素。但目前由于个人数据权属不清晰导致个人数据滥用或过度限用等极端情况将公众个体利益与平台或公共组织之间的利益建构在二元对立的矛盾局面。个人数据滥用可能导致平台或公共组织对个人隐私信息的垄断，会带来三个层面的不利影响：第一，隐私泄露、数据窃取导致个人用户的隐私权遭到侵害，继而导致个人用户作为数字经济价值创造的源头无法参与数字化红利的分享；第二，潜在的算法歧视与大数据杀熟等差别定价机制使得不同个体无法公平享有公共社会资源，继而进一步拉大数字鸿沟；第三，消费者的人格权在整个过程中被无限稀释，各类平台毫无节制地取得用户授权并收集个人信息，实际上是在争夺人格定义与尊重的话语权，个人用户从主观能动地使用服务逐渐变成为服务被动贡献数据，人格被异化成一个个数据集。而个人数据的过度限用则无疑是阻碍数字经济对实体经济的赋能继而影响数字化转型与数字红利的释放，大幅度提高设权成本与执行门槛，以至于超过数字经济的收益，从而扼杀创新并影响如企业融资、就业岗位、工业产值等核心国民经济运行的稳定。

（4）"数据收益归谁？"利用数据优化产品服务所带来的可观经济利益，在数据的生产者（个人）与收集者、加工者（企业、政府）多方之间的分配问题牵动着众多主体的利益。尽管当前司法判决更倾向于将数据收益分配给二次开发利用数据的收集者、创造者与实际控制者——企业，但在一些公共服务尤其是政务数据场景下，作为应用者的政府与生产者的个人在没有司法判决的支持下又能否拥有享有合法收益的权利？出现这种情况主要有三种原因：首先是数据流通环节缺乏公认可行且可靠的确权技术方案，导致不同环节的交易主体无法被有效界定，收益也无从归属；其次是不完善的数据产权保护体系导致数据产权交易行为缺乏安全保障，数据收益存在风险漏洞；最后是在进行庞大且实时传输的数据交易时，数据所有权和使用权的分离在个人隐私保护、商业机密脱敏的要求下很难以低成本、高效率的方式实现，这些都是数据产权治理领域需要在理论和立法上进行阐述与探索的关键命题。

4.2.2 数据产权与背后的安全风险

进一步阐述数据产权命题，需要从以下三个方面来解构：首先从个人权利角度来说，相关各方需要依法依规采集、储存、使用数据，有效保护个人信息安全；其次从国家战略角度来说，数据主权问题已成为事关国家总体安全的重要命题，一个国家对本国所产生的数据需要具有完全管理和利用的自主权，在不受他国侵害的安全性之下，积极参与全球数据治理；最后从科技创新主体的角度来说，无论是针对个人隐私的保护还是国家安全的考量，都需要为企业科技创新留出足够的空间，以合理的尺度权衡个人、企业、国家三方针对数据这一生产要素的需求，避免因噎废食。这就需要公共政策机构在处理与数据要素配置相关的立法和治理命题中，针对数据确权、数据内容敏感性审查、数据利用方式评定等方面制定足够细化的法律法规和操作细则，充分释放数据生产力。

以智能网联汽车为例，特斯拉因收集数据的行为可能会对国家安全造成风险而被一定程度限制。包括军方相关部门及部分家属院限制特斯拉进入，如今，包括国企、事业单位、行政机关在内的涉密部门也开始了对特斯拉"禁足"。特斯拉的系列事件同样也引发了国内大众对于车联网数据安全议题的关注和广泛讨论。这是因为车联网主要收集车内人员的个人身份信息、车内人员生物特征数据、车辆使用信息、车辆技术数据、车辆实时位置及行程信息

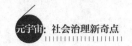

以及车辆途经的公共场所信息,这就意味着车联网的数据安全存在较大风险。而如果以元宇宙为例,首先,元宇宙中所涉及的数据比智能网联汽车更加多维且庞大,不仅包括个人的外貌、生命体征等数据,还包括地理环境、位置、物体、身份等数据,且同时涉及数据跨境传输,存在国家安全和经济竞争等方面的风险。尤其是当前元宇宙不仅涉及个人娱乐,还涉及工业互联网,诸如BIM等"工业元宇宙"雏形,收集的数据覆盖面广,涉及各行各业方方面面,对这些数据进行分析处理后得出的数据往往能够反映国家相关行业和领域的真实情况,因此,元宇宙下的数据不仅关系到个人隐私,还关系到公共安全、国家安全;其次,元宇宙中存储、分发的数据存在被元宇宙相关企业非法收集和滥用的风险。尤其是当元宇宙平台开发企业为了获取更多类型的数据,存在未经数据主体同意的情况下,扩大数据收集的范围的情形。同时在数据主体不知情的情况下自动触发或默认触发收集相关数据。这侵犯了数据主体的知情权以及对个人数据的控制权等。另外,元宇宙平台企业还存在没有合法授权,在仅获得数据主体对收集数据行为初步同意的情况下,就对收集的数据做进一步处理。另外,元宇宙中存储的大量数据存在被窃取使用的风险,用户无论是主动录入还是通过传感器被动上传的数据,都会与互联网连接,通过网络进行数据传输和系统远程传输分发至每一个去中心化的节点。与互联网连接就会有网络安全风险,黑客完全可以通过网络攻击劫持元宇宙平台,盗走用户数字资产。一旦数据被盗走、泄露,用户隐私将被暴露,而元宇宙中存在的道路网络数据、地理数据、环境影像等具有地图测绘属性的数据将被大量收集和泄露,严重的甚至可能危及国家安全。

4.2.3　元宇宙下数据安全风险应对

为了应对元宇宙数据安全风险,我们应当构建数据跨境流动的监管机制,并且积极参与数据跨境协定谈判,同时加紧出台数据安全专项法律法规,制定专门的网络安全特殊人才认定政策,建立健全网络安全人才培养机制,确保元宇宙的发展不会威胁到公民与国家安全。

另外,推动数据市场公平合理与技术创新的融合发展。数据市场的繁荣不能以牺牲国家安全、商业秘密和公民隐私为代价,积极探索技术应用边界,充分利用我国自身在技术、产业、应用布局等方面的优势实现数字治理的效益最大化。我国在治理举措落地和技术应用推广等产业链中下游的优势明显，应当充分发挥该方面优势，从法律体系入手完善数据产权，实现符合数字经济特征的数据确权体系。从技术层面借助包括联邦学习、安全多方计算、机密计算、差分隐私、同态加密等在内的隐私增强计算（Privacy-Enhancing Computation）技术，打破产业链上下游既有的数据壁垒，有效解决数字市场的竞争与垄断问题，充分激发数据要素价值，共享数字红利，实现数字经济时代的"耕者有其田"。同时推动落实数据分类分级，健全各类数据的开放管理机制。基于不同地区公共服务现状和数字基础设施情况施行具有针对性的隐私保护数字治理方案。发展数字治理技术与工具优化不同区域之间的施策观念和治理水平，同时关注特殊群体享受公共服务的权益，确保个人隐私等权益不被侵犯，避免数字治理方式背后的技术缺陷造成数字鸿沟的加剧与隐私透支的泛滥，利用好技术这把双刃剑。

最后，从优化营商环境出发健全数据市场化配置，大力发展数字经济。聚焦新基建、工业互联网、智慧城市、智能制造等关键领域，强化政策扶持、人才培养、基础学科研究与体制机制创新；坚持对外开放与科技创新，持续提高行政效率，合理降低准入门槛，产业扶持、审慎监管与市场化竞争相结合；完善数据市场要素的监管机制，建立健全市场经济性监管与社会性监督制度，数据交易各方的资格审查与数据交易平台的资格认证；将数据要素反垄断、反不正当竞争等工作落到实处，大力营造有利于数字经济发展的营商环境。

4.3 元宇宙数字资产类型、权属与治理架构

在 4.2 节提到了元宇宙内的数据和数字资产，元宇宙不是简单的物理世界的数字图像，而是有自己的一套独特的经济体系，用户可以在新技术和新平台的帮助下更大程度地创造物质文明，只不过这些物质文明是数字化的，接下来需要研究元宇宙中的数字资产类型，以及它们相应的使用权是如何划分的。

从现有的元宇宙形式来看，可以简单地将元宇宙中的数字资产分为以下几大类。

（1）数字房地产。最典型的是 Decentraland 和 Sandbox 等元宇宙平台的虚拟地块。不久前，Sandbox 上的一块土地以 430 万美元的价格售出，创下了元宇宙房地产交易的新纪录。著名歌手林志颖也在微博上宣布，他在 Decentraland 购买了三块虚拟地块，据了解，总价值约为 78.2 万元人民币。其

实这样的地块和现实中的房地产一样，都有足够的稀缺性，都是人类社会活动的必要场所，所以是一种典型的数字资产。

（2）数字形象。数字形象是人们进入元宇宙的通行证，目前很多元宇宙平台还处于简单的"捏脸"，随着技术的不断成熟，越来越精美的数字形象必将成为主流，届时人们将不再让自己在元宇宙中的理想形态和多个"分身"的数字形象受限于自己的物理形象，而是能够独立承载个人品牌价值和虚拟社会关系。因此，数字形象也是一种典型的数字资产。

（3）数字作品。指的是元宇宙中具有文化艺术属性的内容资产，比如现在很火的数字藏品，其主要价值在于审美和收藏，再比如一些具有审美意义的数字建筑、数字展览、数字音乐会活动等，因为具有审美功能而成为数字作品。

（4）数字物品。与数字作品相比，数字物品更具有工具性，可称为"数字道具"，它是用户在元宇宙的游戏世界中生存和开展活动的虚拟媒介，如建立在虚拟地块上的数字房产、数字办公室、数字服装、数字商品等。

（5）数字人的行为数据。这与现实世界中的个人信息有些类似，尤其是行为轨迹信息。用户在元宇宙中的各种行为会被系统记录下来，然后通过算法自动与行为载体——数字人进行互动，如投放广告、匹配好友等。这些数据资源是至关重要的。如果说数字形象是用户在元宇宙的外在表现，那么行为数据就是用户在元宇宙的内在本质。甚至可以说，在元宇宙中没有人，只有由行为数据组成的数据总量。

（6）数字货币。这一点很容易理解，就像现实世界中的货币，大多数的元宇宙都发行了自己的货币（比如 Decentraland 的 MANA 币和 SandBox 的 SAND 币），这种模式在中国目前的法律框架下是可以运作的，因为与游戏币和积分没有本质区别。而国外很多元宇宙平台会用比特币、以太坊等代币锚定平台货币，这在中国目前恐怕是不可能的。数字货币在元宇宙中充当一般等价物，而平台通常也会通过算法等控制货币的发行量，使其与元宇宙中的整体资产价值相匹配

（7）NFT 数字通。可以得出结论，元宇宙绝对离不开 NFT，与数字货币不同，NFT 作为非同质通证，本质上不应被视为数字资产，而是数字资产的权益证明，其功能是确认数字资产本身（通过链上资产），记录权益范围，只有确认权益后才能进行交易和流通，这就是经济学的基本逻辑。但毕竟 NFT 可以指代持有的虚拟资产，所以也可以将其看作虚拟资产的一种类型进行

研究。

在对数字资产进行大致分类后,接下来是确认其权利归属。在传统的互联网平台中,最流行的方式是将数字资产定义为一种债务,是用户与平台之间通过平台服务协议建立的服务债务。这样的操作有一定的合理性,毕竟平台服务取决于平台自身的服务能力,一旦授予绝对权益,可能会导致平台压力过大。

但在元宇宙时代,其最大的特点就是用户的自主行为能力比传统互联网大大增强,尤其是元宇宙时代是建立在去中心化的区块链技术上,这使得在元宇宙时代创造的资产可以永久保存在链上,甚至平台的治理也是去中心化的,这就使得一种新的人类组织协同方式——去中心化自治组织(DAO),成为元宇宙平台的主导力量,这种组织往往由所有元宇宙平台的用户组成,大家通过某种形式决定元宇宙的一些规则和协同方式,从而构建一套完整的增信机制与可编程社会。

DAO(Decentralized Autonomous Organization),即去中心化自治组织,有时也被称为分布式自治公司(DAC),是由编码为计算机程序的规则所代表的组织,由发起人、股东或代币持有人控制和监督,不受中心化组织的影响。通过智能合约保持运行,并将交易和规则编码在区块链上,实现公开公平、不间断的自主运行。与传统组织相比,DAO 上发生的行为和资金流动对所有人都是可见的,大大降低了腐败和审查的风险。与传统组织相比,股东无法了解公司当前的财务状况,DAO 在公共区块链上有一个资产负债表,每笔交易都被记录下来,并且整个过程都是公开透明的。

Web 3.0 的出现推动了人类活动和价值的变革,分布式社区和利益相关者之间的协作变得越来越重要。DAO 为全球各地的参与者围绕相同的任务或目标架起了桥梁,DAO 背后的真正意义在于,世界各地的资本和人才可以在这样一个增信机制下进行大规模的合作。首先,DAO 具有快速高效,打破边界的特点。作为一个全球化协助的组织体系,DAO 比传统组织更为高效敏捷,其并不在一个或少数几个司法管辖区内运作,而是希望覆盖全球所有地区与生产生活活动。DAO 将成千上万的成员聚集在一起,不考虑其地理位置、背景或信仰如何,并提供了一个平等的系统来组建和运营组织,允许每个人通过遵守同一套标准规则在平等的条件下工作。同时,借助民主的、高度参与的投票,DAO 打破了传统的组织通过少数人的会议做出重要决定这种可能导致选出的事件不一定代表组织的多数意见的模式。DAO 不使用忽视或不考虑组织成员意见的策略,而是确保所有的投票都被计算在内并呈现给所有人。除此之外,DAO 组织所具有的自主性且规则不可篡改的规则,让通常被认为是一个去中心化的企业或公司的 DAO 更多是"扁平化管理"和"自治"。虽然在公司层面理解 DAO 更有商业和实际意义,但需要明确的是,DAO 不是一个特定的组织实体,与传统的"自上而下"的管理模式不同,传统组织的政策和规则决定了该组织的运作方式,但它们往往通过设定例外情况来改变这一规则。在 DAO 中,规则被编码以确保它们适用于每个人,除非选民同意,否则在组织内建立的一套规则不能被篡改。

接下来的第 5 章,将重点介绍 DAO 的原理与机制,以及构建元宇宙的底层经济学逻辑。

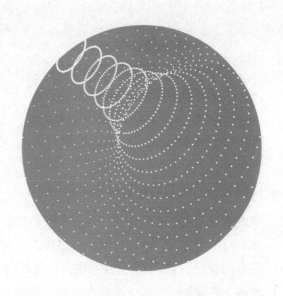

第 5 章
从增信机制到可编程社会：元宇宙的底层逻辑

当讨论元宇宙的底层逻辑时,重点一定离不开信任增强机制的建立,也就是元宇宙去中心化架构的数据交互监管。《中华人民共和国数据安全法(草案)》明确指出:"国家保护公民和组织与数据有关的权益,鼓励依法合理有效使用数据,保障数据依法有序自由流动,促进以数据为核心的数字经济发展,增进人民福祉。"从立法角度来看,显然是鼓励有序的数据价值使用。在数据已经被视为生产要素的情况下,基于此的权益分配就产生了,围绕整个分配过程建立的制度就是数据权利体系。这是目前业界讨论的一个命题,在讨论元宇宙的基本逻辑时,不能轻易忽视该命题。例如,如果一个人在某个时间在元宇宙中进行了购买,所有关于购买的数据记录都可以用来对购买者进行解析,包括人、购买行为的解析,以及购买者的位置、居住地址、收入水平、健康状况、社会关系、爱好、专业知识、教育程度、性别等都可以用来推断潜在的购买力,在此基础上,数据本身可以用来对购买者进行精准营销。随着数据链的不断积累,其价值更是不可估量。对于一些组织来说,这些数据形成了一个可以循环利用的"价值池",但对于购买者来说,潜在的隐私风险是不言而喻的。因此,如何厘清数据"隐私"与数据"价值"的边界,保护数据所有者的权益,合法合规地挖掘数据的价值,同时合理地平衡双方的需求,有效评估风险,是数据权益的核心,也将是大数据、人工智能等强数据驱动型产业产生巨大变化的关键前提。

然而,由于不同国家和地区在立法层面对个人数据隐私保护的差异,在数据价值挖掘过程中容易触及合规性要求,无法进一步深入。同时,数据维权不仅仅是在数据收集阶段,而是贯穿数据流动的整个生命周期,无论是原始数据还是衍生数据,数据所有者都有完整的控制权和权利主张。数据的不当使用和违反隐私保护法(如在欧盟范围内)将导致严重后果,如高额罚款。这给元宇宙和其相关技术的发展带来了挑战，但也为增信技术的发展提供了新的机遇。

对于数据本身，其所有权难以界定，其内容也难以授权。不同的国家和地区对数据所有者的权利有不同的规定；个人和企业对数据隐私的边界有不同的认定；企业与企业之间的业务合作带来的信息和数据转移（如联合风险控制）在不同的业务主体和不同的业务场景下也有不同的"所有权界定"，这将进一步增加数据核查的难度。

数据归属的难度不仅增加了隐私保护的难度，使数据知识和隐私保护难以落实，也使数据拥有者的积极性难以得到有效调动，主动分享高质量数据的愿望不强，数据主体的价值难以体现，从而造成"数据孤岛"现象。这背后更深层次的原因是，用户对目前数据权利的技术基础设施或商业模式缺乏信任。

在传统的增信机制中，"承诺—证据—权利"这三个步骤在传统的生产要素（如劳动力、资本、土地）中"难以复制""功能有限""用后留痕"。在"难以复制""功能有限""用后留痕"的特点下，增信机制可以付诸实践。换句话说，传统的生产要素是固定的，基本受制于物理、地理和时间条件，并有事先承诺、证据和事后权利的支持。

然而，对于完全构成元宇宙的数据——这一新的生产要素，传统增信机制的适用性是有限的，数据要素"重用无损、使用无度、使用无痕"的特点将使其难以真正做到有效承诺、取证和维权。因此，缺乏技术手段的数据业务主体只能用信誉等虚拟信用来背书和担保，正义和公平的意义缺失。

因此，需要一种全新的增信机制，打破传统信任机制的壁垒，在元宇宙下围绕数据权益建立一种新型的增信机制。在一定程度上，这也是要建立一种新型的技术体系，这就需要区块链技术和隐私增强计算技术的加持。

区块链主要体现在数据难以篡改、可追溯、可验证的链上数据密码，而基于公钥和私钥的数据共享机制保证了数据的可验证性以及隐私性，这将建立起数据内容的公平边界。而对于这种数据使用、计算等融合需求，可以利用隐私计算的特点——在数据融合过程不泄露敏感数据，数据融合结果只对指定方可见，从而最大限度地形成一个透明可信、权力可控的数据信息体系，保障元宇宙空间下单位个体的数据权益。

5.1 图灵留下的"秘密"——隐私计算

2014年，英美电影《模仿游戏》讲述了英国数学家艾伦·图灵的真实故事，他在60年前帮助设计了一台电子计算机，在二战期间破解纳粹德国的军事密码。然而，这部电影的片名与图灵在电影中的功绩并没有直接关系，而是来自当时英国一款流行的游戏。游戏中，一男一女躲在帘子后面，游戏参与者不停地向他们提问，他们用无法辨认的笔迹回答，提问者根据答案确定两人的性别。

1950年，图灵在《计算机与智能》一文中借用了这个游戏作为判断一台计算机是否具有人类智能的标准，即把一个人和一台计算机放在幕后，让测试人员通过提问来判断哪台是计算机，如果判断是错误的，这台计算机被认为通过了图灵测试，具有人类的智能。人工智能学者后来将图灵论文中描述的计算机称为图灵机器，这种测试称为图灵测试。

然而，图灵测试为人工智能领域的发展设定了一个目标。随着几代人工智能学者的不断研究，人们逐渐认识到人脑的高度复杂性和计算机的局限性。这些发现帮助我们继续将人工智能技术应用于生产和生活的许多方面。

5.1.1 加密攻防改变人类历史

1939年，第一次世界大战爆发，当时世界正处于一场焦灼的战争之中。信息战在第二次世界大战中占有重要的地位，因此战争信息的加密和解密是非常关键的，这些甚至决定了战争的胜败。此时的纳粹利用优越的信息传播优势乘虚而入，这完全是因为他们拥有第二代Enigma机加密密码，这种密码是分配给德国所有军事部门的主要通信加密工具，纳粹德国军队的所有军事信息都是通过这种密码传播的。加密机通过自身接线和转子的不同组合来加密和传递信息，即通过改变接线和转子来轻松实现不同的加密逻辑，由于组合的多样性，德军每天按时更换一次加密逻辑。因此，其他国家的密码学家很难破译密码。

当各国对德国纳粹散布的军事情报不知所措时，一位天才挺身而出，解决了问题并使得第二次世界大战加速结束，挽救了许多人的生命。他就是艾伦·马西森·图灵，出生于英国的著名数学家和逻辑学家。

1939年，英国处于战争迷雾之中，由于战争的需要，英国组建了专门破译纳粹德国军事密码系统的政府密码学校，当时以陆军和皇家海军情报部门为主要组成部分。作为当时著名的数学家，图灵自然被英国政府征召加入政府密码学校，专门从事破解纳粹德国密码的工作。图灵在这里的主要工作是破解由第二代加密机加密传播的军事情报，由于密码机加密方法的复杂性和情报的及时性，图灵和他的战友们理论上只有24小时破解每一个加密文件，此后，纳粹德国的情报是没有用的。即使英国当时使用了人海战术，密码被破解了，一些军事情报也因为时效性失去了价值。一时间，破译代码的工作陷入了僵局。由于当时政府密码学校聚集了大量英国顶尖数学家和密码学家，他们每天都会坐在一起集思广益，希望讨论破解的可行方案，但此时图灵显得异常古怪，无论是工作时间还是私人时间，他从未就任何问题与他人进行过深入的沟通。另外，图灵因为对花粉过敏，每天骑车上班时都戴着防毒面具，他成了人们谈论中的怪物。但人们谈论的这只"怪物"正在制造一种可以取代人力、加速破译效率的破译机，也就是代号为"炸弹"的破译机。

这是一台由36台Enigma机器组成的解码机，可以同时运行，机器可以使转子高速运转，逐一检查各种可能性，从而找出模式。虽然这台机器解决了解码速度的问题，但图灵仍然不满意，为了彻底突破第二代解码机，图灵不得不寻找一种能进一步提高运算速度的机器。

于是他把注意力集中在已经破译的秘密电报上，试图在这里找到突破口。经过不断的分析，图灵终于找到了纳粹德国在密码中反复使用的词语，其中有关天气和平安的词语几乎每一条编码信息中都提到了hrer，因此图灵意识到，通过将每天出现在信息中的这些单词对应起来，然后只破译这一个单词的加密法则，即可以访问纳粹德国每天所有信息的加密逻辑。经过反复试验，这种方法大大减少了破译所需的计算量，最快只花了一个小时就破解了纳粹德国军队的所有军事机密。时间到了1940年8月，图灵的"炸弹"破译机终于显示出它的威力，图灵还凭借天才的能力破解了纳粹德国军方的密码系统。但由于这项任务的特殊性，图灵的成就被掩盖起来，以防德军察觉。

1941年，德国军用密码系统突然发生了变化，整个编码逻辑变得更加复杂，破译机的效率比以前大大降低。图灵突然意识到，德国第二代密码的加密组合已经改变，因此必须使用更高效的破译机。在这一点上，图灵找到他的老师马克斯纽曼共同开发和生产更大、更有效的破译机。不久，两人制造了一台比"炸弹"速度更快的破译机，名为"西斯·罗宾逊"超级计算机，并在工程师托马斯·弗劳尔斯的帮助下，加快了计算机的运算速度。这台机器在二战结束前破译了希特勒的秘密信息，使盟军成功绕过防御森严的德国加勒海滩，选择防御最薄弱的诺曼底登陆，对纳粹德军发动全面反攻，第二年结束了在欧洲大陆的主战。

5.1.2 人工智能的奠基——图灵机

创造一台看起来像人类或神话人物的机器，并拥有远超人类的能力，这种想法自古以来就存在。只是在建造能够"思考"的机器的物质基础出现后，这个想法才逐渐实现。到底什么样的机器才算是具有"思考"的能力，图灵率先做出了回答。在他看来，只要能进行逻辑运算的机器就是能够"思考"的机器。他认为，人类思维的本质或核心是逻辑运算。

图灵作为人工智能的开创者以及现代密码学的开拓者之一，实际上暗示了加密和人工智能之间的关系：图灵对智能机器的定义是建立在人类思维具有可量化的结构这一隐性假设之上的。在他的论文中，图灵并没有直接回答什么是"思维"的问题，而是用实验的方法来回答，绕过了哲学家们无休止的提问。简而言之，他认为能够通过图灵测试的机器就是能够"思考"的机器。

在 1950 年的论文中，图灵指出，读者必须接受这样一个事实：数字计算机可以被构造出来，而且确实已经被构造出来，根据我们所描述的原则，它们实际上可以非常接近地模拟人类计算的行为。我们注意到，图灵所设想的智能机器至少要做三件事才能发挥作用：第一，研究人员将量化地解构人类的思想，然后给出相应的数学公式；第二，程序员将这些数学公式翻译成计算机可以执行的一系列命令；第三，这一系列命令可以由计算机存储、计算和执行。

图灵设想了一种具有类似"人类逻辑"能力的智能机器，他说："目前对'思维机器'的兴趣是基于一种特殊的工具机，它通常被称为'电子计算机'或'数字计算机'。"图灵所设想的工具机实际上是一种数字计算机，如新出现的所谓人工智能艺术的主题。与图灵最初的设想相对应，他设计的计算机也由三部分组成：存储、控制和执行器。

我们可以假设计算机计算的规则是在一本书中提供的，而且每次分配新的工作时，算法都会被擦除或修改。它有无限量的"纸"可供计算。根据图灵的设想，这些设计使计算机摆脱了人类记忆的限制，伴随着处理器的升级也使计算机拥有了远超人类的逻辑计算能力和计算速度。伴随着人工智能技术的发展，人工智能在不断更新其"学习"能力，以更好地适应人类的新需求。当机器"学习"了相关知识后，它可以极快的速度完成实际计算，甚至可以在不太了解原理的情况下直接按照具体算法进行计算。

如果这样的计算机及其执行器具有类似人类的面部和身体结构，那么复制类似人类的"人"的梦想就接近实现了。

5.1.3 人工智能下的数据治理担忧

从历史回到现在，随着 AlphaGo 击败了顶尖的人类围棋玩家，人类真正见识了人工智能（AI）的巨大潜力，并开始期待更复杂、更尖端的人工智能技术应用在许多领域，包括无人驾驶、医疗、金融等。然而，今天的人工智能仍面临两大挑战：其一是在大多数行业中，数据以孤岛的形式存在；其二是数据隐私和安全。个人社交媒体信息、医疗健康信息、财务信息、位置信息、生物特征信息、消费者画像信息等在数字经济时代往往存在过度分享和滥用问题，且采集处理这些信息的企业或机构往往缺乏足够的隐私加密和保护能力。与此同时，随着全球对数据价值的认识与日俱增，数据隐私和安全已经成为企业业务运营的重要基石，重要性无论如何强调都不为过。

正因为如此，随着大公司在数据安全和用户隐私方面的妥协意识日益增强，对数据隐私和安全的重视已成为世界性的重大问题。有关公开数据泄露的消息引起了公众媒体和政府的极大关注。皮尤研究中心（Pew Research Center）去年进行的一项调查发现，有 79% 的成年人担心公司如何使用收集到的有关他们的数据，52% 的成年人表示他们因为担心个人信息被采集而选择不使用产品或服务。人工智能中的传统数据处理模型通常涉及简单的数据交易模型，一方收集数据并将其传输给另一方，另一方负责数据的清理和融合。最后，第三方将获取集成数据并构建模型供其他方使用。这些模型通常作为最终的服务产品进行销售。这一传统程序面临着上述新数据法规和法律的挑战。此外，由于用户可能不清楚模型的未来用途，因此这些交易违反了 GDPR（General Data Protection Regulation，《通用数据保护条例》）等法律。

综上所述，人们面临着这样一个困境：数据是以孤岛的形式存在的，但是随着全球数据合规监管日趋严格，在许多情况下，被禁止收集、融合和使用数据到不同的地方进行人工智能处理；频频发生的隐私泄露事件导致信任鸿沟不断加剧。如何合法地解决数据碎片化和数据孤岛问题是当今人工智能研究者和实践者面临的主要挑战。

如何打破产业链上下游既有的数据壁垒，有效解决数字市场的竞争与垄断问题，充分激发数据要素价值、共享数字红利，实现数字经济时代"耕者有其田",已然成为社会各界关注的焦点。而日趋严格的隐私保护监管一方面促进了数据权利主体和数据处理行为组织者的隐私保护意识的觉醒,但同时也加重了企业对数据流通与协作合法合规的担忧。在隐私意识逐步觉醒和合规监管日趋严格的大背景下,频发的隐私泄露事件进一步打击了社会各界对数据流通与协作的隐私保护信心。在此背景下,隐私计算应运而生,其能够在确保隐私性的同时完成基于数据和信息的计算分析任务。

5.1.4　隐私计算与隐私保护

在隐私风险的应对方面,随着隐私问题的逐渐突显,相关立法工作也在稳步进行。欧盟于2018年5月25日出台《通用数据保护条例》,规定了用户在数据上享有的查阅权、被遗忘权、限制处理权以及数据移植权等权利,以保护个人隐私,遏制数据滥用。2019年4月16日,旧金山通过了对《停止秘密监视》条例所做的一些修订,考虑到人脸识别技术可能侵犯了用户隐私加剧种族歧视等问题,禁用该项技术。2019年5月28日,中国国家互联网信息办公室发布《数据安全管理办法(征求意见稿)》,从数据收集、处理使用、安全监管几个方面进行了讨论。

因此,以隐私计算为代表的隐私保护技术逐渐活跃。隐私计算经过近几十年的发展,目前在工业互联网、人工智能、金融科技、医药保护共享数据等方面发挥着重要的作用。目前在对数据隐私的保护方面,隐私计算技术的应用主要可以分为可信硬件、多方安全计算、联邦学习三个主要流派。

在技术上,通过隐私保护技术完成数据流通和数据处理,避免数据直接流通从而泄露用户隐私。目前已有基于扰动和基于密码学的两类隐私保护方案。基于扰动的方案主要指差分隐私、匿名技术,该类方法计算效率高,目前已有成熟应用,但其扰动的存在会降低数据精度,影响数据可用性,有效控制累计误差应是其考虑的重点方向之一。基于密码学的隐私保护方案主要指同态加密、安全多方计算,该类方案安全性较高,数据具有可恢复性,但效率较低,商用性较差,提高效率应是其当前重点考虑的方向。还有当前热点的联邦学习或将提供解决办法。联邦学习正是针对数据孤岛和隐私保护而产生的一种解决方法。

除了隐私计算,针对弱人工智能算法决策需要完善现行法律法规,尤其算法决策造成的人身财产损害,更要明确法律主体和责任。对于算法决策在确保透明性的基础上，还需要确保用户有知情权和提供必要的解释。对于自动驾驶汽车、服务机器人等搭载弱人工智能技术的装置给人带来的财产损失、生命安全和责任挑战，法律上也应尽快完善，预防可能的风险。

隐私增强计算（Privacy-Enhancing Computation）是利用联邦学习、安全多方计算、机密计算、差分隐私、同态加密等系统安全技术与密码学技术，在保护数据隐私性的前提下，完成对数据的计算分析任务。

企业不仅在直接面向消费者的 2C（to Customer，面向消费者）市场，在 B2B（Business-to-Business，企业与企业之间通过专用网络进行数据信息的交换、传递，开展交易活动的商业模式，环境中也在寻求减轻隐私风险和担忧的方法，这刺激了隐私增强计算（PEC）领域的快速进步和商业化。PEC 是一种强大的技术类别，可在企业的产品与服务的整个生命周期中启用、增强和保护数据隐私。通过采用以数据为中心的隐私和安全性方法，这些技术有助于确保敏感数据在处理过程中得到有效保护。

PEC 不仅包含系统安全技术与密码学技术，同时也包含信息采集、存储以及在执行搜索或分析过程中对于保护和增强隐私安全性的数据安全技术，其中许多技术存在交集，或者可以结合使用。虽然在不同的应用程序和用例中隐私增强技术的安全性存在一些差别，但总体来说，技术越安全，它提供的隐私保护或隐私保护功能就越多。

1. 联邦学习

联邦学习（Federated learning）于 2016 年由谷歌公司首次提出，最初用于解决 Android 手机终端用户在本地更新模型的问题。联邦学习是指一个中央服务器协调多个松散结构的智能终端来实现语言预测模型的更新，其工作原理为：客户端从中央服务器下载现有的预测模型，利用本地数据对模型进行训练，并将模型的更新上传到云端。训练模型通过融合来自不同终端的模型更新来优化预测模型，然后客户端在本地下载更新后的模型，并且过程自身重复。在整个过程中，端点数据始终存储在本地，不存在数据泄露的风险。

联邦学习本质上是一种基于最小数据收集原则的分布式机器学习技术或机器学习框架，它涉及通过远程设备或孤立的数据中心（如手机或医院）训练统计模型，同时保持数据的本地化。联邦学习通常可以理解为一种技术架构，它涉及两个或多个参与者协作构建和使用机器学习模型，同时确保数据方各自的原始数据不超出其定义的安全控制范围。它是一种特殊的分布式机器学习体系结构，在保持训练数据分散分布的同时，实现了对参与者的数据隐私保护。基于联邦学习的机器学习模型与集中式训练模型相比具有几乎无损的性能。联邦学习的目标是在保证数据隐私安全和法律合规性的基础上，实现人工智能模型的协同建模，提高人工智能模型的有效性。

2. 安全多方计算

安全多方计算（SMPC）于 1982 年由图灵奖获得者、中国科学院院士姚期智首次正式提出，以解决一组相互不信任的参与者之间的隐私保护协作计算问题（如图 5-1 所示）。SMPC 必须保证输入的独立性、计算的正确性、计算的安全性，同时不向参与计算的其他成员披露每个输入的值。它主要解决如何在没有可信第三方的情况下安全地计算约定函数的问题，同时要求每个参与主体不能从计算结果以外的其他实体获得任何输入信息。安全多方计算在电子选举、电子投票、电子拍卖、秘密共享和门限签名等场景中具有重要作用。

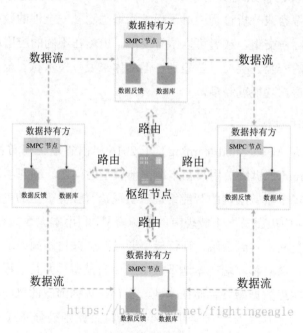

图 5-1 安全多方计算数据交互架构

每个 SMPC 参与节点的状态相同，可以发起协同计算任务，也可以选择参与其他方发起的计算任务。路由寻址和计算逻辑传输由枢纽节点控制，枢纽节点在查找相关数据的同时传输计算逻辑。每个 SMPC 节点根据计算逻辑在本地数据库中完成数据提取和计算，并将输出的计算结果路由到指定节点，使多方节点完成协同计算任务，输出唯一的结果。整个过程中各方的数据都是本地的，不提供给其他节点，在保证数据隐私的前提下，将计算结果反馈给整个计算任务系统，使各方得到正确的数据反馈。

主流的第二方安全计算框架采用了加密电路（Garbled Circuit）和无意传输（Oblivious Transfer）两种加密技术：一方将计算逻辑转换为布尔电路，并对电路中的每个门进行加密，然后该参与者将加密电路（即计算逻辑）和加密标签馈送给下一个参与者；另一方作为接收方，通过无意传输根据输入选择标签，对加密电路解密以获得计算结果。自从姚期智提出第一个通用的安全多方框架——姚氏加密电路（Yao's GC，Yao's Garbled Circuit），BMR、GMW、BGW、SPDZ 等已有 30 多年的历史，这些多方安全计算框架涉及密码电路、秘密共享、同态加密、无意传输等，以及其他相关技术。

3. 机密计算

过去，安全措施主要集中在保护静态数据或加密数据以供传输。事实上，加密数据库中的数据，通过局域网/广域网以及通过 5G 网络传输的数据是所有此类系统的关键组成部分。几乎所有的计算系统（甚至是智能手机）都内置了数据加密功能，并通过处理器中的专用计算引擎进行了增强。然而，如果恶意用户通过恶意应用程序访问设备硬件或绕过入侵（这是一个相对被忽视的领域），那么所有这些加密功能都将失效。在处理加密数据时，必须清楚这是一个真正的漏洞。如果此时可以访问机器内存，则可以轻松查看/复制所有数据。"机密计算"（CC）的初衷是消除这种潜在的风险。

2019 年 8 月，Linux 基金会宣布成立机密计算财团，该财团由埃森哲、安歌、ARM、谷歌、Facebook、华为、微软和红帽等巨头组成。由埃森哲、蚂蚁集团、ARM、谷歌、Facebook、华为、微软和 Red Hat 组成的机密计算联盟（CCC）致力于保护云服务和硬件生态系统中数据应用程序的安全。

在机密计算联盟定义之前，已经有组织定义了机密计算。例如，Gartner 在其 2019 年隐私成熟度曲线报告中将机密计算定义为"机密计算是基于 CPU 的硬件技术，IaaS 云服务提供商虚拟机映像和相关软件的组合，使云服务消费者能够成功创建独立的可信执行环境，也称为 Enclave。通过在数据使用中提供一种形式的加密，这些 Enclave 使得主机操作系统和云提供商看不到敏感信息"。可信计算联盟认为，机密计算应该涵盖云计算场景之外更广泛的应用场景。此外，"加密"一词的使用并不严格，因为"加密"只是用于实现数据隐私保护的技术之一，而不是唯一的技术，用于机密计算的技术应包括正在探索的其他技术。

因此，机密计算联盟将机密计算定义为"通过在基于硬件的可信执行环境中执行计算来保护数据应用程序隐私的技术之一"。为了减少机密计算环境对专有软件的信任依赖，机密计算研究的重点是基于硬件的可执行环境的安全保障。基于硬件的可信执行环境（TEE）是机密计算的核心技术，它提供了一种基于硬件保护的隔离执行环境，近年来逐渐成为人们关注的焦点。按照行业惯例，可信执行环境由机密计算联盟定义为一个在数据机密性、数据完整性和代码完整性方面提供一定级别保护的环境。一些引入可信执行环境的更成熟技术包括 ARM 的 TrustZone 和 Intel 的 SGX。

SGX（Software Guard Extensions）是由 intelcpus 提供的可信执行环境，它可以为云端数据代码的完整性和机密性提供芯片级的安全保护。业界还将 SGX 作为"机密计算"的典型代表，因为机密计算技术使云上的用户能够基于片上硬件技术和云上的虚拟映像和软件工具创建完全隔离的可信执行环境（安全区）。由于机密计算对使用/执行中的数据进行加密，因此主机操作系统和云服务提供商都无法识别这些安全区域中的敏感信息，从而防止任何第三方篡改执行中的数据。例如，在一些生活或工作场景中，可能需要用身份证号或手机号进行身份验证，在输入相关身份验证信息的过程中，身份证号或手机号可能有被盗的风险。假设我们可以在保险箱上加入加密信息输入的过程，这将使被盗风险大大降低。SGX 是一种构造保险箱并对保险箱中输入的数据进行编码和对输出的数据进行解码的技术，这相当于对数据传输设置安全锁。

4. 差分隐私

为了解决当前日益先进的信息社会所带来的用户隐私泄露问题，差分隐私模型作为一种被广泛认可的严格隐私保护模型，通过在数据中加入干扰噪声来保护发布数据中潜在的用户隐私信息，因此，即使攻击者拥有特定信息以外的信息，仍然无法推断该信息，这是一种完全消除隐私信息从数据源泄露的可能性的方法。差分隐私是一种基于严格数学理论的隐私定义，旨在确保攻击者无法根据输出差异推断出有关个人的敏感信息。也就是说，差分隐私必须提供输出结果的统计不可区分性。然而，任何一种差分隐私保护算法都离不开随机性，因此没有一种确定性算法能够满足差分隐私保护的不可分辨性。差分隐私仅通过添加噪声来实现隐私保护，不需要额外地计算开销，但对模型数据的可用性仍有一定程度的影响。如何设计一个能够更好地兼顾隐私性和可用性的方案也是未来关注的焦点。

谷歌公司使用本地化的差异隐私保护技术，每天从 Chrome 浏览器收集超过 1400 万用户行为统计数据。在 2016 年 WWDC（World Wide Developers Conference，苹果全球开发者大会）主题演讲中，苹果公司工程副总裁克雷格·费德里吉（Craig Federighi）宣布，苹果使用本地化的差分隐私技术来保护 iOS/MacOS 用户隐私。根据苹果官方网站上的披露，苹果将该技术应用于表情符号、QuickType 输入建议、查找提示等领域。例如，Count Mean Sketch（CMS）算法帮助苹果获得最流行的 Emoji 表情符号，以进一步增强用户使用 Emoji 的体验。

差分隐私技术通常解决个人查询的隐私保护问题。然而，在实际应用中，经常需要面对在同一数据集上合并多个隐私计算或重复执行相同的隐私计算的情况，以及可以达到何种程度的隐私保护能力。提出的合成定理旨在结合一系列满足差分隐私要求的计算，同时确保总体上满足差分隐私要求。

传统的差分隐私方案大多是集中式的差分隐私方案，即数据通常是由可信第三方添加的噪声。然而，为了减少实际应用中对可信第三方的需求，近年来也提出了一些分散的隐私保护方案，如局部差分隐私。

5. 同态加密

同态加密是一种特殊的加密方法，它允许对密文进行处理，以获得仍然加密的结果。也就是说，直接处理密文，结果与处理明文然后加密的结果相同。从抽象代数的角度，保持了同态性。

同态加密是一种基于数学谜题计算复杂性理论的密码技术，可以简单地解释如下：对经过同态加密的数据进行处理获得的输出解密后与用相同方式处理未加密原始数据获得的输出相同。

同态加密确保实现处理者无法访问数据本身的信息。如果是操作 Δ 定义满足：$D(E(X) \Delta E(Y))=X \Delta Y$，对于加密算法 E 和解密算法 D，表示该运算满足了同态性。同态来自代数领域，一般由四种类型组成：加法同态、乘法同态、减法同态和除法同态。满足加法同态和乘法同态都意味着代数同态，即全同态。如果同时满足这四个同态，则称为算术同态。

目前的同态加密实现的大多是非对称加密算法，即所有知道公钥的参与者都可以加密和执行密文计算，但只有私钥所有者才能解密。根据支持的函数，目前的同态加密方案可分为有点同态加密（SHE）和完全同态加密（FHE）。对于计算机操作，实现完全同态意味着所有的处理都能实现同态。只有在某些特定的操作中才能实现的同态性被称为同态。具有特殊同态性质的算法有RSA、Elgamal、Paillier、Pedersen承诺等。

同态加密首先用于云计算和大数据。对于区块链技术，同态加密也是一个很好的补充。采用同态加密，区块链上运行的智能契约可以在不访问真实数据的情况下处理密文，大大提高了隐私安全性。

对于区块链网络用户，他们希望保障提交给区块链网络的数据的安全性，特别是重要敏感数据的安全性，应该避免恶意信息泄露和篡改。同态加密技术使用户的密文数据可以在区块链智能合约中以密文计算，而不是传统的明文计算。其优点是用户在提交区块链网络之前，可以使用相应的加密算法对交易数据进行加密，数据以密文的形式存在，即使攻击者访问了，也不会泄露用户的任何私有信息，而密文操作的结果与明文操作的结果相同。

5.2　区块链技术与区块链经济

作为驱动数字经济变革的典型范式，区块链为重构生产要素尤其是数据与价值之间的关系带来了技术基础。区块链也被称为数字经济的典型体现，元宇宙便是通过对这些现实与虚拟空间中技术的整合，所缔造的一种新型互联网应用和社会形态，从而提供更加沉浸式的体验以及更拟真的孪生世界。本节将重点围绕区块链所缔造的价值互联网这一为元宇宙奠基的增信机制，探索其背后的价值理论，并引入加密经济学和通证机制，完善元宇宙的可信建构，为建立善治的可编程社会提供逻辑指导。

元宇宙的崛起为通证经济的发展提供了新的机遇。元宇宙为通证经济主体的平等参与、创造者经济的价值获取、共识规则的权利和义务实现提供了理想的数字空间。元宇宙以诚信通证经济为运行基础和动力，构建以公平参与为特征的"非接触经济",鼓励和奖励创造,共建规则,共享生态,为数字身份和数字财产相结合的经济发展提供了新路径。如何防范元宇宙发展的潜在风险,建立符合数字身份与数字财产相结合的通证经济规律,是元宇宙中通证经济能否"产生新的发展动力"的关键。对元宇宙中通证经济潜在风险的规制不是对其发展的限制,而是对治理规则构建的现实回应,以适应元宇宙中基于数字财产的通证经济所产生的人际关系,以及由此建立的新社会关系。

  元宇宙的出现和发展离不开新兴技术的支持。首先,依托区块链可以搭建一个公开透明的平台,其点对点即时交易和经济激励的特点使其成为元气经济运行的基础技术。其次,人工智能为元宇宙参与者提供了数字图像和其他人工智能生成器,使元宇宙有可能发展成为一个与现实世界平行的世界。然后,5G 提供了高速的网络运行(未来还有更高速、更安全的网络技术)。最后,虚拟现实让参与者可以在不受时间和空间限制的情况下进行近乎真实的音频和视频交流。其中,区块链解决了资源/价值的有效分配和流通问题,而人工智能则用于创造价值。上述技术组合使得元宇宙可以在"由数字身份、数字资产、数字市场、数字货币、数字消费等关键要素形成的完整经济体系上持续运行"。其中,"密码应该是以完整性为中心的'通证',是区块链网络中的数字资产",包括可分割、非唯一的同质化密码和难以分割、具有唯一性的非同质化密码(以下简称 NFT)。[①]

  通证经济与元宇宙有着共同的技术基础,并在其与元宇宙结合之前就已经发展起来。"狭义的'区块链+通证经济'是一种组合工具","将具有多种特定功能的区块链技术有机结合、综合运用,实现功能互补的优势",在带来"多元主体平等参与、权利义务自动实现、通证流通获得价值"等治理变革的同时,也产生了"通证流通周期可能无法形成、非诚信行为、规则垄断等风险管理任务",但是,由于缺乏广泛的应用场景,通证经济作为一种工具组合并没有得到充分的利用,没有"通过资源的有效配置,改变现有的生产关系,形成新的经济模式",也就是说,还没有发展成为"广义的'区块链+通证经济'"。通过将通证经济引入元宇宙,使作为工具组合的通证经济能够融入元宇宙,而元宇宙也是建立在工具组合上的网络生态,并赋予元

[①] 李晶. 元宇宙中通证经济发展的潜在风险与规制对策. 电子政务. 2022(03).

宇宙和通证经济新的发展特征，而不是两者的简单叠加。①

可以说，通证是联接元宇宙和现实世界的桥梁，让元宇宙从现实世界的内循环走向外循环，实现了通证经济在元宇宙中的创造、验证、流通、交易的完整循环。通证提供了一种共识机制，这种机制负责管理和制定所有区块链网络中的交易逻辑，并通过组织、记录、核实所有参与者的身份、权利和义务来实现有干预的市场机制的构建。但是，一旦制定好了相关的交易机制和计算经济模型，所有的节点就按照自由经济市场的秩序进行运转，这种模式就实现了双重的管理功能，即通过管理信息实现了对整体经济市场的干预和基本经济逻辑的设置，这是区块链网络中通证经济系统设计的原因。另一方面，通过提供一个信息完全透明、不可能存在寻租行为的市场网络，来激励参与者各方在网络中进行创新，确保经济生态系统的正向演化。

通过比特币，我们就理解了在分布式账本中公开透明的信息如何流通以及如何建立一种所有参与各方都认可的激励机制。区块链技术所体现的算法经济，就是通过信息的算法解决了经济制度问题，而经济制度则是一个跨领域的知识融合的成果，只有在计算机科学、密码学以及经济学这三个前提下才能看到这样的经济制度是非常有效的。可以说，区块链通过跨学科的方式提供了一种容错度很高的管理机制，来实现可编程社会的基本治理机制。

5.2.1 区块链缔造为元宇宙奠基的价值互联网与其背后的价值理论

区块链技术被称为价值互联网，原因在于它解决了原有互联网的三个基本问题：第一，区块链通过在数字货币领域的应用，提供了资金流（或者叫资本流）信息在互联网的流动的解决方案；第二，区块链通过加密和分布式账本的引用，解决了在交易过程中的确权问题；第三，区块链通过共识机制的技术，确定了数字资产的交换问题。然而，这三个方面的贡献其实只回答了一个问题，就是区块链通过技术的方式解决了如何将现实中的价值（价格）要素进行完美的模拟和优化，也就是通过技术对现实的经济或者商业模型进行比特化，而并没有回答区块链技术的价值从何而来的问题。简而言之，我们需要问一个根本问题：区块链经济何以价值？

---

① 李晶.元宇宙中通证经济发展的潜在风险与规制对策.电子政务.2022（03）.

第5章 从增信机制到可编程社会：元宇宙的底层逻辑

作为数字经济领域目前最重要的技术范式之一，区块链技术对金融的发展来说不仅是数字货币的载体技术的重要变革和重大创新，也是未来数字经济发展的重要基础技术。但是我们要知道的一个常识在于，货币载体的演变和信用的承载是完全不同的事宜。以国家信用背书的货币不会因为货币的载体是贝壳或是纸币而有所损失，而以先进的区块链技术为载体的数字货币也不会因为技术的复杂和创新而获取信用，这是我们应该看到的最基本的常识。那么，区块链何以价值呢？也就是说，如何赋予让区块链的"价值互联网"称号名副其实的逻辑内涵？

1. 区块链技术逐步建立起了三个经济体的基本要素

（1）社群或者社区的概念得到重新认同，这为价值网络传递提供了基本的场景，经济学研究的重要分支就是研究群体决策。简而言之，通过分布式的网络社群扩大了企业组织的外部性，从而实现了企业组织在市场和企业的双重身份上的重新定位。尤其是通过区块链技术所衍生出来的通证提供了不同于传统公司制度发展框架下的激励机制，这是我们认为未来区块链价值网络能够带给数字经济发展中最重要的变化之一。

（2）信息的流动，区块链的网络中信息的流动是有序和相对透明的，因此可以在高效的信息流动过程中判断决策的变化现象。将区块链技术视为"信用的机器"，意味着区块链网络中的信息是可信的、基于技术契约的，因此信息流动的变化就意味着价值的变化，在这个流动的过程中一方面通过信息的高速流动提升了价值的流通效率，另一方面通过信息的高速流动降低了交易费用。这是未来可预期的区块链技术为数字经济提供的基础设施，也是目前最被主流创新者关注的应用场景，区块链带来的信用成本的降低是未来数字经济发展的重要基础。

（3）共识机制的成立，为经济学的研究提供了一种先天性的信任机制，这个机制的前提是最大程度地削弱信息的不对称，最大程度地对消费者进行筛选，因此可以帮助我们建立一个更加深度的、基于价值认同的商业模型。在这样的商业模型下，能够建立一种更具备用户参与感以及能够实现定制化地满足用户需求的商业机制。

共识机制不仅是技术机制，而且提供了一种可能性，即通过将传统的商业契约完全转化为数字化的商业契约，并在这个过程中通过智能合约履行契约。也就是说，未来的市场主体行为（即合约的交易和达成）很大程度上不需要传统的市场参与，而是通过技术契约就可以达成，这提高了整个市场资源配置的效率。

2. 区块链经济学设定价值互联网的边界

（1）从信息价值角度来思考，信息是区块链技术的基本要素。在区块链所构成的经济网络中，正确的决策需要决策者掌握足够的信息，并根据这个信息进行决策。事实上，可以把元宇宙中的区块链社群理解为一个社会，而这个社会的价值取决于每个个体的认知能力，同时也取决于这个社会的基本结构（制度要素）。认知能力的边界决定了信息的利用效率，而结构或者制度决定了信息的传播效率。所以，判断一个元宇宙中的社群是否有价值，信息的维度是第一个判断标准。我们看到新古典经济学中对信息的假设是认为市场信息是完全对称和透明的，而事实上这个假设并不成立。信息不仅是不对称的，而且信息的价值对每个个体来说也是不一致的。我们看到信息所形成的网络中，信息的价值和价格有着非常有趣的内在关联：第一，有价值信息的生产成本实际上是很高的，但是传播成本是很低的；第二，信息的定价应该取决于信息的价值，而非信息的成本。这是理解元宇宙商业或者区块链的商业模式的基本出发点，因此通过网络中流动的信息的价值来判断区块链网络的价值是最基本的一个出发点。

（2）从网络价值角度来思考。我们知道区块链技术作为互联网基本协议的革命和升级，网络经济学的研究是必不可少的。因此，确定区块链技术的价值，需要对网络进行研究，更准确地说，是对网络经济学中的量化异质的效用进行研究。由于网络经济学研究的基础是对网络经济的内生复杂性进行研究，跟传统经济学中对效用的追求不一致，而是对复杂性效用（异质效用）进行研究。简单地解释，传统经济学中的效用是针对选择结果的，而异质效用则是针对过程的。对于网络中每个个体来说，效用的概念是针对非个性化的需求，而异质效用针对的是个性化需求。因此，区块链网络是否能够为每个个体的个性化需求提供足够满意的效用，是衡量区块链价值的重要依据。

（3）从互利资本的角度来思考，首先要弄懂互利资本的概念。按照著名经济学家费雪的定义，任何可以产生未来收益的事物，就可以称为一项资本（或者叫资产）。简单地说，在区块链的社群中，如何衡量资本的价值，就是要衡量这个社群中经过充分博弈以后能够产生的"互助"要素的综合价值，网络的价值可以用这些要素在未来各项收益折现值来衡量。互利资本的逻辑是用"互利"来定义的而非"自利"来定义的。

3. 互利逻辑成为元宇宙内价值理论的核心

（1）合作互利创造了价值，而不是劳动或者资本创造了价值。在人类文明发展的过程中，我们看到身体条件和劳动能力不强的智人之所以战胜了其他人种，最重要的原因就是通过丰富的语言建立起对未来的共同想象，因此产生了更大规模的互利协作，从而获得了物种生存竞争的胜利。人类是通过想象的共同体获得了互相认同之后，通过互利建立了契约和市场机制，经济生活中最重要的并不是传统经济学中强调的自利原则，而是互利原则的逻辑。

（2）人们是在承认人性中有自私的基础上去探索元宇宙的价值理论的。互利资本就是社会网络中存在的全部有利于囚徒困境合作的那些因素的前提，就是行为经济学中研究的根本问题：合作何以可能。而区块链网络则创造了一种充分博弈之后的合作机制，并通过共识机制最低成本地达成共识，在这个基础上去讨论区块链的价值网络以及元宇宙所遵循的价值理论，才能理解其内涵。如果说工业经济时代强调的是自利带来的经济增长，那么数字经济时代强调的是互利带来的收入分配与经济增长的双重目标。我们看到数字经济提供的基础设施不仅是为了实现高经济效率，低交易费用，也是为经济增长之后的收入分配提供了基于技术契约的解决方案。

（3）互利的价值理论带来了三个基本的平衡，这些平衡是理解价值论的基础，主要包括交易双方利益的平衡、成本与风险的平衡以及完成交易双方效率的平衡。如果没有双方利益的平衡就无法形成任何交易，商业行为的前提就是双方都认可的个人主观价值维度的双方互利状态下的价值平衡。如果没有成本和风险的平衡，就不会有可持续的交易存在，因为过高的风险带来的互利实际上就是对商业底层逻辑的挑衅。如果没有双方效率的平衡，就会带来收益的失衡和整体市场机制的低效，从而使得当前市场被更高效率的市场淘汰。

综上所述，以信息、网络和互利资本三个要素来定义区块链"价值互联网"中的"价值"。当讨论区块链价值时，不能仅仅去关注它的技术创新和概念，而是应该关注它的经济学本质，这也是元宇宙中的可编程社会本质。如果一个社群或者应用场景不具备上述三个要素下的价值，那么它实际上也就不具备"价值互联网"的属性。如果一种衡量方式只不过是被区块链技术所包装的"数字黄金"所迷惑,而不去理解其在经济属性上的异质性特征,毫无疑问其只不过是"金融泡沫"的老把戏。而价值理论也是建立于信息、网络与互利资本的三个基本价值概念之中,只有同时理解了这三个要素,才具备了思考元宇宙世界中各个元素的价值与其存在的必然性——以信息为载体,以网络为主体的互利协作的价值理论,而在这个协作过程中最重要的角色就是企业家或者创新者对数据要素的分配作用。

5.2.2 开放网络与加密经济为可编程社会提供可信共识

1. 区块链技术起源

区块链起源于中本聪在2008年于《比特币白皮书:一种点对点的电子现金系统》中提出的"区块链"概念,并在2009年创立了比特币社区,开发出第一个区块,即"创世区块"。区块链技术出现在两个非常重要的历史节点上。

第一个历史节点是信息技术尤其是互联网技术发展的节点:从世界互联网发展的历史来看,1960年美国国防部高等研究计划署创建的APRA网成为了互联网发展的核心,到2009年已经接近50年。而在德国专家的帮助下,1987年9月20日,中国向世界发送了第一封电子邮件,到2009年刚好过了20年。过去的几十年间,互联网技术从刚开始的开放网络逐渐演化成以少数大公司为核心的中心化的结构。从这个角度来说,区块链技术是对互联网的开放性的再一次突破,是将信息互联网推向价值互联网的升维。

第二个历史节点是世界金融危机在2008年产生了全球性影响,引发了迄今为止还在影响着全球经济格局的经济震荡。

而区块链第一个应用的主要场景就是通过去中心化的技术机制解决金融货币领域的信用问题。关于这轮始于2007年的金融危机的影响,在后续讨论全球金融资本主义时还会深入分析,在这里需要关注的是技术极客们面对金融行业带来的全球经济震荡以及长期的收入分配的不满,提出了基于区块链技术的解决方案。这里面不仅仅是一种乌托邦式的数字经济的理想,也包含了继承自20世纪90年代末的开源思想和极客精神。

因此,无论对科技行业还是金融行业,区块链技术都是在一个非常重要的节点出现。对于元宇宙的共识机制来说,区块链技术是最重要的基础技术之一。那么对区块链经济的分析就是分析元宇宙底层逻辑不可或缺的内容,我们首先从开放网络和加密经济这个角度进行分析。

互联网从创建伊始是作为开放式的平台，其初衷是让所有人平等地获取信息或者受益，但随着时间推移，互联网成为了一个越来越"垄断"的网络，这并不符合互联网发展的初衷。无论是互联网的发展还是区块链的发展，都受到了美国密码朋克思想的影响，正如凯文·凯利在《失控》中提到的，"草根阶级突然监管原本神秘被禁止的密码和代码领域，产生最重要的结果也许就是获得了可用的电子货币"。区块链技术在这个领域的创新早有征兆，而赛博朋克的技术思想不仅在互联网发展过程中起到了重要的作用，也在区块链技术发展过程中起到了重要的作用。

区块链的加密算法以及基于共识机制的分布式账本技术，创造性地提出了基于加密通证的解决方案。这种加密通证开始于比特币的出现，并随着2014年以太坊的推出得到了全面加速。在开放网络设计方案中，加密通证给传统的网络经济提供了三个新的重要的技术特性。

（1）通过分布式账本技术，提供了去中心化的网络基础设施，从而重构了网络的开放性，使得每个节点的价值都重新得到确认。分布式账本的技术不仅是点对点通信技术在加密的基础上所提供的新的信息流通的方式，也是变革传统的复式账本的重要技术革新。

（2）通过通证激励开放式网络的不同角色的参与者，包括投资者、开发者、用户等，从而使得整个网络在新的经济模式下得以运行。通证不仅有普通货币具备的属性，也具备证券化的价值，更重要的是具备基于使用权在网络中进行流通的能力，这对解决共享经济在数字经济领域的应用场景问题提供了新的解决方案。

（3）通过分布式账本和加密通证，互联网中心化的趋势得到扭转，保证了互联网的开放性、公平性与活力，从而引导更多的创新出现。值得注意的是，并不是完全去中心化的网络就是最好的网络，而是指将网络的参与者的权利更好地反馈给所有参与各方的模式更加符合数字经济时代的共识精神。

正是由于以上三个技术特质，比特币的应用引发了信息技术领域和传统金融领域的巨大关注：一方面比特币通过去中心化的网络在网络中提供了价值储存的方法；另一方面比特币也作为一种具体的应用实践给出了区块链技术的杀手级应用。

不过要注意的是，比特币只是区块链的一种应用而不是全部，区块链更大的价值是通过加密通证的方式重构了网络经济的基本逻辑和生态，以往的网络经济是通过风险投资为主的方式进行创新，而加密通证则通过更开放的融资结构以及创新思想推动了数字经济的创新，并成为元宇宙的可信通证机制。随着以太坊对智能合约的网络的推出，使得区块链的开放式网络技术大为普及，虽然因此带来了极大的创新风险和管制，但是也可以期待加密通证和开放网络未来以更加合法合规的方式进行发展。不同于互联网的是，区块链的通证提供了开放式网络服务的管理和融资的路径，因此带有强烈的金融属性，在发展过程中所遇到的挑战和风险也在增长。

2. 区块链加密经济学

所谓加密经济指的是在区块链的网络中，需要通过对系统机制设计以及对博弈理论的研究来激励网络中系统不同的角色以最优化的逻辑推动经济系统正向循环。区块链网络通过分布式账本数据库的核心技术将这种加密经济机制作为一种经济激励的方式确保不同网络节点之间的信任与合作，为生态系统的行为逻辑提供分布式共识与数据安全的基础设施。

简而言之，加密经济就是通过对数字经济系统内的博弈机制和商业生态进行设计，实现网络中的动态均衡结构，推动整个商业生态系统的发展。

加密经济的重点总结如下：

（1）通过开放式的网络来管理和资助产品的运营和服务。如果说以往专属的中心化服务通过更好的产品体验和快速迭代的逻辑来推动产品创新和增长，那么加密经济则通过个性化的体验和服务来确保每个个体的用户价值能够在经济激励机制中得到实现。通证提供了创建共享计算资源和经济资源的模型，并且通过去中心化的管理方式确保这些权益的安全和低成本的维护。

（2）通过通证的激励机制实现了参与者共享价值的成长。一方面实现了每个个体在参与时的权益和回报的价值，另一方面也通过共享经济的模式推动整个数字经济的价值能够快速地扩张。简而言之，通证经济是互联网开源运动的继承者，无论是 Linux 软件的开源运动，还是维基百科的众包思想，都在加密经济发展过程中得到了继承。我们无法回避的是加密经济的发展目前也受到了挑战和质疑，但是考虑到 Linux 目前正成为全球主导的操作系统的底层逻辑，以及维基百科的重要性，人们有理由对加密经济的发展保持乐观的态度。

（3）通证事实上提供了一种新的网络经济的逻辑。由于网络中的商业生态竞争是普遍存在的，我们看到互联网时代的生态竞争几乎都是零和博弈，充满了投资并购和商业垄断的案例。通证通过协调网络参与者的利益来实现共同的目标,即通过通证价值和网络价值的共同增长来降低竞争之间的摩擦。因此,通证通过有效的激励不仅仅能够使用户参与成为了一个具备价值回报的行为,也使生态之间的协作有了价值回报的基础,这是加密经济的一个重点。

简而言之,加密经济是开放式计算运动的继承者和开拓者,我们不能预期它的成果,但是可以看到的是它已经开始改变世界。加密经济是技术极客们作为数字经济领域最具备创新精神的创新者,是对传统经济以及逐渐失去创新能力的网络经济发起的新的挑战。

5.3 DAO——可编程社会的经济学原理基础形态

在讨论了加密经济之后,本节深入讨论区块链去中心化的社群组织(DAO)的经济学原理。区块链网络经济的主体是元宇宙这样的社群网络本身,而不是企业和市场。只有弄清楚了这个问题,才能对基于区块链网络的社群组织的本质有所认识,也才能在这个基础上理解社群评估和构建的基本方法论,元宇宙的价值体系才能被梳理出来。

区块链的社群网络结构是基于自由经济秩序和契约经济秩序之间的规则,可以将社群网络理解为一种既具备市场自由交易的效率也具备企业完成特定合约功能的综合结构。区块链网络基于点对点的分布式合约,达成了一种以共识为核心的信任关系,一方面超越了市场经济中的陌生人关系,降低了交易费用;另一方面也扩大了原有互联网中的基于熟人关系的社群网络的边界。这两个原因就是区块链经济中社群网络组织交易费用能够大大低于传统市场经济,甚至低于现有的互联网经济的基本学术逻辑。社群网络组织在共识机制和分布式网络的共同作用下,成为一种介于产业和企业的存在,一方面以分布式网络实现了资本的高效率分配,以及解决了信息的不对称问题;另一方面,通过共识机制建立起超越简单熟人关系的信用体系,从而能够形成共享经济(或者叫分享经济)的新经济模式,打破了新古典经济中关于企业和市场关系的一系列限制,创造了新的组织结构。

这样的组织结构如何定义呢?事实上,在现有的数字经济中已经接触了相关理论:由于网络的结构是一种随机自发的秩序和基于契约的秩序的结合,因此社群网络组织结构也应该是二者的结合,符合这种结合的两种基本模型就是平台和商业生态。

所谓平台，在互联网经济时代指的是各种双边经济模型形成的网络组织，比如电商平台、内容平台、社交平台等（如京东、头条、微博等），这种平台型组织提供了一种大规模的满足定制化需求的网络，形成的是一种以明显的中心为突出特征的经济模型。这种平台组织通过提供类似工业化时代的大规模定制的服务和功能，来降低平台参与各方的成本，本质上在于通过提供一种基础设施，使其他功能能够在平台上形成差异化的服务和定制化的产品。我们看到互联网时代的平台不仅实现了指数级的增长，获得了垄断竞争的优势，也对整个数字经济的商业生态带来了巨大的变化，主要体现在以下三个方面：

（1）平台创建了以消费者为核心的模式，无论是共享经济还是C2B（Customer to Business，消费者到企业）都是以提升用户体验和服务为核心的商业模式。正是因为网络中的大数据提供了有关消费者需求和行为的数据，才使得平台成为一种以消费者定义产品和服务的商业模式，用户的价值主张能够快速地与平台提供方产生对接。

（2）平台通过数字化的方式让消费与生产的边界逐渐融合，不仅实现了交易成本的下降，而且以服务和体验为核心的数字经济在要素组合上更加具备灵活性。对于互联网时代的创业者来说，也具备了解放生产力和更加能够自由选择空间的产业环境。

（3）平台构建了一种以网络为核心的交易市场，在这个交易市场中，平台提供了所有基础服务设施，所有参与者和要素在平台中进行交易，从而实现了市场边界的扩大以及网络化组织生态的构建。

所谓商业生态，构建的则是一种去中心化的组织结构模式，商业生态形成的是一种基于涌现和生成的报酬递增经济模型。也就是说，在商业生态中经济要素从专属变成了共享，而生态中的各方基于共识形成了不同的契约机制，这些契约机制能够通过智能合约自动地完成相关的交易、记账、传播以及价值分配的过程。限于篇幅，在这里不具体讨论商业生态的理论模型，而是直接给出一个结论，即未来元宇宙内的竞争就是商业生态和价值网络的竞争，不同的商业生态是基于不同的共识（价值主张），不同的价值主张构成了不同的价值网络（区块链社群DAO），因此未来的竞争就是动态链接的商业生态之间的竞争。比如目前的BAT（百度、阿里巴巴、腾讯）所形成的竞争态势，其本质上就是商业生态而非单一市场的竞争；同时在多个领域发动无差别的竞争和价值网络的重塑，就是商业生态竞争的特质。

现在了解了区块链经济中的社群组织的本质就是平台和生态，那么它们在区块链经济中对应的是什么呢？以现在的区块链经济来说，可以下一个判断：交易所就是平台，而公链是生态。前者提供的是价值交易的平台，使得基于不同价值的数字货币能够在不同的平台中形成价值。后者提供的是一整套商业生态系统，为一系列应用服务和解决方案提供基础的商业和技术体系。值得注意的是，平台和生态并没有孰优孰劣的关系，更不具备相互包含的关系，只不过是依据目前所形成的网络经济结构的不同，以及在整个价值网络形成的角色不同去定义的。交易所提供服务和产品的逻辑是相对中心化的，而公链提供服务和产品的方式是相对去中心化的。当然，不排除未来交易所越来越去中心化（最近被大家关注的去中心化交易所显然提供了这么一个思路和逻辑），而公链变得越来越中心化（目前的公链所提供的功能还是比较底层的，但是未来可能变得越来越专属），因此，用动态演化的逻辑看待数字经济中的主体性质的变化，也是非常重要的思路。

综上所述，分布式自治组织的本质就是一种符合复杂网络结构模型的组织，能够同时完成极低成本的市场交易以及基于共识契约的类似企业的共同规则行为，因此在这里用了"平台"和"商业生态"的逻辑来理解分布式自治组织，并得出了交易所是平台以及公链是商业生态的结论，这也为可编程社会中的商业生态模式提供了依据和参考。

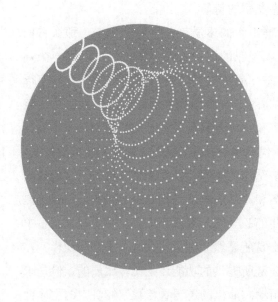

第 6 章

从UGC到Web 3.0：
元宇宙的核心内容

第6章 从UGC到Web 3.0：元宇宙的核心内容

元宇宙在现阶段被再次提起，一是技术的发展使其更加可行，二是在PC互联网和移动互联网之后，元宇宙被认为是互联网的下一个阶段。

目前构建元宇宙有三个阶段。第一个阶段是探索以Roblox等公司为代表的UGC的极限，建立一个免费的内容生态。通过提供生产工具，建立经济体系，培养内容生产者和内容消费者，在虚拟世界建立良性循环。目前，Roblox的本质不是一款精品游戏，而是一个具有一定内容生态的黏性社区，这个社区的底层由"社交需求 + 游戏消费需求 + 创作需求"组成。然而，UGC在游戏领域的核心问题是如何平衡编程门槛和游戏技术效果，编程门槛过高会导致参与创作生态的潜在玩家过少，而游戏画面效果过低又难以吸引忠实玩家。这一路径的发展需要更多的探索，开发高效低门槛的制作工具。第二阶段是以腾讯提出的超级3A游戏为代表，增加PGC精品内容的代码，打造精品游戏世界，容纳UGC内容。以3A游戏《GTA5》为例，在原始版本中，玩家的单人游戏体验不足200小时，按照正常逻辑，内容消耗完后，用户会大面积流失，然而，《GTA online》的后续版本促使活跃用户长期停留在游戏中，并逐年增加。许多玩家在这个游戏中自发地体验了高度真实的美国城市，也就是说，玩家可以自发地相互交流，拓展内容。从某种程度上说，这样的元宇宙是MMO游戏的一个新阶段。第三个阶段是通过XR构建一个新的Web 3.0虚拟空间，UGC和PGC内容一起在虚拟空间中建立互动，达到最终的元宇宙效果。

6.1 元宇宙的初心——UGC

电影《头号玩家》中的"绿洲"向公众更详细地展示了"元宇宙"的极致想象力。在极致的元宇宙想象中，人们将自己原本的生活投射到虚拟游戏中，利用 XR 型设备获得极致的沉浸感，建立自己的化身，与不同的玩家进行深度社交。这个元宇宙世界应该有一个完善的经济体系，在这个元宇宙中，有一些"玩家"可以作为元宇宙的生产者/劳动者获得报酬，游戏中应该有大量的内容可以消费，玩家可以作为生产者下沉 UGC 内容。而科幻作家想象中的元宇宙，长期影响着小说、电影、游戏乃至互联网的发展和建设，这种元宇宙的想象也是互联网和电子游戏发展的最初和最终目标。

根据构建元宇宙的需要，可以将技术发展分为几个不同的方向。

首先需要实现更好的社交体验，人类的社交方式经历书信—电报—电话—即时移动通信（QQ+微信）—未来可能的 3D 头像社交，技术逐步实现更方便、及时、真实的社交方式。

其次需要引擎技术（生产工具）、开发方式和内容生态的发展带来海量的 PGC 和 UGC 内容。元宇宙需要足够的内容供人们消费，生产工具还需要改进，需要引入更多的生产者。

最后是实现更好的沉浸感所需要的技术，比如从平面屏幕过渡到 VR/AR，让虚拟世界更加真实，互联网技术的进一步发展，让延迟更低、更稳定，甚至让本地/远程云游戏成为可能。此外，玄幻世界也有一定的经济体系，就像过去的 MMO 游戏一样，在娱乐需求之外，满足部分用户的商业需求，使人们消费的时间变得有商业价值，填补了用户数字生活的价值。而 NFT 这样的数字加密手段，使得虚拟世界中的物品价值得到了保证，包括通证技术在内的发展方向将使元宇宙逐步走向真正的"绿洲"。

鉴于电子游戏具有良好的变现能力，能够满足用户的多样化需求，而且已经有成功的游戏产品包含了"元宇宙概念"。因此，游戏被认为是"元宇宙"的理想载体和进入方向，大型互联网公司和游戏公司被认为是最有实力的进入者，其中最典型的是 Roblox 采用的 UGC 模式。在 Roblox 中，玩家可以选择以自己的角色形象多端进入不同玩家设计的游戏房间（UGC 内容），并在其中游戏或交友，沉淀社交关系，同时，玩家还可以在其中充值消费，最终充值金额按份额反馈给开发者。玩家基于游戏中的社交关系，作为消费者享受无限的游戏内容，而一些开发者则基于内容生态，作为生产者继续提供内容，获得回报。目前 Roblox 的本质不是高质量的游戏，而是具有一定内容生态的黏性社区。内容的多样性可以满足玩家的各种游戏需求，包括但不限于战斗、建房、养宠物、旅行和冒险，甚至是购物。在 Roblox 的生态系统中，公司通过 Robux 建立了自己的经济体系，构建了一个生产者（UGC 内容开发者）和消费者（普通玩家）的经济体系。用户作为这个经济体系中的生产者，可以通过出售自己的作品、材料、模型来参与平台的分成，获得虚拟货币"Robux"，可以兑换现金；而用户作为消费者，可以用虚拟货币"Robux"来购买需要的虚拟物品。创作者可以利用虚拟创作来赚取实际收入。因此，通过引入 Roblox，平台激发了玩家以生产者的身份，在虚拟世界中创造了一个良性的经济循环。

Roblox 的元宇宙是建立在用户规模、开发者和 UGC 内容的正向逻辑之上的，时间的积累让平台从孵化期过渡到了爆发期。同时，Roblox 的发展离不开社交优势，这也是元宇宙得以实现用户增长的基石。美国对儿童社交软件的使用有一定的限制，13 岁以下的儿童不能直接使用 Facebook，但 Roblox 对儿童游戏玩家不严格监管，13 岁以下用户成为前期主要的用户来源，同时满足了用户对"社交+游戏"的需求。截至 2021 年第二季度，未成年用户仍然占一半。这样的 UGC 儿童游戏由于未成年保护政策，在中国复制起来可能比较困难，如果国内企业想发展类似的 UGC，玩家和产品定位可能会有很大的不同。

持续产生的 UGC 内容有助于延续和丰富用户群体的游戏体验，也是元老级游戏的重要基石。然而，UGC 在游戏领域的核心问题是如何平衡编程门槛和游戏的技术效果。编程门槛过高会导致参与创作生态的潜在玩家过少，而图形效果过低可能无法吸引玩家。现有的一类提供 UGC 内容的产品，如 Mario Maker、God's Home System、My World 等，都是致力于降低游戏创作的门槛。此类产品采用模块化的开发流程，将常见的材料分解成若干单元，以便用户能够更好地组装和创建地图。另一类产品，如 Roblox Studio 内置在 Roblox 中，与第一类产品相比，为玩家打开了更多的通道，允许他们通过模块化程序开发，大大降低了编程的难度。这使得业余爱好者更容易开发自己的游戏玩法和地图，但 Roblox 所能实现的图形仍然相对简陋。同时要考虑到屏幕的性能和开发的难度，这就需要创造性的工具，特别是专业级 3D 渲染引擎单元的进一步开发。

6.2 元宇宙的进阶——Web 3.0

Web 1.0 和 Web 2.0 是在互联网刚刚兴起和普及的背景下诞生的，在流量紧缺的时代，在市场争夺流量入口和流量变现的时代，Web 1.0 和 Web 2.0 可以说是流量为王。虽然从基础设施到应用层面都在进行创新，但流量为王的逻辑并没有改变。在流量的背后，掌控用户流量的生态企业将享受到最多的市场红利。相应地，用户行为数据和用户体验受到生态企业的限制，用户的创作和建设活动受到一定程度的限制，无法获得数据收益。类似情况屡见不鲜，如支付工具的跨平台限制、跨平台超链接屏蔽等。流量不仅限于用户注意力，还包括金融流量，后者相当于 Web 2.0 对传统金融的侵占。

在 Web 1.0 和 Web 2.0 时代，可以看到数据是以构成互联网的信息孤岛的形式存在。通过信息孤岛的一种联接，使得来自不同网络的各种数据联接起来，实现了数据的物理依赖性和位置的局限性的元宇宙形式，称为 Web 2.0。同时，用户的行为在 Web 1.0 和 Web 2.0 时代受到限制，用户的数据隐私没有得到充分保护，用户在互联网上的创造和建设也很薄弱。平台通过少量的流量大户引导大部分用户的内容体验。可以说，在 Web 2.0 时代，形成了一个以互联网巨头为核心的生态系统，核心互联网公司"统治"着这个生态系统，垄断着这个生态系统的数据、价值和网络效应。

Web 3.0 是当前人们热衷讨论的话题，Web 3.0 弥补了 Web 2.0 生产很多但是生产模式很脆弱的不足。数字游戏通过化身的方式进入 Web 3.0 时代，然后通过去中心化的方式去实践。其实当前人们关于 Web 3.0 更多的还是对现有的网络机构和网络技术垄断的一种期待，很多形式的技术其实并没有落实，所以这里提到的更多的是在新技术上的突破，能够形成一个反垄断、更私密、更安全、具有数据所有权、互操作性的网络，也就是我们认为的元宇宙基础设施。

Web 3.0 世界将是完全开放的，在这个世界中，用户的行为不会受到生态隔离的限制，甚至认为用户可以（基于基本逻辑）在 Web 3.0 世界中自由畅游；用户的数据隐私将受到加密算法和分布式存储的保护。在 Web 3.0 世界中，内容和应用将由用户创造和主导，充分实现用户共存和共享治理（DAO，去中心化治理），同时用户将分享平台的价值（协议）。

除了完全不同的互联网模式和用户体验，Web 3.0 还将带来新的流量入口模式，在 Web 2.0 中主导用户注意力的流量入口模式将发生一些有趣的变化。

在以区块链为代表的分布式技术的推动下，从去中心化的点对点账本实验到去中心化的智能合约平台，无数新的应用（Dapp）正在涌现，慢慢地 DeFi（Decentralized Finance，去中心化金融）正在形成数字世界的"金融服务"，

NFT正在加速资产上链。可以看到，在传统世界（线上和线下）之外，用户与数字世界日益交融。因此，人们呼吁建立一个新的在线世界——元宇宙——能够可信地持有一个人的社会身份和资产，在那里社区将有更强的所有权。

在分布式技术（区块链）的帮助下，Web 3.0将从开放、隐私和共建三个方面颠覆Web 2.0的互联网，创造一个由用户社区主导的去中心化世界，重构互联网流量价值范式。那么问题来了，在Web 3.0时代，互联网的重要流量（入口）价值范式是什么？

可以说，Web 2.0争夺的是用户的注意力和资金流，实现的是流量的价值。在Web 3.0时代，流量入口的价值依然重要，但不限于此。由于Web 3.0世界的开放性，协议调用是完全开放的，没有许可和生态的界限，因此，Web 3.0的流量价值范式将是开放的。此外，Web 3.0流量的价值与协议调用的数量密切相关。

目前很多社交（微信、微博）、娱乐（Steam）、金融（富途）平台都是Web 1.0向Web 2.0演变的受益者。Web 3.0充满了想象力，其最终的落地形式现在还不清楚，无法判断，但这一趋势已经开始出现了。在向Web 3.0演变的过程中，有很多产品是Web 2.0和Web 3.0的混合体。典型的例子是Opensea（一个NFT交易平台）和Metamask（一个基于NFT交易费收入的钱包，类似于传统的电子商务或集中式交易所模式）。Metamask有嵌入PC浏览器（如Chrome）和移动应用程序的插件，作为重要的用户门户。Metamask有一个集成的交易所聚合功能，用户可以通过它直接调用DEX协议来完成代币交换，同时向Metamask平台支付额外费用。两者都是典型的Web 2.0产品。然而，在这两个平台上用户操作的对象是Web 3.0世界的典型产品或功能。

随着最近百度希壤、网易伏羲的发布，以及三星在Decentraland上建立虚拟商店，市场正逐渐由传统的2D世界转向3D数字世界。从2D到3D的演变预计将是普通用户最容易接受的变化。以元宇宙空间中的虚拟总部大楼为例，虚拟建筑本身就相当于团队的主页，可以展示研究产品和团队，当然也可以通过头像进行互动。当需要进行路演时，可以在二楼的路演大厅进行PPT演示或流媒体访问，并通过发放徽章（NFT）对观众进行白名单管理。未来，基于IT基础设施的逐步完善，更多的社交流量将在2022年升级为3D。在传统的Web 2.0中，用户在浏览主页的同时并没有互动，但进入3D世界后，社交互动的欲望会更加强烈，通过NFT、皮肤等可以提高个体识别度。元宇宙的

沉浸感更多来自社交、分享和经济活动,而不是仅限于 AR/VR。这只是用户看到的界面的升级,但更深层次的是玩家如何被激励去创造、分享和互动。简而言之,如果 Roblox 和 TikTok 没有经济激励,还会有那么多用户为游戏创造内容并在其中制作短视频吗?从本质上讲,沉浸感是由内部分享、创造性的自我满足和外部经济强度的叠加建立的。

在 Web 2.0 时代,催生了电子购物和与内容流量相关的业务,用户的大量时间和数据被捆绑在顶级应用上。相比之下,现有的 Web 3.0 应用在 PC 端主要通过网络浏览器访问,移动端也通过网络浏览器访问,钱包 App 也可以作为入口,但还是以网络的方式访问特定的应用。与 Web 2.0 时代不同的是,Web 2.0 时代供应商倾向于开发独立的移动应用和 PC 客户端,Web 3.0 可能会打破这种现象。应用和客户端可能更方便对用户行为数据的收集和核心厂商对生态应用的管理(类似 Appstore 的应用商店审核和管理),这在以隐私和发展为导向的 Web 3.0 时代将发生变化。也许 Web 3.0 会像它的名字一样,以网络作为所有应用的基础。

如果进一步讨论,Web 3.0 离不开以下具有基础设施功能的关键工具。

首先在底层基础设施方面,需要一套针对计算机视觉与扩展交互,以及其背后庞大算力需求所打造的智能超级计算中心,通过集中化的模型生产,推动更加高效率、低成本的 2D 交互向更具效率的 3D 交互转变,这是融合元宇宙的生产力底座。智能超级计算中心的算力底座支撑对真实世界数字化后海量多模态数据的实时分析、模型训练和实时推理。通过超大规模、集约化的算力部署,可以降低计算和 AI 模型研发成本。除此之外,智能超级计算中心打通了从数据处理、模型生产、模型训练、高性能推理运算,以及模型部署等各个环节,通过流程标准化、自动化实现 AI 模型的批量级生产。智能超级计算中心可实现对高性能、高精度的 AI 模型的训练和研发,进一步加速 AI 模型生产,解决复杂系统问题。

在智能超级计算中心实现虚拟世界与真实世界的跨次联接基础上,更需要打造易用多元普适的内容创作平台,混合现实内容创作平台为用户构建了一个元宇宙的"造物者"平台。融合算法和混合现实技术等"创造"元素,混合现实内容创作平台围绕"人""物""场"三大基本元素赋能开发者们低门槛、高效地来创造元宇宙世界,支持人们在虚拟世界中沉浸式体验,并帮助实现虚拟世界与现实世界的精准叠加和虚实交互。围绕"人""物""场"三大基本元素，混合现实内容创作平台对外输出功能和服务：创作元宇宙虚拟化身，帮助人们走进元宇宙，在虚拟世界里自由穿梭；支持数字人等元宇宙"原住民"开发，为元宇宙中添加更多的智能化角色，可以与人进行自然交互，并提供各式各样的虚拟服务；内容创作平台实现物理世界"场"和"物"的数字重构，打造物理世界的"虚拟副本"。

6.3 元宇宙的终极形态——开放、隐私和共建的世界

6.3.1 开放的元宇宙环境

在 Web 3.0 中，用户在某一互联网应用"领域"中拥有充分的访问自由和较低的门槛。例如，用户往往可以使用区块链账户地址登录链上的某一应用，而无须注册许可。同时，用户行为不受第三方主体的限制，互联网应用在符合代码运行逻辑的原则下，打破了原有的所谓生态内、生态间的界限和壁垒。该应用具有高度的可组合性和复合性。最直接的案例就是所谓的 DeFi 乐高，任何应用都可以调用或聚合底层协议（如 DEX），合成资产平台将现实世界的资产映射到链上（没有交付关系），相当于打破了所谓线上与线下、虚拟与现实的界限。

此外，基于 Web 3.0 内不同基础设施的应用可以通过"跨链"协议进行互联，因此，Web 3.0 世界中多个应用的用户行为可以产生类似社会关系图的图谱，进一步提升数据价值挖掘的潜力。以游戏应用为例，用户可以轻松进入游戏世界，不受第三方的限制；用户可以自由地将自己喜欢的角色或形象植入游戏，甚至可以让角色跨平台或跨领域行动。而在 Web 2.0 时代，比如在《王者荣耀》等游戏中，玩家无法决定角色的选择，更无法将自己喜欢的角色（如孙悟空）杀入《魔兽世界》中。实际上，这种情况与平台对接并不困难，只是因为控制权不在用户手中。当然，玩家也可以交易角色皮肤等装备（在 NFT 的帮助下），甚至为基于其他 DeFi 协议的游戏装备的衍生品创建复杂的市场。简而言之，Web 3.0 的生活方式是跨应用平台、跨虚拟和现实世界完成的。

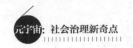

6.3.2 关注隐私与其背后的系统构造与治理逻辑

这里将元宇宙描述为一种新型的"具有现实性的虚拟数字社会"。由于元宇宙的现实性和社会性,将其治理结构作为一个独特的数字虚拟空间来思考是很重要的。为了更好地探讨元宇宙的治理结构,有必要先讨论其系统结构。也就是说,先从宏观上解释一下元宇宙与现实物理世界的整体关系,然后再简单解释一下元宇宙治理的基本逻辑。

首先讨论元宇宙的构建。目前,由于元宇宙概念的不确定性和不同理论家的不同理解,对元宇宙的构建也存在较大分歧。此外,由于研究的出发点不同,元宇宙构建的维度也不同。从现有的文献来看,大多数研究者考虑的是元宇宙发展所需要的技术支持和经济后果,而较少从"社会"建设的角度考虑。例如,游戏开发平台 Beamable 的创始人 Jon Radoff 提出了元宇宙建设的七个层面(从外到内):体验、发现、创造者经济、空间计算、去中心化、人机互动和基础设施。肖超伟等人从地理空间研究的角度,认为元宇宙具有"虚拟和现实空间中人和物的多层嵌套结构",有五个层次:物理环境层、物理设施层、虚拟网络层、虚拟人物层和物理人物层。

蔡伟教授的团队在国际计算机协会第 29 届国际多媒体会议上发表的论文更好地平衡了元宇宙的技术支持、经济后果和社会目标。他们认为,尽管元宇宙是一个虚拟世界,但它可以在以下四个方面为现实世界提供"社会价值"。

(1)可访问性,意味着全世界的人都可以安全地访问元宇宙,而不受地理位置或流行病的影响。

(2)多样性,意味着具有不同偏好、想法和类型的人可以同时在同一空间相遇、学习和工作。

(3)平等性,即通过虚拟化,有可能消除现实世界中客观存在的种族、肤色、性别、残疾、贫困等因素引起的歧视。

(4)人文性,即虚拟世界可以用来保护文化遗产等。

基于以上对社会产品建设的考虑,可以从宏观上提出元宇宙的三层架构,包括基础设施、互动和生态系统。首先,真实的物理世界和虚拟的数字世界是两个不同但又相交的世界。在交互层中,主要是通过用户的沉浸式体验,将现实世界和虚拟世界联接起来并进行交互。这种联系不仅发生在现实世界对虚拟世界的影响,也发生在虚拟世界对现实世界的反作用。元宇宙的虚拟世界能够对现实世界产生实质性的反作用,是元宇宙区别于其他虚拟(数字)世界的基本特征。在这个意义上,真实的物理世界和元宇宙虚拟世界不是平行的,而是交叉的。同时,在交互层中,所有的人、事、物都以"数字孪生"的形式呈现,并同时具有现实世界和虚拟世界的属性。其次,除了现实世界的互动之外,元宇宙也是自己的独立空间和生态系统。在这个独立的生态系统中,用户的化身(以"数字人"的形式)自主地创造自己的生活、学习、工作和娱乐环境(或"社区"),并与其他数字人一起构建虚拟数字世界的大生态(或"社会")。最后,除了与元宇宙互动外,现实的物理世界也为元宇宙的发展提供了基础设施建设,并且也应该为元宇宙提供制度上的基础设施。

基于上述三个层次的元宇宙建设,可得出元宇宙的三种相应的基本治理逻辑:现实世界发展元宇宙的法治、现实世界与元宇宙互动时的共治以及元宇宙内生态系统建设和运营的自治。

6.3.3 基于价值敏感设计的伦理治理原则

技术伦理学在信息伦理学的推动下,正逐渐超越传统伦理学现有的规范伦理理论、推理与应用的思考框架,更加重点思考伦理的应用制度、基础设施与技术设计。在传统伦理学或者道德哲学的架构下,技术、工程、设计等往往会被认为是一种理想环境下的思想实验的要素,相关研究学者多从伦理推理或者理论中寻求证明与实证,却往往忽视了实际存在的技术与经验对于伦理演化与落地执行的影响。这就导致传统技术伦理学的一些观点往往过于形而上,架空于科幻场景中却与现实面临的问题存在较大分歧,而从这一逻辑得出的结论往往只有在理想状态下才是正确的,现实中基本不会出现这样的难题。

(1)传统伦理学虽然提出了道德理论方面的深层次问题,却忽视了实践与工程层面的考量;但伦理学本身又不是架空于现实的思想实验,而是从现实中设计和实际难题中抽象出来的,所以单纯的以思想实验为基础的伦理学难以有效运用在现实案例中,技术伦理学应当包括解决方案的实践与设计层面,从而解决现实问题。因此,伦理学应当从理论推理逐渐转向实际应用,尤其是基于实际道德问题研究如何超越特定技术状态,从设计角度形成具有较高执行性的伦理判断与决策。

以上这种适应现实中工程命题的伦理学转变,使得应用伦理学思考元宇宙治理时,除了要考虑应用分析,还需要考虑经济条件、技术、制度、法律框架与社会治理准则,尤其是对于技术产物和社会技术系统的设计。同时随着信息技术的兴起,以大数据、人工智能技术为代表的数字化技术已经与设计紧密相关,信息技术的价值维度成为考量技术可行性的一项重要指标,也就是社会与用户在互联网技术应用于生产活动中的价值与真实需求。这种由社会、组织与个人在使用中的需求、想法和价值观以及面对某项问题的解决愿望,正在推动人工智能、大数据技术的蓬勃发展,这也使得高新技术成为道德与社会价值的争议焦点。人工智能、大数据的价值在设计的驱动下被发挥到极致:塑造全民价值观念、改变人的认知、影响人的判断与决策。由此可见,应用伦理学"理论-应用-设计"和信息技术"技术-社会-道德价值"两个独立领域正在相互作用,形成符合数字经济时代发展趋势与理念的伦理与技术规律。这也就是为什么应当在当前技术所具有的伦理与价值维度中引入价值敏感设计。

(2)价值敏感设计是一种以价值理论为基础的技术设计方法,也就是在整个设计流程中强调价值的原则,阐述人的价值在技术中的展现。价值敏感设计分析主要以概念分析、经验分析与技术分析作为分析方法。具体来说,人工智能技术需要价值敏感设计理论作为理论支撑,由于人工智能技术对人的价值选择与价值塑造的影响不可避免,算法的设计必然会将一定价值与道德观念体现在设计之中,这就要求数据结构设计者应当秉持正确的价值观,基于价值敏感设计出能够实现人类良好意图的产品,同时为用户提供足够的自主权、人格权,同时保证用户隐私、知识产权、生命健康安全不会被人工智能影响。数据结构应当确保实现社会正义、公平与安全,降低数字鸿沟与贫富差距,同时以可持续发展为宗旨,降低碳排放,实现环境友好型技术发展。

如何将价值与道德维度设计运用于大数据技术中?主要从价值敏感设计与大数据技术伦理本身的联系与对比入手。基于概念、经验与技术相结合的方法体系,主要从三个方面来推进:概念、实践与算法。

(1)从概念层面来讲,主要针对数据伦理概念分析,也就是设计如何适用于大数据技术,以避免影响核心价值。首先,在大数据技术落地之前应当明确大数据技术的设计受到影响的直接与间接利益相关者,以及设计者如何在整个大数据技术的设计、实施与应用中权衡这些利益相关者在自主、安全、隐私与其他权利等方面的冲突和需求。其次,思考如何通过优化设计来避免风险,例如在对全球新冠肺炎病例统计分析时,全人类的公共卫生安全与生命健康是否比全球每个个人的公民隐私更加重要,那么这些患者的数据是否应该做脱敏处理?再如,在开发自动驾驶时,通过用户收集到的驾乘数据能够帮助自动驾驶技术优化驾乘感受和道路安全,从价值层面这种让渡是否可行?这些驾驶数据在利用之后是否应当及时销毁?避免隐私泄露,提高透明度,避免歧视、不公平分配,等等,都是技术与伦理研究在初期需要考虑的价值敏感概念。

(2)从实践层面来讲,主要针对数据伦理的实践分析。首先,需要对技术产物所处的社会环境进行实践分析,也就是通过观察、测量与记录约束条件下的活动来评估一个特定设计的成功与失败。其次,需要从数据技术的开发、推广、策略、政策、人员组织等方面全面贯彻道德与责任,大数据技术发展应当遵守的道德准则、负责任的创新、发展与技术使用规范对技术开发流程的优化,将有效确保个人与群体的利益。数据技术的实践分析主要就知情同意、用户隐私和使用范围等命题,关注利益相关者在真实互动中是否充分尊重个人价值,在面对相互竞争或冲突的价值设计时如何权衡,是否优先考虑个人价值与可行性。充分尊重每一阶层群体的核心价值与利益诉求,同时设计一定激励机制来实现对于整套系统的助推。

(3)从算法层面来讲,主要针对算法伦理的分析。根据技术特性所提供的价值适应性,分析给定技术是否存在对于某种道德价值的偏袒,如何支持或阻碍特定价值。大数据的算法日趋复杂,所带来的伦理问题也日益多元化,这就为算法设计与数据逻辑提出了更高的伦理与道德要求。围绕价值敏感设计,算法与数据结构应当充分尊重人的意志与权利,在实现技术发展的同时将对于人的不良影响降到最低,但也不可因噎废食,在技术发展、商业收益、国家安全与公民权益之间寻求均衡发展。

迄今为止,关于元宇宙是否以及如何对人类社会产生重大影响,存在着许多可能性。然而,信息技术的发展存在着强大的内生动力,这种势头无法遏制,也不应该遏制。因此,现实物理世界中的人们不仅要为元宇宙的建设提供技术基础,而且要为元宇宙的建设提供前瞻性的、系统性的制度基础,以保证元宇宙的有序发展。事实上,随着人类从原始社会到农业文明,从农业文明到工业文明,从工业文明到信息文明,都有重大的技术突破,并在一定程度上对人类社会的建设产生了根本性影响。例如,在农业文明向工业文明过渡的过程中,铁路运输技术及相关产业的发展和推广,大大拓展了人类的经济体系和社会空间。同样,大数据、区块链、人工智能等信息技术及相关产业的发展和推广,也将大大拓展人类的经济体系和社会空间。工业技术向人类社会空间的拓展,使人类能够在现实的物质世界中获得更多的"未开化的土地"。同样,信息技术向人类社会空间的扩展,使人类能够进入以前没有到达的数字虚拟空间。然而,任何重大的文明革命都不可避免地伴随着局部的挫折和倒退,遇到许多未知的痛苦和灾难。面对元宇宙技术的快速发展,最好的策略是用合理的制度结构来"适应"它,给它发展的空间,同时确保它不会像一匹野马,给人类的现实世界带来灾难。在互动层,即元宇宙的人、事、物与现实世界直接互动的地方,数字孪生体应该受到两个世界的制度规范的约束。换句话说,在互动层,现实世界的法律规范和元宇宙世界的制度规范共同行使统治权。而在元宇宙的最深处,存在着一个独立的生态系统,即元宇宙的自治系统。从社会建设的角度看,元宇宙还承载着一些人的乌托邦思想,即通过区块链的去中心化技术和去中心化自治组织,元宇宙可以实现完全自治的治理模式。

6.4 共建、共治和共享价值的复杂网络世界

1. 关于复杂经济学理论

在讨论 Web 3.0 下共建、共治和共享价值的复杂网络世界前,首先讨论复杂经济学理论,这个理论是由美国圣塔菲研究所的著名经济学家布莱恩·阿瑟所提出的。布莱恩·阿瑟是斯坦福大学的经济学教授,同时也是"熊彼特奖"的获得者,是圣塔菲研究所的元老级人物,同时也是复杂科学的奠基人。后来阿瑟因成绩突出还获得了首届"拉格朗日奖"(由比利时皇家科学院对世界数学知识有杰出贡献的学者颁发的奖励),而他的主要贡献就是通过对正反馈机制的研究,提出了基于"收益递增定律"为基础的复杂经济学思想。简而言之,所谓复杂经济学就是将经济视为不断自我计算、自我创建和自我更新的动态系统。与新古典经济学强调静态的资源配置和一般均衡理论不同,复杂经济学强调偶然性、不确定和"一切变化皆有可能"的理念,是一门以预测、反应、创新和替代为基础的动态经济学科。

正因为复杂经济学的特质,理解 Web 3.0 下的数字经济,尤其是基于网络的经济(无论是互联网还是区块链),都得基于复杂经济学的范式,否则就没

办法理解其本质。限于篇幅，在这里不详细阐述其理论背景，只讨论一个点，即复杂经济学认为经济是不均衡的系统。随着经济世界变得更加不确定，更加基于生物的演化思想而非牛顿式的联续性理论，复杂经济学采用一种更加开放和动态的包容体系去看待经济的变化。正因为如此，复杂经济学正在慢慢地走向经济学尤其是数字经济研究理论的中心。只有通过复杂经济学的范式，承认非均衡（或者叫动态均衡）的存在，才能处理和理解数字经济学中的创新、演化和价值等问题。

基于复杂经济学的观点，接下来讨论构成 Web 3.0 的复杂网络。区块链中的共识社群组织可以定义为一种复杂网络，因此必须从网络经济学和复杂经济学的角度理解社群网络组织的概念，尤其是网络与市场和企业的差异。事实上，对于网络有两个基本误解：第一，将网络和市场的概念混同，从而导致用市场经济的逻辑讨论网络经济；第二，将网络和企业的概念混同，从而导致无法理解网络社群和企业之间的差异。正因为这两个误解，导致很多区块链的创新者对如何进行社群组织进行管理和运营的失控和失败，也导致区块链领域的项目投资人无法正确地把握项目的价值，因此需要从理论上梳理出相关的结论。

2. 网络经济和传统工业经济的差异

如果把工业时代的经济环境和网络时代的经济环境进行比较，其中最大的差异在于：工业经济是同质化的，也就是经济系统中的要素需求基本一致，消费者的需求也基本一致，因此经济系统形成的是规则的网络；而网络经济则是异质化的，也就是经济系统中需求多样化，充满了不确定性，因此网络经济中所形成的就是混沌的经济系统。这里介绍两个基本网络经济的模型：一个是由应用数学家和社会学家邓肯·瓦特与应用数学家斯托加茨在 1998 年定义的小世界网络模型；另一个是由曾经撰写过《链接》的著名网络理论研究学者艾伯特-拉斯洛·巴拉巴西提出的无尺度网络模型（他同时也是美国东北大学复杂网络研究中心主任以及网络科学学会的创始人）。

3. Web 3.0 中的经济运行

在小世界网络模型和无标度网络模型这两种网络经济模型的逻辑下，Web 3.0 中的经济运行效率得到了提升，而交易费用则大幅度下降。小世界网络的最大优化的逻辑，是用信息透明和熟人之间的信任关系建立起了新的经济模型，在实现同等效率的前提下，降低了交易费用，主要是一种随机性的经济学模型；而无标度网络则构建了一种基于复杂网络的自由经济秩序，这种秩序一方面具备随机网络的自由经济秩序，另一方面则具备了一种基于规则网络经济的效率优势。当将所有的组织群体（家庭、市场、企业和狭义上的网络）都当作广义的网络的一部分时，无标度的网络模型就是在这些网络模型组织中最复杂和完善的经济模型。简而言之，小世界网络模型解释了数字经济中目前网络经济效率为何降低了市场交易费用的基本逻辑，也就是通过信任和信息的透明化降低交易费用。而无标度网络则解释了未来的区块链网络经济的基本逻辑，就是构建一种基于广义的自由经济秩序（对应了区块链经济模型的分布式网络）以及基于技术契约的分布式组织秩序（对应了区块链经济中共识机制以及智能合约）。

在 Web 3.0 时代，元宇宙将是一种极具想象力和创造力的网络形式；在 Web 2.0 时代，人们习惯于把"虚拟世界"和"现实世界"作为线上和线下世界的界限。而建立在 Web 3.0 基础上的元宇宙，将结合虚拟和现实之大成成为所谓的"现实世界"和"虚拟世界"的深度融合。

在 Web 2.0 时代，互联网有明确的生态边界（公司化的结果），一个互联网巨头控制着核心的生态渠道，跨生态的应用相对较少。例如，在线支付工具的跨生态限制，重要的互联网应用门户之间的超链接被封锁。所谓的互联网应用实际上被限制在不同生态域内的活动。在 Web 3.0 时代的元宇宙中，Web 2.0 时代的"鸿沟"和界限将被打破。

这里以 Mirror 为例。Mirror 类似于 Medium、Substack 和其他基于博客的内容创作平台，它解决的问题是，在传统的自我出版中，内容创作者可以输出他们的想法，但他们获得的收入是有限的，而且他们面临知识产权被盗。

（1）Entries。

Entries 是 Mirror 的主要内容创作模块，它允许创作者以"纯文本+Markdown（类似于话题标签）"的格式编辑文件，Mirror 还支持将文章从其他平台（如 Medium 或 Substack）直接迁移到 Mirror。一旦 NFT 投在链上，创作者可以将其作品作为 NFT 进行销售，这就解决了内容创作者的收入问题。创作者还可以将他们的作品永久存储在 Arweave 分布式存储平台上，以确保他们的作品得到永久存储。

（2）众筹。

众筹模块允许创作者对任何种类的内容进行众筹，并根据每个支持者的资金量向支持者分发支持者代币（由众筹发起人铸造），前三名支持者将获得独特的 NFT 奖励。这些代币可以理解为支持者持有的股份，如果作品被铸造成 NFT 并出售，获得的相应的收益可以作为分配收益的基础。NFT 是项目社区成员的象征，这自然会导致 DAO 的出现。

（3）拆分。

拆分模块允许创作者与合作者分享共同作品的收益，将作品或拍卖的收益分配给其他多个实体。拆分必须在至少两个账户地址之间进行，而且各实体之间的拆分之和必须是 100%。这样一来，每笔收入在创作者预先确定收入分配比例和规则后，将由智能合约自动分配，避免了集中式收入分配的不透明性。

（4）NFT 铸造（Editions）。

版本模块是 Mirror 的 NFT 铸造模块，它允许用户在 Mirror 上铸造 NFT 作品，包括四个创作者定义的参数：价格、媒体文件（目前支持 .jpg、.png、.gif、.mp4 文件）、总供应量和初始资金地址。NFT 地址在投稿后生成，同时还有相应的版本 ID，可以直接嵌入其他 Mirror 文章中，在链接下方显示 NFT。

（5）拍卖（Auctions）。

通过拍卖部分，创作者可以将他们的 NFT 作品进行拍卖。创作者需要设置拍卖的底价和期限，每次出价应不低于前次价格的 10%。拍卖还可以创建一个相应的 URL 地址，嵌入到条目模块中，拍卖所得可以直接转入创作者设置的钱包地址，也可以转入众筹或收入分享模块。

（6）代币竞赛。

投票功能服务于众筹后形成的 DAO，类似于 Snapshot，众筹的参与者自然形成 DAO，通过投票功能参与 DAO 的决策，执行社区的各种决议，形成创客社区的闭环。

作为 Web 3.0 最重要的内容创作平台之一，Mirror 允许任何 Web 3.0 用户创作自己的作品并围绕它开展活动。更重要的是，创作者拥有自己的创作，并对自己的作品拥有完全的控制权，独立于 Mirror 平台。通过众筹、分成和代币竞赛等模块，创作者可以创建一个属于每个社区成员的内容社区，并与他们一起建立自己的社区。

与 Web 2.0 时代成熟的内容创作平台相比，Mirror 还处于起步阶段，NFT 生成过程和 DAO 治理都不成熟，可能会被后来的用户体验更好的平台取代。

除了上面提到的跨链应用（解决基于不同主链的生态之间的融合），元宇宙世界将继续与所谓的"现实世界"融合。例如，元宇宙中的主体除了在 DeFi 市场的经济活动外，还可以持有现实世界的资产权益。换句话说，对于元宇宙中的资产，"虚拟世界"账户和"现实世界"账户系统之间没有隔离；元宇宙将是"现实世界"和"虚拟世界"的融合。一般认为，尽管元宇宙的世界是由用户构建的，不同的应用可以通过各种方式自由联接和整合，但由于现实世界与生态分离，元宇宙的虚拟世界无法与现实世界的资产账户联接，所以"外部元宇宙"无法渗透到当前 Web 2.0 时代的生态中。

6.5 从数字孪生到数字人生

从最早的没有互联网，到 Web 1.0 到 Web 2.0 到 Web 3.0 再到元宇宙，对于这些算法和技术相关的一些技术形态，元宇宙实际上是开了一个起点，把现实世界映射到数字世界，而数字孪生就是让现实世界和数字世界进行深度融合，这是信息技术发展过程中必然会发生的一个过程。

数字孪生，实际上就是人和世界的数字化，就是把现实世界通过数字技术的映射，进入数字世界。而人和世界的数字化，就是通过一系列不同的技术，让用户上传不同的数据，如空间数据、行为数据、生活数据，使他们的化身越来越饱满，从而在虚拟世界中过上所谓的理想生活。需要注意的是，元宇宙的数字孪生体实际上是重叠的，可以通过未来 Web 3.0 的相关措施成为元宇宙的一部分，现实空间就是网络空间，网络空间也是现实的一部分。我们可以看到，自从移动互联网爆发，人们对未来 Web 3.0 时代的预测，一个新的突破点就是基于此。

在宏观上，可以看到数字孪生对社会的影响主要有两个方面，一个是社会的转型，包括数字货币的兴起、网络学、开放系统的挑战等，这是大家都关注的一部分原因；另一个则对研究人员来说，更关注的是技术的发展与前瞻洞察，例如区块链、低代码平台、机器智能和分布式网络等。有了这些技术支持，元宇宙才具备可能进行社会性的、反驳性的讨论基础，才有实际的实施可能性。

6.6 Web 3.0下的元宇宙算法规制与决策伦理的审慎思考

1. 在元宇宙中所面临的社会失序的潜在问题

元宇宙加深了个人原子化的风险。"个人原子化"也就是个人的社会互动和社会支持系统和功能的退化。个人在很大程度上可以靠自己的力量维持基本的、正常的工作生活方式，不需要人类的帮助。在移动互联网时代，这种趋势更加明显，突出表现在智能手机应用可以覆盖衣食住行方面的大部分需求。例如，通过外卖App、网约车App、网购App，人们足不出户就能满足基本生活需求，这是移动互联网时代个人原子化问题的一个缩影。移动互联网仅仅通过解决基本的、以生存为导向的需求，就造成了个人生活原子化的巨大风险，这在很大程度上切断和阻断了个人参与社会活动的能力、愿望和倾向性。在元宇宙时代，这种趋势将继续下去，风险程度将进一步加深。以满足物质生活需求为基础的元宇宙，可能会将个体完全引向虚拟化的平行世界，使个体原子化的风险达到最高水平。

元宇宙滋生了现实的异化主义。生活在现实物理世界中的个体总是不那么理想，不那么自由，不那么满足。因为在现实的物理世界中，资源总是稀缺的，机会总是有限的，生活总是不可逆转的。但在超现实社会中，人们可以忽略现实物理社会的"骨架"经验，直接拥抱"完整"的精神世界，沉浸在一个充满欢乐、愉悦、满足和幸福的美丽平行世界。趋利避害是人类的本能，一个不可避免的趋势是，个人会越来越沉迷于元宇宙，在平行世界中花费越来越多的时间。这将导致个人越来越脱离真实的物理世界，表现在主观的心理层面和客观的时间分配上，这将产生两个负面影响：一是个人的亲社会倾向将进一步降低，因为幸福的主要来源已经转移到了元宇宙；二是个人幸福的阈值上升，随着个人沉浸在元宇宙中，幸福的指数、频率和场合都会增加，人们感受到幸福所需的刺激剂越来越大，人们越来越难感受到幸福和快乐。

元宇宙引发了个人纠纷和家庭伦理问题。在元宇宙中创建的虚拟世界，众多玩家在其中移动和互动。主要参与者是现实中的人，传统社会的人际关系、人际纠纷和家庭伦理问题被投射到元宇宙社会中。表现形式可能略有不同，但问题的本质仍然是一样的。而且，由于元宇宙隐藏了现实社会中个人的个性化属性，现实社会中的角色压力和社会压力等机制不再起作用，相关的婚恋行为变得更加普遍、纯粹、主观、频繁。例如，两个玩家在虚拟的 metaverse 世界中相爱并结婚。这在法律、社会意义上是如何定义的？元宇宙的婚姻、约会和家庭问题将成为新时代的主要伦理问题。

元宇宙可能导致资本投机和金融风险。资本的逻辑是造成目前元宇宙概念热潮的直接原因。自新冠肺炎疫情流行以来，全球范围内都要求人们减少不必要的旅行和社交。在实体产业受到重创的同时，在疫情防控的背景下，虚拟的互联网经济则变得火热。继移动互联网和社交媒体时代之后，元宇宙成为互联网经济发展的下一个风口，吸引着各路资本。目前，元宇宙在中国的发展还处于概念预设、创意准备和原型设计阶段。元宇宙的发展需要坚实的经济基础、社会治理基础和社会接受基础，在这一点上，中国比西方国家做得更好、更有效。元宇宙在中国有更好的社会发展条件和基础。但需要注意的是，在资本的推动下，元宇宙可能成为偷税、漏税、洗钱和欺诈行为高发的地方，必要的虚拟金融监管不能缺席。

2. 元宇宙中的社会行为风险控制

基于以上社会不良行为的潜在风险，应遵循以下三个原则，以便做好元宇宙的风险控制。第一，元宇宙是由人类开发并为人类服务的虚拟空间，因此，元宇宙应该完全由人类的道德和规则来控制（技术可控），科学技术的伦理责任应该由其控制者（人类）来承担。第二，为解决虚拟空间下的治理困境，应采取多元的、发展的治理方式，释放科技的创新发展潜力，造福人类。第三，为了实现元宇宙的合法、合规和主动数据安全，值得信赖的人工智能技术是成功的关键因素。

同时，虚拟数字人及其身份识别、虚拟财产及其产权流动、元宇宙中各主体的权利、义务和责任与现实中的诸多规则存在一定的冲突，主要表现在以下几个方面。

（1）数据在全智能环境中的伦理意义。在元宇宙中，对人类行为和生物识别数据的收集和分析将是其运作的基础。而由于现有的关于个人信息和个人数据保护的法律和伦理规范远不能应对这一新的趋势，因此有必要从一开始就确保通过 VR 头盔、AR 眼镜或虚拟界面获得的数据及其使用是安全和有益的，而且从技术和监管的角度来看也是符合伦理和法律的。

（2）知觉和体验的错觉在深度数字环境中构成了生物和神经伦理的挑战。如果元宇宙将引领深度数字的未来，那么技术开发者如果不深入研究人类在虚拟环境中的思维或大脑的可塑性，不深入研究虚拟行为对人类行为和身份的操纵，不深入研究虚拟沉浸和化身对人类认知和心理的长期影响，就无法划定物理和认知安全边界；否则，在缺乏道德规范和法律约束的情况下，一些元数据产业的发展就等同于人体实验。

（3）虚拟与现实之间界限的混淆和消解所带来的事实伪造和意识操纵将会对社会认知伦理和精神伦理层面产生颠覆性影响。应该认识到，随着虚拟和增强现实技术的日益逼真，再加上人工智能造假和脑机接口技术的采用，如果不防止这些强大的技术被滥用，元宇宙就无法发展下去。例如，它们很容易被用来混淆伪造的事实和真实的事实，甚至可以被用来伪造特定事件和历史的虚假集体记忆，从而干扰人们的社会认知，操纵人们的意识和思想。可以预见的是，反智主义和元气大伤形成的舆论两极化、信息茧房等认知偏差将变得更加顽固和难以打破。

（4）元宇宙的发展使人们重新关注虚拟社会生活中的虚拟伦理问题。这些问题既包括现有问题的延伸，如虚拟身份和自我身份、虚拟互动和虚拟社区伦理、游戏伦理，也包括全新的领域，如化身、数字双胞胎、数字角色、虚拟数字人和数字资产权利（如NFT）。然而，未来需要评估的是，这样具有象征和想象意义的事物的价值，以及虚拟与现实在价值上的互惠性和可交换性，能否被广大消费者所接受。

3. 算法在元宇宙中解决社会失序问题

元宇宙在激发个人和社会活力方面可以发挥巨大作用，但也会给社会带来深远的结构性影响，涉及社会安全、政治安全、经济安全等重大问题，如果任其自由发展，可能滋生失控和异化的风险。元宇宙治理的当务之急不仅包括外部性、道德风险和逆向选择等问题，核心在于通过计算和监管来维护元宇宙的秩序和可持续发展。推动元宇宙治理和秩序的本质不是传统意义上的法律，而是虚拟世界的算法——处理特定任务的程序化解决方案。

然而，算法从来都不是客观和中立的，通常由谁来制定算法，遵循什么样的规则，以及如何实施，都反映了设计者的价值选择和社会分配的公正问题。在这方面，算法就是规则，而规则就是统治，算法已经成为社会变革的关键驱动力，成为人工智能时代新秩序的塑造者。

在思考元宇宙伦理风险问题时，算法问题是人工智能工程师们最棘手的。然而在国内众多涉及元宇宙伦理的议题之中，与算法相关的研究则少之又少，而事实上在全球的前沿人工智能的跨学科研究中，越来越多的学者都在关注算法的作用，讨论代码与法律之间的关系，并开始担忧算法会不会动摇关于现有人类社会法律的基本框架与概念，尤其是在公共领域中使用的伦理和风险问题。与此同时，伴随着区块链等技术的兴起，科技乌托邦的理念又再度兴起，来自硅谷和中关村的科技精英们又开始讨论"代码让世界更加美好"的概念。

随着人工智能的发展，虽然智能时代的算法衍生出来的数字化世界会给现实的经济和社会带来巨大的福利和便利，但是科技崛起之后也需要必要的监管。机器算法在促进生产力的发展和财富累积的同时，也存在着明显的伦理、法律和制度性问题，下面将基于"算法规制（Algorithm Regulation）"的概念来理解算法的特点、重要性以及所带来的道德与伦理风险。

首先，要理解算法规制的定义范畴，需要清楚算法的定义，按照塔尔顿·吉莱斯皮（Tarleton Gillespie）的概念，广义上算法可以理解为"基于特定的计算将输入数据转换为所需输出的编码程序"。这个概念里强调的是数据输入输出可以由人类或者机器来执行，同时算法可以由人创造或者机器创造，或者机器运行过程中自我修改而生成。而算法规制这一概念广为人知是由硅谷企业家奥莱利（O'Reilly）在2013年提出的，后来的学者们也在不断地完善这个概念。

简而言之，算法规制是一种以算法决策为手段的规制治理体系，而算法决策指的是通过算法生成指示系统来做决策，可以理解为算法治理的工具。而算法治理，则是数字化治理的重要手段和方式，也是建立数字化治理体系的基础措施。

按照英国伯明翰大学法学院和计算机学院的教授凯伦·杨（Karen Yeung）的定义，算法规制是指通过算法来规制某个领域的决策系统，通过从受规制环境相关的动态组件中实时产生和收集数据，通过知识的计算生成以及智能化的应用实现三个方面的目标：第一，管控特定应用的风险；第二，改变用户群体的行为；第三，实现自动优化的操作，来推动系统预定目标的形成。

事实上，算法规制在数字经济领域无处不在，例如，类似"今日头条"这样的新闻应用会通过推荐算法来监管用户的发布和浏览行为，或者"抖音"这样的短视频平台会通过算法决策系统来实现内容的发布和流量的管理。可以认为算法规制体现了一种风险管理的技术机制，这种机制的覆盖范畴从使用应用的个体到某个平台的所有群体，其作用就是在设定特定目标下利用算法系统指导和影响这些群体。

可以看到，算法规制的模式是一种基于"设计"思想的控制模式，从治理层面来说，算法规制可以看作一种协调数字生态中特定活动的社会秩序的输出形式。正因为如此，算法规制在学术界被认为是一把双刃剑。一方面，算法规制能够做出精准的行为预测，可以为管理者提供非常好的循环干预机制：对于公共行为主体来说，可以通过对大数据的应用来解决社会治理问题；对于私人主体来说可以借助数据来提供个性化和定制化的服务。另一方面，算法规制存在着诸如黑箱问题、利益和风险不对称等问题，而且由于算法技术发展的超前性，新科技的创造者具备不对称的信息和技术优势，能够按照自身利益的需求来塑造在平台上的算法规制逻辑和社会系统，这带来了监管的不确定性。

这里需要提到的是女性政治理论家艾丽斯·M.扬提出的结构不正义理论，她认为社会进程使得人们系统性地受到被支配或者被剥夺其发展和行使才能的威胁，同时，这些社会进程使得另一群人能够支配他人或者拥有广泛的机会来发展和行使他们的权力。这个理论提供了理解算法规制的重要视角，就是为了避免这样的结构性不正义的出现，需要转向社会关联责任模式。人们之所以要承担这样的责任，是因为每个个体的行为都促成了这样不正义的结果。换言之，并不是追溯某个个体或者团体的回顾性责任，而是通过主动减少、修正以及预防的方式来承担这样的前瞻性责任。由于这种责任是通过社会结构和进程存在于人们的关联之中，它具备了共享性的特质，人们通过集体行为承担了社会责任。通过这样的方式在算法规制中去体现，可以让人们能够对算法规制的意义和价值得到更深刻的思考。

事实上，这其中涉及了如何理解科技的本质。如果仅仅从创新视角去理解，则很容易关注到科技变革带来的规制行为的滞后性，从而对科技的发展产生疑虑。如果从社会属性来理解技术，则打开了新的视角。科技的发展（包括算法的发展）不是无水之源、无根之木，它是社会发展过程中产生的技术组合，因此科技的演化就会和社会结构以及相应的监管系统产生耦合，从而适应社会的发展。

从某个角度来说，过去数十年中国的数字经济发展有赖于数字化技术与中国的创新社会环境之间的"共生关系"，创新的技术与社会的环境相互影响并动态交互，伴随着时间推移和演化实现了共同发展。换言之，算法规制是一种算法监管的技术，也是一种社会现象，构建了一套"共生系统"，从而实现了复杂的社会与技术之间的管理。这种管理机制拥有以下特点。

（1）算法规制是通过高速的分布式信息处理机制进行机器学习实现的，这其中比较典型的包括分类系统、推荐系统等。通过这类人工智能的算法可以实现大规模的社会治理机制的落地，所面向的数据集也往往是大型非结构化数据集，且在这个过程中算法会持续地更迭从而带来不确定的效果。由于这样的机制非常依赖数据，因此诸如 GDPR 的数据治理和保护的机制就会出现，成为决定算法规制等机制发展的重要文件。

（2）算法规制通过大型自动化技术系统实现落地，由于其提供的复杂算法系统正在渗入社会生活的各个方面，因此关于它的研究往往涉及跨学科的研究工作。无论是经济学界所提到的"监视资本主义"还是法律界提到的"机器人自主权"的问题，或者是机器伦理的问题等，都体现了这一问题的复杂性。目前学术界和产业界虽然对算法的规制和管理的重要性达成了共识，但是在具体应对不同问题上则还是众说纷纭，这对现有的数字经济的治理体制带来的非常大的挑战。

（3）算法规制需要相应的风险控制机制来应对，以避免产生类似算法系统偏见即算法歧视等问题，不同的偏见和算法歧视已经成为数字化政策领域研究的热点问题。无论是在算法决策过程中的算法决策机制存在的偏见，还是其训练的数据集本身所存在的偏见，都会带来机制的不公和对个体的损害。除此之外，算法的模拟行为也需要控制一定的限度，如果过度使用算法来仿照人类的行为模式和外观，就会引发欺骗或者其他的社会道德问题。

基于以上的思考，可以将算法规制理解为一种风险管理系统，这个系统是对于算法决策过程中可能会引发的技术与社会的嵌入和耦合后的风险的管理。那么，在讨论算法对决策影响时，真正关注的是什么呢？

4. 从法学角度看算法决策系统对规制行为的影响

（1）对于决策程序自身的风险担忧，主要集中于对决策责任对象的担忧。由于机器学习的算法过程中生成的逻辑基础有部分是人类完全无法实施有意义的监督和干预的，且机器能够在短时间内处理成千上万参数的变化，因此人类在算法运行过程中丧失了信息的优势，且对于结果的不可预料性也无法进行控制，因此如何在决策过程中加入更多的人类监管因素非常重要，本书所讨论的"负责任的人工智能"就是基于这个视角去讨论的。如果机器无法承担责任，而与此同时算法的决策剥夺了受影响力个体表达和反驳的权利，就会剥夺某些个体的"陈情权"等基本权利，导致不正义的出现。欧盟提出科技的治理必须是一项可以执行的权力，其基础出发点就在于必须在这个过程中体现公平和正义的可执行性，而不是算法自动化的集成。

（2）对于决策程序所导致结果的风险担忧，即对算法系统的安全可靠性的质疑。比如无人驾驶等算法决策系统带来的巨大风险，以及内容推荐系统带来的偏误。除此之外，算法决策所产生的不公和歧视也可以理解为结果的偏见和不准确，也是引发人们对算法决策系统担忧的重要体现。

（3）对算法决策系统带来的个性化服务的风险担忧。国外的电商平台亚马逊推出的商品算法的推荐引擎以及社交平台 Facebook 所使用的动态消息机制都属于这类个性化服务的代表。这样的服务通常是免费的，通过对大量用户行为信息的持续追踪，对其中的信息进行分类和提炼，为用户打上不同的标签，从而实现所谓"个性化服务"。这类个性化服务通常意义上并非真实的用户兴趣和爱好，而是基于算法所推断出来的兴趣和爱好。换句话说，它们优化的是商业系统的商业利益的结果，而不是用户自身的兴趣，没有去保障用户受到误导以后的行为偏差，也很难保障用户的长期利益。

最后再补充关于算法偏见的分析，在算法规制的所有对象中，算法的偏见是最具备典型性的，实际上这个概念从 20 世纪 90 年代就有了相关的讨论。在这个过程中，人们主要关注在没有人类介入的情况下处理和分析输入数据的机器，以及机器通过数据处理和分析得到的正面和负面的结构。换句话说，算法偏见关注的是非人类行为在应用算法时可能存在的偏见。正因为如此，以深度学习为代表的人工智能算法才会引发研究者的疑虑，而且这个过程中人类的参与程度会越来越低，因此人们很难对算法产生的负面结果的道德责任负责。当然，人工智能系统及算法并不能全然独立于人类，因为它们的运算背后必须有人的参与和输入，抽离于特定场景的算法毫无意义。由于人的道德是主观性的，关注的是个人的道德责任，而算法偏见则是客观性的，存在一定的道德缺口，这就是这类问题难解的原因。关于这类问题的解决，会涉及诸如"分布式责任"等新的范式的研究，限于篇幅在这不做详细阐述，这里只是强调算法偏见为代表的问题的出现，需要通过一定的算法规制来解决。

以上就是对 Web 3.0 下的元宇宙算法规制与决策伦理必要性，以及算法决策所带来的道德问题的讨论。关于这类议题可以讨论的还有很多，例如，如何通过算法设计将法律要素放在元宇宙系统中进行讨论，如何体现算法中"科技为善"的伦理原则以及如何理解分布式道德责任的应用范式等。人类需要推动治理和规范算法偏见，使得算法遵循包括授权同意原则、透明原则、问责和补偿原则、人类价值和尊严优先原则在内的规制。此外，应在算法开发者、申请者、销售者、传播者、管理者之间建立沟通桥梁和控制机制，尽量减少算法伤害和算法偏见，形成公平、公正的 Web 3.0 虚拟空间秩序。

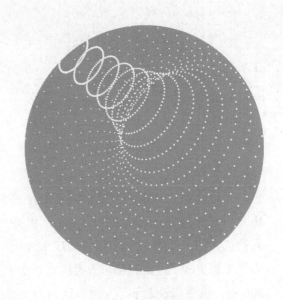

第 7 章
从碳基生态到硅基空间：元宇宙的"脱域"融合

无论于盘古开辟鸿蒙之际，还是上帝创世之时，在宇宙的尺度下，人类历史不过弹指一挥间。宇宙的存在已有137亿年，地球的存在也有46亿年。人类从古猿人开始至今只有300万～500万年，现代人则始于10万年前，而人类文明史却不过1万年，人类的文字史不过6千年，人类的工业科技史不过300年。纵观相较之下，人类自认为的漫长历史似乎只是宇宙浩瀚之旅中的沧海一粟，而时至今日轰轰烈烈提出的元宇宙也只不过是人类在浩瀚宇宙中又开启新旅程的序幕。元宇宙搭载的集群化信息技术，都将是人类科技文明高精尖发展的极致化产物，这必将刷新人对生命的再认知、对物理世界的再利用、对自身与自然关系的再理解。但有关生命存在的真谛、生态系统的循环、万物能量的再造等与人类生存发展休戚与共且又不可逾越的终极议题，却并未因这些工具技术领域的长足突破而取得令人信服或相对完美的答案。相反，越是这些工具技术领域取得卓越成就之时，越是使这些终极议题变得更为突出、复杂并直抵何以"人之为人"的存在与价值的灵魂拷问。

特别是随着硅基材料应用的不断深入、硅基空间的日益成熟、硅基生命存在的现实性增大，很可能颠覆人类作为生命最高主宰者的自信认知，甚至很可能在硅基空间中诞生属于硅基世界自身所特有的硅基文明，而硅基文明也很有可能与碳基文明相比肩。这些"很可能"又都在以硅基制造为主要载体的元宇宙中得到加速实现的节奏。

宇宙磅礴之伟力，就在于蕴含着生命创造与进化的无限奇迹，即便概率为0的事情，只要时间足够长，也依然会发生。所以，更不能轻意否定硅基物质演变为生命的存在与实现的可能，更何况正是在碳基人类不懈努力下才出现的元宇宙，不仅对硅基元素依赖度极高、友好度极强，而且已然成为典型的硅基空间之所在，这似乎更没有理由认为生命的展现形式只能是"碳基"

一种可能。也许很久之后的将来,"硅基生命"甚至会参与到地球"优胜劣汰"的自然法则中,那时究竟硅基生命是作为碳基生命的"补强"还是"替代",这对于当下的人类社会而言还是无法准确测定的。在中国著名科幻作家刘慈欣的《乡村教师》中,也曾提到过宇宙中硅基生命和碳基生命的竞争,或许,碳基和硅基将是构筑未来世界的两大基石。

因此,需要以探索式的关切、包容化的心态、前瞻性的视野,尝试接纳自然物理世界与元宇宙虚拟世界都可以是宇宙生命繁衍的场域这一颠覆性的认知,关键是自处于其中的人类该如何直面从碳基生态向硅基空间更替中的文明蜕变,并如何回应相关治理理念、系统、机制等方面的鼎革之变。

7.1 硅基空间——"欲望之城"与科技井喷的共振

众所周知,地球上已知的所有生物都是以碳原子为核心的有机物构成的生命体,包括人类在内也都是以碳和水为基础。由于碳原子有四个自由电子,其失去电子的能力("还原性")和得到电子的能力("氧化性")相当,所以能够形成复杂多样的高分子有机物,如DNA分子,这就为生命的形成提供了物质基础,并为自然选择提供了可能。这是宇宙的法则也是大自然的规律,这让作为碳基生命宠儿的人类,通过占据尽可能多的碳基空间,挖掘一切可能的碳基资源来释放碳基生态最大程度的能量,不仅拥有碳水食物,滋养人畜生长、万物生生不息,而且利用碳基燃料,驱动机械运动,推动世界向前发展,从而主导了碳基文明的极盛辉煌。由此,便奠定了人类才是生命集群链条上最高主宰者的自知与自信。

但是,当人工智能、数字网络、虚拟现实、区块链、生物技术等多领域的科技浪潮澎湃涌进时,人类社会发展便进入了以化石能源为代表的碳基时代向以新能源、新材料为代表的硅基时代的转型升级,人类社会组织也将开启以元宇宙的虚实两界交融、硅碳能源交错而构筑的全新升维形式。而缔造元宇宙的信息技术其设备端基本都是由硅基集成电路组成,从以硅为主要半导体元件的计算机到其他硅基芯片的复杂化衍生产品,已经形成了基于硅基电子部件、硅基制造链等环环相扣的硅基空间发展,在大数据、人工智能、建模算法的强力加持之下,不仅硅基生命的诞生有了极大突破的可能,而且硅基物质体也将会是元宇宙最为典型的"原住民"载体。可见,元宇宙的提出不仅带来资本市场的蠢蠢欲动,而且还将带来进一步深度开发硅基能源与挖掘应用硅基空间的跃跃欲试。

7.1.1 "欲望之城"的扩围将跨越碳基空间的边界

1. 人类"欲望之城"存续与外扩的必然

一切动物最基本的欲望就是生存与存在,但作为碳基生命食物链顶端的人类,因其自身的主观能动性在获得对自然规律认识、适应的基础上又会对自然物改造与创新,于是人类不仅懂得如何对自然界物尽其用,而且深谙发明何种技术才能更好地满足自身的欲望。恰恰是人类自身欲望的驱使成为社会进化发展的本源动力,整个人类社会的成长史在某种意义上就是人类自身所构建的"欲望之城",而所谓"躺平人生"只是个体偶发现象或短暂歇息,作为整体的人类也就是大写的"人",从来不会停止自我欲望的激发与满足,哪怕已经成为物理世界的主宰,也要继续探索与体验异度空间的神奇。元宇宙的来临就是"欲望之城"的投影,硅基空间的形成就是"欲望之城"的扩围。

按照马斯洛的需求层次理论,人类欲望被概括为五级需求,从基础满足向更高追求依次扩展为:生理需要、安全需要、社会需要、尊重需要、自我实现。由此,可以获得两个基本结论:

第一,人类欲望产生和发展的一般规律,是由低级需要向高级需要得以部分或全部实现的发展过程,即古语所云"饱暖思淫欲",这里的"饱暖"即食饱、衣暖的生存之需得以满足,"淫欲"则是在饱暖之后而生的更多欲望乃至贪婪。而人的欲望不仅是人内在价值和内在潜能的侧面反映,还需要人有目的性和创造性的行为过程及行为结果予以直接表达,这正是人不同于动物本能的内在力量。所以,人的欲望产生与变化在某种程度上是符合人类发展的一般规律,当然,贪婪则是人类欲望达到极端的异化。就这一层面而言,"欲望之城"有其存在的充分合理性,人类欲望也并非"贬义",尺度拿捏适当则激发人类深层次的潜能与无限的可能。

第二,人类欲望的属性特征是无穷大,即因需求的归类存在重叠性,满足标准和程度具有模糊性而致,如尊重的需求本身就是一种自我实现的表达,而自我实现也可以是生理需要的满足或提高。对于一个先天肢体残疾的人而言,如若实现常人一般的奔跑自由甚至享受跳舞的愉悦、展现健康身姿的美感也许就是最高的自我实现,这便使得各种需要本身的范围以及满足的程度存在无穷大的可能,这种无穷大不特指"量"上的增加,而是指无限的可能性。

可见,人类欲望是人类社会发展进步既无法回避的内在规律,又需要解析与回应的现实问题,而这其中,最核心的就是资源的供给。

资源的属性特征与人类欲望相比较,若"无穷"是人类欲望的关键词,则"稀缺"就是资源的关键词。资源的稀缺性,既可能来自于资源的总需求超过总供给的绝对性稀缺,比如石油及稀有金属,也可以指资源的总供给本来能够满足总需求但分布不均衡而造成局部需求无法良好实现的相对性稀缺。正因为如此,资源配置的不断改良和科技发明的持续更新才会始终伴随人类社会的发展。其中,前者所要回应的是如何最大程度地实现合理与公平的分配,后者应对的是如何最大程度满足效率与效益的统一,并希冀从中获得对欲望无穷与资源稀缺这对矛盾的化解之道。

2. 跨越碳基边界的欲望升级与扩围

当下正是井喷式的信息科技成为人类"欲望之城"强有力的发展主轴,人类智慧与科学成果、欲望需求与技术效能之间不断实现着最大程度的互动转化,也正是在人的需求和技术进步的共谋之下,"欲望之城"的升级不仅跨越碳基资源的空间边界,而且追求虚实共生的极致效果,于是元宇宙就成为承载"欲望之城"扩围的最好选择。因为奠定元宇宙的信息技术其所有框架底座基本都与硅基材料制造或硅基能源应用有关,在一定意义上可以说元宇宙就是一个硅基空间,具有硅基元素复合化应用所呈现效果的集合性特征,在这里人类生命的载体不再限于自然身体而可以外扩到硅基状态下的技术身体、媒介身体,作为功能性的身体改造与神经网络的疏通正在不断变为现实,人与科技的耦合日趋紧密甚至可以融为一体。

(1)从物质享受到精神奢华的升级。

人类欲望得以实现从而获得的满足感是不同的,大体可以分为两大类:物质——实体需求,精神——虚拟需求。很明显,作为有灵魂价值追求的人类,其欲望的起点肯定是物质——实体需求的满足,但事实上这在人类无穷欲望中所占的比重并不大,人类并不会止步于此,因为精神——虚拟需求的实现往往才是人类的终极欲望,而这在人类欲望中占有极大份额。中国古语所说的"欲壑难填",指的正是对人的精神世界以及心理的虚拟欲求难以得到完整满足的状态。在人类社会发展的大多数时期，充分满足所有人的物质——实体需求的资源供给本就捉襟见肘，再加上精神——虚拟需求的实现，则使得人类欲望与资源稀缺之间的矛盾更为突出。因为人类会通过消耗翻倍量的物质化资源来达到精神——虚拟需求的满足，这一点似乎很少被人质疑，人们更关注的是这种资源的翻倍付出究竟是如何实现相对公平分配的、如何持续开发或生产更多的资源以扩大人们支配欲望的自由空间，由此社会总体的精神——虚拟需求就如同滚雪球一般不断膨胀。有人说这是人类的贪婪，也有人说这是人类自由意识起飞的基点。事实上，欲望与理想本就是一个事物的两面。对于人类而言，若只是满足于物质喂养层面的实体化需求，一样面临被物质"异化"的悲剧，而精神世界的虚拟化向往却很可能是带动人类飞跃的助推器。

就像元宇宙，最初是以科幻文学的想象示人，之后多以网络游戏的形式出现，现在又面临存在"致隐性"的质疑，由此有人对元宇宙嗤之以鼻。但事实上，正是由于人类的不断创想，科技才在持续进步，元宇宙也由最初的纯粹幻想逐渐走向与现实物理世界的平行发展甚至交融与共。不仅如此，元宇宙的最大优势就在于，能够有效平衡社会成员总体日益增强的精神——虚拟需求的满足，以各种信息科技的集群化应用为背景，虽然所提供的各种酷炫"吸睛"的场景都是虚拟的，但这恰好贴切地满足了人类无穷欲望中的精神——虚拟需求，并能持续释放人类社会集体心理的内在压抑，而这些都要归功于硅基资源的能量发挥与硅基空间的联动效能。所以说，以元宇宙为载体的硅基空间将人类的欲望之城从最初的物质满足与享受有力地推向了以虚拟世界呈现的精神想象的奢华满足。

（2）从自然选择到自我选择的扩围。

在元宇宙中，作为硅基物质体最典型的就是人工智能，甚至有人将其称为"硅基生命"。虽然这备受争议甚至遭到驳斥，但作为一种与碳基生命相区别尤其是与自然人类相较，也不失为一种很形象的比拟化称谓。况且，"硅基生命"指称也并非是如自然人类一样的完整人形与意识主体，"硅基生命"也可以代指对人类身体局部或全部功能的补充、加强及衍生的比拟，如配备硅基芯片的假肢、手机、电子穿戴设备等。这不仅可以对身有缺憾的人类主体进行肌体功能的弥补——硅基肢体让其健步如飞，而且可以对并无先天缺陷的人类进行整个生理功能的加强，如用手机实现即时隔空对话与对视甚至借助导航规划最佳道路，还可以让人拥有跨越时空穿梭于异度空间体验的衍生品，如电子穿戴设备以数据传输、多模感知系统实现虚拟场景的现实化宛若人处千里之外。可见,"硅基生命"这一称谓,一是特指一些物质的功能性组成及效果释放是以硅元素为主;二是指这些硅基物质体可以使碳基生命体获得类似千里眼、顺风耳、筋斗云一样的"重换新生"扩展,使人如突围了物质空间局域的限制。由此,在硅基空间的视角下,人类面对的不再仅仅是自然选择的结果,也可以进行自主选择的超越,可以将在碳基世界中的人生角色的不尽如人意,投入到元宇宙世界中硅基空间下的重新扮演以达到内心价值认同的平衡,还可以将硅基空间中的物质存在嫁接于现实世界中个体的不完美甚至缺陷之上以求最大程度地提升或补漏。总之,元宇宙的硅基空间可以极大地改善人类欲望满足从以自然选择为主扩围到人的自主选择为优的升级,实现了人类自由选择的更多空间与存在。

7.1.2 硅基空间的崛起驱策元宇宙的超越与赋智

在当前社会发展创新机制中所谈及的元宇宙,已远不是科幻的概念或者游戏的代称,而是人类进入知识型社会后对信息科技迭代性创新与集群化应用的极致表达。在此,元宇宙就是要将科技理性的单点智能揉和为科技人文的全局智慧的载体,这一载体不仅是对人类历经多次科技革命所取得的技术成果的检验,也是催生人类智慧与文明继续飞跃更高方向的动力,更是考验人类对于多种能源要素探索利用的能力。所以,元宇宙寄托着人类社会希冀达成数字孪生的平行乃至虚实共生的融合这一高阶版发展目标的宏愿。而这一宏愿的达成有赖于以硅基元素为基础的资源开发与应用,因为信息科技时代能够驱动世界进步的核心动力——能源与计算的,正是"硅"。由此,人类社会迎来碳基生态与硅基空间的并存。

1. 硅基空间的崛起——硅碳交接的社会形态新纪元

毋庸置疑,为解决关乎人类可持续发展问题,发掘与依靠新能源技术、新材料技术就显得极为重要。于是,在第四次工业革命中,以新能源、新材料为代表的硅基能源则由过去的"微不足道"变为如今的"举足轻重",尤其是在信息科技井喷式发展势头下,对整个信息科技产业起重要支撑作用的半导体材料中有98%是硅,可以说,信息科技的时代就是硅基空间的时代,元宇宙的世界就是硅基空间的世界。在硅基空间中,能源和计算合为一体,硅基能源、驱动万物计算，推动世界向前；硅基计算，赋予万物灵魂，推动所有物质共同进化，甚至成为人工智能的"灵魂"所在。由此，硅基空间为硅基生命的出现提供更多奇迹，为生命的形式与意义带来更多可能。

传统意义上或标准物理意义上的空间，其存在的根本就是基于生物体的感知而言。就如在碳基空间中，所有碳基生物的身体与碳基生态所构筑的环境之间紧密互动、彼此关联，才有了碳基生物对碳基生态的需求意识与感知反馈，碳基空间的存在才有意义与价值，碳基生物才能以碳基生态为资源依赖、以碳基空间为生存边界，并最终转换成作为碳基生物最高级的人的规则底线与依据。简而言之，以人类为典型的碳基生物体的存在是碳基空间不能抽离、不可或缺的关键部分，碳基空间的核心就是人类的存在与感知升华而来的碳基文明，这也是自然物理世界的核心。

随着信息网络与数字科技的发明应用，一种不以人类身体感知为依托的新型空间出现了。由此，这种空间的第一个特征属性就是虚拟，它的存在与实际的生物体及其感知状况之间并无直接的关联，它具有极低的能量和物质消耗的存在与发展优势，相对于以碳基生态为生存发展空间的碳基人类而言，它就是一个虚拟空间。于是，这种空间的第二个特征属性就是计算，这个空间的运转实质上是一组组的比特组成的对现实物理空间的算法模拟，强大的运算能力使得这个空间具有显而易见且无所不在的高效率、精准化、即时性等智能特性。最为关键的是，这种空间的第三个特征属性就是共享，由于这种空间具有虚拟性特征，所以能够极易被无限多的人在同一时间内共同占有、使用，不同的人可以任意实现即时性、同频化的各种人际互联、社交往来，具备超强互联的"超公共性"优势。而这一优势的特性，是必须与碳基生物体紧密相联的碳基空间难以比拟的。

在当前社会生产力发展水平之下，能够同时具备上述虚拟的无限、计算的智能、共享的便利这三大基本特性的正是"硅基空间"。硅基空间并不依赖实体物的存在与感知反馈，以硅基元素为主的半导体资源、硅基应用的硅化合物制造是硅基空间的关键物质基础，同时，基于硅基能量的驱动，比特的"算力"价值与区块链的分布式记账及共识算法，共同实现了硅基空间运转的协作高效精准、信任成本降低，映射于碳基物理世界的就是分配机制实现透明公平、信息所取达到对称共享、社会运转科学有序。这既是从碳基文明到硅基文明进化的一个风向标，是人类"欲望之城"的组织形态已然迎来一个硅碳交接的时代新纪元,又是硅基空间崛起的现实呈现与对未来发展的趋势指引。

尽管在时间上,硅基空间的网际诞生远没有碳基空间存在的年代久远,但从现实能量的发挥效果来看,其因具备跨时空、耗能低、效能高、共享强等基本优势,就已在与碳基空间进行在资源组织和社会组织等新型权力领域中竞争处于所向披靡、无往不胜的上风。也许,即将到来或者已然到来的硅基空间与碳基空间的交接也罢、竞争也好,在浩瀚宇宙的运转轨迹中只是沧海一粟而已,但是硅碳共生的新纪元确实将推动人类社会发展走向类似摩尔定律的指数级增长和积木效应的叠加式创新。硅基文明的诞生不仅丰富了人类文明的扩围空间,而且有效助产了元宇宙文明的快速成形,由此将人类走向自由发展的全面化目标更拉近了一步。

2. 硅基文明的孕育——元宇宙是追求极致而非极端

科技进化犹如湍急的暗流,也许会因绝对的"技术崇拜"而将人推向主体的异化、物的至上这一发展歧途,这对于希冀通过科技进步而取得人类社会的飞跃而言,无异于将人类文明发展带入绝境。因此,作为信息科技应用极致的元宇宙若想赢得更为有利的先机,首先必须有力占据崛起中的硅基空间,而且必须善用硅基能源与硅基智能,由此打造以元宇宙为表达形态的人类超级文明。因为,元宇宙所追求的是走向一切文明的极致,而不是对一切资源宰制的极端,体现人本需求超越化发展的人文价值是元宇宙的终极目标。因此,善用硅基空间最底层的表现就是以元宇宙的终极价值追求去挖掘、激发硅基文明的孕育之道,让硅基空间的资源更好地发挥并体现对元宇宙人文价值终极关怀的效能。

就技术主义的视角,硅基空间的崛起与人类历史上已有发明创新的工具利用并无二致,无非是人类发挥主观能动性改造世界能力的再一次有效验证。

但是,若以人文价值的视域去审度硅基空间的文明意义,就会发现硅基空间具备对既有碳基世界的社会组织形态与秩序构建逻辑的冲击与变革,并依据硅基空间的运转底座孕育着一种新型文明。

一种文明的存在,至少有三重范式的组织构架:一是为文明产生与存续奠定实体化的资源组织构架;二是承载着不断推动文明发展与进步的物质与精神欲求的社会组织构架;三是汇聚并标志着文明价值内涵与意义符号的文化组织构架。这三重范式分别是从物质基础、人文承载、意义寄托等层面予以搭建文明的存在。而对于硅基文明的存在与否、良莠如何，也可从这三重范式得到印证。

首先，基于科技创新高速递进的趋势，硅基空间作为文明组织构架的地位日益显著。在文明生成所需的资源组织构架与社会组织构架层面上，都呈现出硅基空间侵入与渗透于碳基空间的迅猛速度与深刻程度。以硅基材料与硅基能源构成并驱动的计算机、移动互联终端、大数据、云计算、人工智能、区块链、智能穿戴设备、延展现实技术等已极大程度地控制了人类社会的物质生产、资源分配、价值确认、信息流通等全过程，最直观的表现就是虚拟在线的人际交往与互动于数量增长、频率密度、体验友好等资源使用与社交效果方面早已大比例、高标准地超过线下的面对面沟通。在今时今日人们生活逻辑已习惯于智能化的当下，若将硅基空间从中抽离，也将导致人类现代文明无法再正常运行与维系。可见，硅基空间已然深度嵌入人类现有文明进步所依托的"资源"与"社会"这两个文明基础构架中。

其次，文明存在的范式中必须具有意义世界的构架，即文化的组织层面，若缺失，硅基空间的文明形态就并非实际存在。在硅基空间中，基于其自身优势属性所具有的符号化表达就是虚拟的无限、计算的智慧、共享的即时，这些符号化属性将会续写乃至提升原本在碳基空间中只能作为单纯想象的象征性意义。

虚拟的无限，其所构筑的意义世界就是"未来"，一旦被想象出来即为实现了"未来"。在碳基空间下每一次人类未来梦想的酝酿与实现，都要付出漫长的时间积累与高昂的实体成本，而这一物理局限在硅基空间中，基本不需要耗费时间成本和物质成本，这便是虚拟特性作为硅基空间文化意蕴的体现，即对未来的某种构想在硅基空间中通常是通过数据传输网络、信息处理机制、智能呈现系统便得以实现，硅基空间的文化组织构架回应着人类欲望因受碳基条件限制而不能完满达成或延迟满足的困扰。

计算的智慧，所释放的是硅基空间具有的"自主性计算"的优势价值，带来的是对世界认知和行动的高效率、科学化、精准性的提升性意义，从而优胜于所有非理性崇拜或绝对经验主义的盲从、低效，从而展现出一种远超人类个体头脑思维能力的强大"硅基智慧"。

共享的即时，则是硅基空间天然具有的碳基空间所无法比拟的"超公共性"优势，这一优势的文化意义就在于能够以更为对称、同步的信息传播与共享，获得对作为社会共同体所有成员的规范指引与行为评价，从而保证作为某种文明共同体成员能以统一、和谐的状态维系其所在空间社会的秩序化运行。特别是硅基空间中的信息密度处于超级海量状态，再由其超级计算优势的加持，将使这些超级信息更富有跨时空性、可选择性、可切换性的特点，这不仅远胜于碳基物理空间中通过人类自身所传达的信息密度，而且显著提升了人类在信息资源掌控与利用方面的自由，更是扩大了人类选择的自由空间与无限可能，最终激发人类走向更高级的自我解放。

综上所述，硅基空间的产生与硅基文明的诞生就是人类欲望与科技井喷的共振，既是人类欲望之城的不断探索与扩围之使然，也是现代科技发展迭代升级的产物，更是人类元宇宙梦想得以付诸实践的资源提供、组织构架、文化生成的依托。硅基空间的效能与硅基文明的意义势必会对碳基生态下的生命体与物理循环带来冲击，但也正因此才能更好地促进并缔造人类社会进步及自身文明发展的完整性、多样性、海纳性，最终达到人类自我的真正解放与自由。

7.2 数字交往——碳基生态与硅基空间的共生

"从迄今为止的历史来看，人类已经经历了自然生存与技术生存两种生存方式，形成了自然主义与技术主义两种不同的文化。而人类的未来将从技术生存转向艺术生存。"[①] 当前，如火如荼的信息科技革命所带来的社会生活聚变正是对此最好的印证，尤其是元宇宙的提出，更是将自然生存与技术生存交融汇聚为一种人类发展的更高形态——碳基生态与硅基空间的共生模式，而这也正是元宇宙的本质之一，即将碳基空间中的碳基生命（主要是指人与涌动于硅基空间中的数据代码），通过"横跨"于碳基生态与硅基空间的各种网络技术与工具媒介，将物理现实社会与虚拟数字世界沟通联动起来。也就是说，元宇宙所欲打造的将是一种在人、信息、媒介、社会组织、生态环境之间各自"脱域"但又彼此"融合"的新型共生组织形态。由此，代表碳基文明的自然主义价值与代表硅基文明的技术主义符号也在这一共生模式中获得互动式的良性竞争，并为共同推动人类生活向着更为艺术化的美感体验与形态呈现而发挥着互补共进的应有效能。

---

① 林德宏. 从自然生存到技术生存. 科学技术与辩证法，2001（4）：1.

7.2.1 元宇宙"脱域"融合中的"数字永生"

在社会学领域中,"脱域"这一概念源于英国著名社会学家吉登斯所提出的三大"现代性的极度推动力"理论,该理论是由"脱域""时空分离""知识的反思性运用"三部分内容组成。吉登斯在具体讨论"社会系统脱域"这一问题时,指出所谓"脱域"即是"社会关系从彼此互动的地域性关联中,从通过对不确定的时间的无限穿越而被重构的关联中脱离出来"[1]。这对于描摹与分析元宇宙世界的现实存在与实际运转的各种可能状态而言,极具启发意义。

元宇宙可以被视为平行于物理现实世界的镜像化空间,但它又可以是超越现实物理世界的虚拟性空间,甚至还可以是将虚拟与现实相融的交错型空间。总之,元宇宙应该是以打破时间枷锁、冲破空间藩篱使得诸如信息传递、身份互换、感知互动、情境重置、价值流转等能够在自然物理空间、数字虚拟空间、虚实两界相交空间中达到沟通交流无障碍的一种人类实践活动新常态。而这与吉登斯眼中的"脱域"极为相似,因为"脱域是由时空分离引起的,它意味着社会关系得以超越地域关系和地方性维度,以跨越时间、空间的方式得以重组"[2]。

所以,元宇宙的到来是将人类社会发展推向了一种"脱域"化的组织形态中,人类活动的状态与场域因元宇宙所具有的虚实交错与相融的功能而呈现"虚拟化""身体不在场性"但"意识在场化"的效果;人甚至可以从原有的社会组织关系中"分身出来"而同步再进入其他社会组织或参与新的社会活动关系中。这种"虚拟化""身体不在场性"但"意识在场化"的效果不仅没有使人的主体性地位的存在感缺席,反而使人的活动"空间"与"行动"状态更自由。由此,元宇宙中的"交往"具有浓厚的"脱域"色彩,而这其中则蕴含着硅基能源与技术对碳基人类跨时空、超现实体验的满足与突破,也由此使得碳基生态下的一切生物体尤其是人类生命,将呈现多样性、可延续、能扩围乃至重新设置的"全时化"新生态,也许这就是人类在元宇宙中"数字永生"的一种体现与展示,体现的是人类的存在意义可以时时刻刻地在虚实交融的空间中相互转换、替代,展示的是人类的精神意识内涵将在元宇宙中以各种数据信息的"具象化"形式被永久保存于数字虚拟空间中。

---

[1] 吉登斯. 现代性的后果,田禾,译. 南京:译林出版社,2000:18。
[2] 吉登斯. 现代性与自我认同,赵旭东,等译. 北京:生活·读书·新知三联书店,1998:19。

随着硅基能源与技术的进一步开发与应用，元宇宙的数字虚拟世界将会得到极大完善，人类行动场域也将从二维平面走向三维立体甚至多维交错。依靠日益成熟与完善的半导体材料应用、智能芯片技术等硅基制造的效能，在元宇宙将人类的"精神复刻"或"意识上传"几近可能，作为"数字化身或替身"活在元宇宙中很可能会成为一部分人"重获人生"的二次选择，加之元宇宙具有"脱域"化循环的形态特质，这就使得"数字永生"在元宇宙的发展中具备了技术基础与运行环境。

当然，"数字永生"是否是人对爱的真理性诠释、是否还能捍卫人类生命的尊严、是否是人类灵魂意义的所在？显然，这并非是一个回答"是"与"不是"的简单问题。任何事物的存在都有阴暗与阳光两面，若是人类无法有效控制元宇宙中的数字永生相关技术，则人类现实世界很可能被元宇宙裹挟而滑向如"黑客帝国"般的深渊，但若人类能够驾驭数字永生的技术，不仅能够延长现有寿命，还能复原已逝先人，甚至能将自己本来不那么完美的自然生命通过元宇宙的"永生"模式将其在虚拟世界中重生的高光时刻，但这又势必遭受对"人性"真谛的拷问……

在元宇宙世界中，"数字永生"的是与非，不仅仅是一个技术层面的问题更是一个哲学观的问题，元宇宙只是为此提供了一个场域式的"温床"。当然，也正是因为元宇宙具有"脱域"融合的场景效能，才使人类梦寐以求的虚实同构世界获得实现的可能，才让世间的凡夫俗子有机会真实感知圣人先哲所言的"庄周梦蝶"之意境的神奇美感。

7.2.2 "数字交往"重构人类实践行动新图景

人类的实践行动是随着生产力提高、生产关系优化、生产工具先进而逐步演化为各式各样的具体形态，这其中既有为人类社会直接带来财富价值的劳动力创造，又有作为人类意义世界构建的交往行为的多元化形式表达。也就是说，人类的实践行动是人类社会存在和发展的直接动力，因为人类丰富多彩的实践行动，不仅推动着社会的运转与进步，保证了生命的繁衍与存续，而且表征着人所存在的精神价值与目标追求，正是通过不断地实践行动才创生并实现着人类除了生存之外的一切美好愿景。技术的进步本身就是人类实践行动的指向与结果，就如缔造元宇宙世界的各项高精尖科技一样，它们就是指向人类力图消除社会交往的时间和空间的障碍，从而实现同步时间、异度空间下的"海上生明月,天涯共此时"的实践结果,而无论技术本身如何精进,不变的是人类实践行动的本能及弥散而出的交往需求优化的愿景。正如西班牙哲学家敖德嘉所言,"回顾人类的文明史,人总是在他们所依赖的客观世界之上建立'超世界'的存在。……这正是'人的生存'主题"。①

由此放眼于人类实践行动的广阔图景中会发现,交往行为始终是诠释人的社会意义最直观的实践行动表达。对此,德国当代著名哲学家哈贝马斯就曾指出:"首先,要充分解释社会,就必须把交往行为概念放在首位;其次,在现实世界中,所有成功的行为都取决于达成共识的能力"。②可见,交往行为不仅是准确理解人类社会意义的最首要实践行动,而且还是表述社会主体间是否存在有效交流从而形成可能的意见共鸣或观点互容的共生氛围。

因此,在以搭载互联网络社交、具身沉浸体验、人工智能算法、脑机接口芯片等信息科技集群化效应的元宇宙,必然具备"脱域"的特质,这就决定了元宇宙不应该是一个单向度的虚拟世界,而必须是多维互动的虚实交融、硅碳共存的跨域型社会。在元宇宙这样横越入数据信息—技术媒介—社会组织—生态环境的跨域型社会中,人类实践行动依然是这一跨域场景下的核心。虚拟技术应用、虚拟形态展示是元宇宙的核心特点,但这并不意味着元宇宙场景的虚幻无物,相反,元宇宙作为人类社会组织发展的高阶版,其功能意义就是扩围或创生人类的实践领域,其价值目标就是促进人类的自由全面发展。所以,人类实践行动对于元宇宙意义重大,而这在元宇宙中就是通过"数字交往"予以体现并诠释着元宇宙的文明价值所在。

事实上,"数字交往"并非元宇宙"特产",它是随着信息技术的发展而不断翻新。

第一,最初 PC 端互联网络兴起之时,处于桌面二维空间下的网民成为"人人都有麦克风"的初级数字交往群体,数字交往空间是二维平面的。

第二,在移动终端技术成熟、场景多样、应用普及的推进下,数字交往呈现以下主流趋势。

(1) UGC 为主导的数字交往。即人人都是自媒体的网络参与者,共同组成了以用户生产内容为主的网络社交形态,数字交往是在若干个自媒体互动中完成。

---

① 加塞特.关于技术的思考.高源厚,译.上海:上海交通大学出版社,2008:272—275.
② 芬利森.哈贝马斯—牛津通识读本.邵志军,译.南京:译林出版社,2015:48.

(2)"流量为王"的数字交往。更准确地说是网络数据流量,它反映着一个网络平台的访问人数、次数,这对于悄然席卷全球的数字经济而言无疑是做好的获客渠道,因为庞大的流量会带来庞大的消费群体,在同等成本付出的条件下盈利增成为必然,甚至因为网络经济边际成本的递减,使得流量变现的平台价值剧增,如此形成以流量为主导而赋予网络平台商业价值的数字交往。

(3)网络圈群聚合的数字交往。交往行为除基于血缘、业缘、地缘关系之外,在现代信息科技时代还可以基于"网缘"而形成数字交往关系,即网络中因兴趣爱好、道德认知、情感需求以及价值认同等相近或相似的网络个体聚合而成的圈子,尽管这个圈子中的主体以一定的个体偏好为纽带但依然保持彼此的个性化、群体无意识化的社群心理特征。

第三,人工智能与区块链勃兴之际的数字交往。一方面,硅基空间中以代码为"公式"和数据"材料"的算法已经广泛应用于现实碳基社会的各个场景,诸如平台利用算法对用户进行个性化推荐;警察运用算法预测某地或某情境下可能存在犯罪的概率;审批部门采用算法自动执行户籍申请等,如利用程序对申请户籍的人进行审批;法院利用算法辅助量刑和做出假释决定。无论是商业运用还是政府决策、辅助司法,算法已经成为市场交往、政府管理之外重要的泛在性技术力量与人机交互型往来。另一方面,区块链成为运行于硅基空间中的信任共识机制,并为碳基生态下的活动主体提供进入虚拟世界中的可信、增信、公平、隐私保护等数字交往安全的保障。

第四,在具身沉浸技术与多模智能感知系统下的数字交往,更为突出的特点是利用画面、声音、触感、气味等全方位的人类实践行动所能触及的模式,呈现数字交往因"具象化"与"感触性"的真实生动。

这些不同形式的数字交往被体现在信息科技发明与应用的不同阶段与领域,但是当元宇宙到来时,这些数字交往的所有形式都将整合为人类实践行动在硅基空间下的多样化、丰富性表达,并由此产生对元宇宙文明的生动演绎与积累,甚至还可能迭代产生更高级的数字交往方式,从而为硅基空间注入更富生机的文化动力。

尽管数字交往在空间与时序维度上超越了现实社会中人实践行动的具体样态,但其只是以另一种模式"履行"着人类实践行动的本质性。在这里,一方面,数字交往的逻辑本质其实就是"人—人、人—物、人—物—媒介"之间的信息交换与价值流动。这个"人"可以是现实世界中的人也可以是元宇宙中的数字化身或替身；这个"物"既指碳基之物也指硅基之物，还指硅碳合基之物；媒介就是指各种技术、介质。也就是在数字交往中，无论是人机互动还是智能自动，它们最终呈现在元宇宙场景中时，都可以是在"脱域"状态下（如在虚拟空间中）可以承载现实人的交流意愿与诉求表达。这便是现实人脱离于物理世界进入虚拟空间的自我实现，又或在现实世界中嵌入虚拟镜像图景，如在晚会中出现的"邓丽君虚拟人"，便是来源于硅基空间运转下的产物，以"数字人"的形态进入自然现实空间下的展示效果。

另一方面，数字交往在元宇宙中的功能意义更在于构筑着一种社会关系的发展逻辑，即"内在于语言和语言使用之中的事实性和有效性之间的张力，又重新出现于社会化的、无论如何使通过交往而社会化的个体之间的整合方式之中"。[①] 这里的语言不限于人类的文字或话语之语言，还包括元宇宙世界中的各种硅基元素应用中而产生的数据、代码、算法、程序等能够表达人类网络活动的一切信息传输与反馈的所有符号。

简而言之，数字交往就是人类借助元宇宙跨域于碳基生态与硅基空间的一类实践化行动，在表现形式上是脱域于现实物理世界而将精神意愿重置于虚拟世界之中，从而将有关人类实践意图和愿望的信息输出与输入达到行动的目的或效果。

数字交往是通过以人与万物、环境之间关系表达的数字化形式但确有实践性指向内容的人类活动，这样的数字交往不仅增加了人类实践中数字信息交流的建构力与行动力，而且扩展甚至创造了人类实践的更大行动空间与选择自由，最终力争为人类生存与发展重新勾勒与开辟无限可能的新图景。

7.2.3 元宇宙"变维"生态下硅基与碳基的共生

数字交往是将硅基技术空间与碳基人类生态予以连接、糅合、交会与共的重要纽带，由此达到人类实践行动的新模式、新层级、新领域，实现人类活动可选择的更大自由空间。同时，数字交往也调和了硅基空间，使其不再像"冷冰冰"的技术库而是带入了人类生活色彩的"烟火气"，这即证明数字交往是流转于硅基元素打造的虚拟世界与碳基主导的现实社会的二重领域之中，形成了即时性、跨域化、虚实交错、万物相连的多重异度交流系统。

---

① 哈贝马斯. 在事实与规范之间：关于法律和民主法治国的商谈理论. 童世骏, 译. 北京：生活·读书·新知三联书店, 2003：141.

而这样的多重异度交流系统内嵌于元宇宙中,势必能够更好地让元宇宙承载着人类社会的组织意义向着更为卓越的领域发展,这也符合元宇宙被构想与建设的初衷。在数字交往系统中,元宇宙具有了接收来自现实世界碳基生物(主要是指人的欲求信息并将其数据化、代码化、算法化)的渠道,同时现实世界中的碳基人类也通过数字替身或化身不仅获得了元宇宙世界的虚拟体验,而且又将硅基空间中的规则逻辑以思维惯性和行动模仿带入了现实世界。

上述过程,借用社会学的角度阐释,其实就是一种超越限定性环境的社会化过程。简单地讲,社会化就是个体在某种社会环境中习得社会行为方式并积极作用于社会的过程。元宇宙通过数字交往这一多重异度的交流系统,在映射现实世界时也在吸纳甚至适应这个源于碳基生态的空间元素与运转逻辑,数字交往同时处于虚拟情境与现实社会情境之中,当它尝试计算某种元宇宙的数字化虚拟情境时,只有不断地强化、模拟现实物理世界的状态,才能达到替代甚至超越真实社会生活的场景或状态,如此才能让人类产生对元宇宙不仅"体验友好"而且充满"好奇与期待"的反馈,而这是任意一个新事物能扎根于人类生活的基本前提。于是,元宇宙的硅基空间运转过程与目标就不可避免地要与碳基生态下的社会规则相"调适"甚至相"契合",这就类似于元宇宙世界的"社会化学习"。

同理,当人们在元宇宙中感受到别样于现实的美好与满足时,若不选择沉溺于虚妄的话,就一定会产生意欲改善现实社会不足之处的反射弧,并将元宇宙虚拟世界中的一些思维逻辑拿来改良物理世界的不完美,就像当前很多国家及社会都在大力推广智慧城市的建设,这个智慧不仅仅是将智能技术或工具附着于原有城市管理的诸多环节中,更为重要的是要将智能化的思维方式贯穿于城市现代化管理的流程思路变革与制度创新设计中。这就是人类社会发展被"技术王国"倒逼进化、更新、自我变革的"在社会化"的过程。

如果说,人的社会化是人与社会相互作用的结果,那么,元宇宙在数字交往这一对接虚实世界的交流系统中,也在不断地被社会化。正因为如此,元宇宙才是人类社会文明发展的更高级版本。数字生存也好、数字永生也罢,最终是为人类存在的更优化状态而服务,而不是反过来将元宇宙置于人类社会可望而不可即的高高在上的位置,否则元宇宙与西方的"乌托邦"之梦、中国的"桃花源"之缘又有何分别呢?

当然,元宇宙也不能仅停留于复刻现实世界的平行发展阶段,数字孪生

是元宇宙的特质但不是元宇宙的极致。元宇宙的目的是为了促进人类的自由全面发展这一终极化关怀目标的实现，它必须在传承人类智慧与文明的基础上，形成超越性的文明创新与非同寻常的运转模式。这便是基于元宇宙的"脱域"化运行维度和多重异度的数字交往系统而构筑的元宇宙"变维"生态机制。

如7.1节所述，虚拟的无限、计算的智能、共享的便利是"硅基空间"的三大基本特性，这就为元宇宙蕴含全时性的时间革命、虚拟化的空间革命提供无限的潜质。只就目前已有的硅基物质体所释放的效能来看，如智能芯片驱动的延展现实技术、沉浸式具身体验穿戴设备、人工智能算法驱动等的交相汇聚使用，就已经将人、物、技术、社会结构与运行法则予以了重构与再塑。这不仅是元宇宙"脱域"融合特质的所在，更带来了虚实相融的数字交往实践的具体落地，从而改写了社会化进程中的一般大众与普通组织只能在物理空间下的局限性发展，社会化生态已然将碳基环境与硅基空间予以并构，并在这一并构过程中实现共生化效能互促与互补的发挥。由此，在"脱域"融合特质下的元宇宙其运转的生态机制将会囊括或涉猎现实物理环境、虚拟数字运算、现实—虚拟相融交错、虚实共同迭代增强的四重维度之中，并且这四重维度又是于变动中生成复杂而丰富的多元化、立体性的异度空间效果。所以，元宇宙的"变维"生态机制使得虚拟世界与现实世界的相融与共得以呈现，而这一生态达成的资源基础正是硅基与碳基的共生效能。

未来，随着信息科技的进一步发展，元宇宙的"变维"生态机制将会为人类的高阶版文明创造提供更富有激进性的嬗变动力，"变维"生态机制在硅基与碳基能源的共同助力下将召唤并激发人类智慧的无限能动性创造力，人类通过在变维空间中以更大自由度实践着现实交往与数字交往，通过这些实践行动又反哺人类文明从而将人类文明推向更高层次，这即是元宇宙"变维"生态机制召唤与激发而出的人类"实践智慧"——"实践智慧以观念的形式内在于人并作用于实践过程，其中既凝结着体现价值取向的德性，又包含关于世界与人自身的知识经验，二者同时又渗入人的现实能力"[①]。

---

① 杨国荣．论实践智慧．中国社会科学，2012（4）：19。

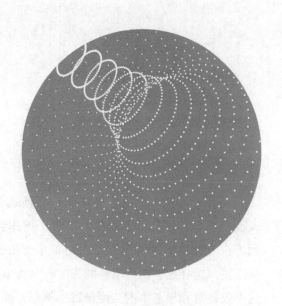

第8章

从物理世界到虚实共生：
元宇宙的社会解构与剖析

《孙子兵法·势篇》中讲到,"善战者,求之于势,不责于人,故能择人而任势",这句话意思是,"善于指挥打仗的将帅因其注重把握和运用有利于自身取胜的时机与态势,而不是苛责于手下的兵吏,并能从全局发展变化出发,选择适于担当重任的人才,从而取得最终决定全局胜利的主动权"。这不仅是对领导艺术的高度精辟的概括,而且也是对审时度势的精深智慧的总结,因为善于观时察势、趋时驭势是能够正确把握一切复杂社会发展与变幻莫测现象的根本。而反观当下,元宇宙的横空出世,带来的既有充满新奇感的希望与令人美好畅想的未来,又有夹杂谨小慎微的质疑乃至惶恐悲观的排斥,这其中无论是乐观的赞同者、谨慎的观望者还是悲观的反对者,虽然依不同的视角去评判元宇宙对人类社会影响的优劣都有各自的合理性,但其实最终又必须要立足于"时"与"势"的审度之中。

而当前的"时"与"势",正聚焦于数字化科技的时代浪潮与知识型社会的趋势蔓延,这不仅是元宇宙诞生与发展的社会温床,也是人类文明锻造历程的必然阶段,是人类追求自我飞跃目标的有力抓手。当以科技王国著称的元宇宙屹立于人类现实社会中时,人们也许仍会哀伤于传统的日渐黯然,担忧于现实的不断隐退,但也可以善治善用元宇宙的科技王国,借助硅基空间、数字信息、科技创新去重焕传统的荣光,跨越现实的局限,既以科技载体留痕昔日的传统成为人类文明多元化的永恒印迹,以此避免因岁月漫漫而消磨先祖文化遗产直到最终流失殆尽,又以科技能量赋予当代人类文明前进的强劲生机,使人类文明因子始终穿梭于自然物理与数字虚拟的交错空间中,进而形成以虚实文化的"共融与共荣"为统摄的人类文明更高形态。在这一意义上,元宇宙本身就是人类文明发展的产物,但同时又是反哺人类文明的创新机制。这一创新机制,从其初级目标来看,像是尖端科技集群应用的实验室;从其

第8章 从物理世界到虚实共生：元宇宙的社会解构与剖析

高级目标来看，则更像是打造人类生存新态势的社会共同体，在这样的社会共同体里，参与者们更应秉持共情、共建、共享、共生的新型社会生态理念，而这正是这一创新机制的终极目标导向。

因此，元宇宙从其最初被提出到当前被热议甚至追捧，不仅仅是出于元宇宙概念的奇幻又或是资本的蛊惑，更在于元宇宙渗透着人类意义世界中的睿智憧憬，承载着人类价值体系中的理想追求。所以，不论元宇宙会为人类社会未来发展带来更多意外惊喜抑或更多不可预测，它都具有顺应"时"与"势"造化与演进的发展属性。而事实上，人类文明的每一次奇点到来前夕，都会有一定的新事物丛生或新范式出现，像元宇宙这般极具破圈能力、突显矛盾集中、凝聚多方共识的事物，又何尝不会是迎接新奇点到来的前奏呢？那么，我们能做的或者需要做的，更应该是主动观时察势、积极趋时驭势地善治善用元宇宙带来的时势新风口，以客观、开放、科学、发展的立场去评判元宇宙的社会解析与聚合的功能效应与价值所在。

8.1 元宇宙穹顶下社会运转的新机理

随着理论界探讨的不断深入、技术集群化的应用成熟，元宇宙的现实呈现效果与愿景构想形态也在迭代升级，于是元宇宙与物理世界的相处共存处于不断叠加递进的状态中。基于目前主流观点的评估预判，伴随元宇宙发展的层级递进，物理世界的社会运转将至少囊括以下三重新机理。

8.1.1 数字原生的元宇宙

数字原生的元宇宙即是以信息网络空间中的数字代码与建模程序搭建的纯粹虚拟场景为主题，具有浓厚的游戏性质特征，并以游戏程序设定或角色扮演要求的"意向性"完成在虚拟世界中的"自我实现"。可见，在此重元宇宙中虚拟化是绝对性的主导，而人的"自我实现"是完全脱离现实社会场景且由游戏设定其"第二人生"，这可以说是元宇宙的初级形态，虚拟世界与现实社会彼此分离。

8.1.2 数字孪生的元宇宙

数字孪生的元宇宙即通过充分利用物理模型、传感器更新、运行历史等

数据信息的集成与仿真,展示物理系统内的事物转向计算机网络中的数字化模型的全过程,反映数字空间与物理世界的协调一致,确保数字化模型与现实物理系统的适应性。此时的元宇宙更像是平行于现实自然世界的镜像化领域,人们以延展现实的AR/VR等数字化的介质沉浸于虚拟空间中进行各项活动。此重元宇宙已是一个打通自然现实物像与信息镜像模型充分互动的数字映射系统,虚拟化的现实仿真度极高,可以说是元宇宙的中级形态,借钱学森先生当年提出的"灵境"这一称谓来描述此重状态下的元宇宙则更为贴切与传神。

8.1.3 数字内嵌的元宇宙

数字内嵌的元宇宙即借助数字信息科技更高级的尖端性发明与集群化应用,使得虚拟场景不仅跳出PC端桌面化的二维空间局限,而且立体、交互、泛在、随机地穿插于现实物理世界的多维时空中,虚实共生的运转形态成为人类社会组织体系的主导。此重元宇宙使人的自由活动空间得以无限扩展,人们通过自拟化身份实现完全出于自我期望的"虚拟人设",数据、代码、程序等也已成为人们开启并到达自我设定"第二人生"目标的"钥匙"或"敲门砖",而至于"虚拟人设"或"第二人生"的具体内容则由虚实交错空间下的人们自行创造与生成。这可以说是元宇宙的高级形态,物理世界中的碳基主体拥有了硅基空间下的虚拟替身的数字身份,并以该数字身份开展数字交往从而搭建起联通虚实交融与共的实践性桥梁,也就是强调人的肉身与硅基环境、虚拟空间的相互嵌入感。

概言之,人类无限欲求是推动人类文明前进的"无形永动机",当我们将元宇宙视为信息科技发展的极致产物时,就意味着我们已无法精确描摹元宇宙的最终形态,因为信息科技的未来也是一个未知数。但是,当前能够感知、掌控、预判甚至希冀的就是,"虚拟"虽然仍是元宇宙外部的典型特征,但是"跨域"与"赋智"才是元宇宙内在的核心要素,其最终目标就是要追求人的自由、全面发展的自我超越。

"跨域"就是元宇宙突破时空限制,使人的活动空间不囿于物理世界的局限并超越身体边界,将人的欲求输送或扩展于虚实二重且又相融的混合空间之下;"赋智"则是信息科技赋能内涵下元宇宙以其虚拟世界中的海量数据、精准计算、智能共识等反哺现实世界的社会运转可编程化、公平正义可透视化、决策科学优化等积极影响。总之,汇聚尖端技术与承载多元价值的元宇宙,更像笼罩于信息科技社会长足发展进程中巨大的无形穹顶，这一穹顶既是打开未来可期的跨界入口，但同时也会带来辐射于人与自然环境、文明转型、权力形态等多方位的社会运行机理的深刻变革及其相关风险外溢的挑战。

8.2 公共生活疏离化的扭曲与畸形诱发实体社会空心化加速

8.2.1 公共生活常态化对于人类社会发展的底线意义

人的本质在其现实性上是一切社会关系的总和，复数化的身份交往角色与整体化的组织联结形式是人类生存与发展不可或缺的一体两面，由此产生的活动交集便成为人类社会公共生活的场域。在这一场域下人们通过公共交往的实践逐渐形成公共秩序，又通过公共秩序的遵守不断塑造公共精神，最终通过对公共精神的价值追求满足人之为人的个体人格与公共人格的双重完善。

因此，公共生活的常态化是孕育公共精神的所在，而公共精神是人类社会与动物群体之间的本质区别，没有公共精神的人类将会退化为只受"丛林法则"支配的动物群体。在自然农业经济占主导地位的古代社会中，人们也会以出生、地域为身份标识而形成基于血缘与地缘为纽带的公共生活；进入机械工业经济发展为主导的近现代社会中，人们又以职业分工为身份标识形成了基于业缘协同合作为脉络的公共生活。可见，公共生活的不断增强与进化是人类文明演进的基本趋势，因为只有在公共生活中的人才可能成为社会大舞台中既是剧中人又是剧作者的兼容身份，才有可能参与对公共事务的讨论、建议、评判甚至决策，由此才可能获得自身与他人共存的平等、宽容、理性、自由、尊重、合作的成长环境，同时，人又是在公共生活中不断地追求并实践着以交互、批判、共享为价值目标的公共精神。换言之，若人与人之间、由人构成的组织之间缺乏交互活动、批判精神、共享机制等公共精神的价值体现，则真正的公共生活将不复存在，且这既与人的本质相背离，更是人类生存与发展常态的扭曲与畸形。

8.2.2 元宇宙的虚拟空间发展对公共生活的冲击

即便当元宇宙带来了人与人之间在信息自由流动、数据活跃生成、感知跨界分享的狂欢，也仍须秉持人类社会公共生活的秩序原则和价值理念，否则，笼罩于元宇宙穹顶下的虚实共生的社会运转必然存在异化或有碍于人类自由全面发展的隐忧。

理论上讲，搭载一揽子高精尖信息科技的元宇宙具有赋能人类生存与发展朝向更高级状态的功效逻辑。但现实中，最直观的表达则是作为元宇宙用户的每个人都是以孪生的数字替身存在的且脱离现实的肉身，通过数字替身乃至替身的分身在具有虚拟元素的空间中负载着来自"真身""替身""分身"之间的交互活动，在此情境下不同用户又因共同兴趣偏好的共情效应而自主快速地集结为彼此信任的"圈层共同体"，由此以数字交往的身份标识而形成了基于趣缘相投的公共生活。

很明显，这种虚拟空间下的公共生活对于现实物理世界中的实体社会具有冲击性。

在圈层共同体之内，基于兴趣偏好相投的交互与共享是充分与活跃的，而对于本圈层共同体制之外的人、事、物则多持观望、不评价或者驳斥、反对等带有出于维护本圈层价值导向的批判。这就使人感觉以数字身份存在于数字化虚拟世界中能够获得更多的自由与包容，似乎人类社会的公共精神在元宇宙所囊括的虚拟空间下得以完美呈现，于是人除了自我的肉身之外，自我的精神意识与价值认知更易于寄居在此。这给现实物理世界带来的最大冲击就是，实体社会面临逐渐沦为人类肉身寄存处的隐忧，实体社会只是成为人类证明其自身作为"活着"的碳基生命体之所，而作为人类灵魂价值所在的"思想意识"则被更多地倾注于虚拟世界中，并借助硅基载体使人在虚拟世界中获得不受现实局限的理想"生活"之旅。

事实上，基于爱好的共情与志趣的相投集结而成的"圈层共同体"，在现实社会中也存在，但不同的是，在元宇宙的虚拟场景中这种圈层共同体是完全模糊了人在现实世界中真实的年龄、性别、种族的身份差异，忽略了实体社会中精英与大众、专家与外行等不同群体的阶层分别，这当然可以被理解为在虚拟世界中公共生活所体现的更为平等、更包容与更多自由的公共精神。

但问题是，首先，这种公共生活所蕴含的公共精神于物理实体社会而言是否具有可复制性？答案当然是否定的。因为，这都存在于同一趣缘圈层的虚拟共同体之内，由此形成的共情化与信任度也是扎根于数字替身这一虚拟身份之间，数字替身也许永生在线，而实体人格则必然受限于肉身的存亡。"数字替身们"所共同构建的公共生活及其所包含的公共精神是根植于"虚拟社会"与"虚拟群体"中的,如此的公共生活哪怕营造了最完美无瑕的公共精神,对于人类"现实社会"文明发展而言不过是"镜花水月",对于人类"真身"成长进步而言不过是"浮生一梦"。尽管这种虚拟世界的公共生活精神的确有助于纾解现实焦虑感,但同时也具有以数字化的虚拟存在麻痹现实性的自我奋进从而阻却人实现真正向上流动的社会发展机遇与内在动力的隐患。

其次,元宇宙中会有若干如此"圈层共同体",这些共同体之间不仅会在形态上相互保持一定的距离,而且在交际关系上也会处于相互游离的状态,这便形成了看似平等而实质上极易走向公共生活交往模式碎片化的结局,即每一个"圈层共同体"自身就是一个小王国,各个小王国之间围绕着自发形成的议题没有边界且不受引导地表达着自我意愿、价值判断及目标选择。在这样的公共生活中,天然充斥着强大的离心力,反而使一些教条化的群体意识或排斥性的圈层标准能够在这表面看似开放、平等实则缺乏向心力的场域下不断得到自我封闭式的强化,而这与不断地追求意见交互、理性批判、互惠共享为目标的人类公共生活价值取向大相径庭。

总之,元宇宙的到来在实现人的复数化交往身份得以在跨时空下同步履行和施展时,确实也在消减着现实中人对实体社会组织加入的热情,而且混淆人对实体社会中整体化组织存在与联结的必要性认知与判断,这很可能导致实体社会在组织结构与价值认同上的空心化隐患加速扩张与外溢。而实体社会的空心化势必造成现实世界的资源荒置、经济凋敝、文脉流失、人才匮乏、治理困难、保障无序等严重有损人类社会文明成果与发展进程的危机。这也与元宇宙提出的初衷与目标的趋向背道而驰。

8.3 从"硬核权力"到"数字权力"触及法律权力的安定性

8.3.1 "权力"在元宇宙世界中的演进范式

在概念定义上,权力即为一个人或一个社会组织具有支配与控制周边社会甚至整个社会在物质与精神层面的决断力与影响力。一般而言,谈及权力往往是指国家权力。在现代法治社会中,国家权力不论分属于何种国家机构或部门组织，都要受到法律的规制，法律内的权力才是支配社会与控制资源的合法化、正当化的强制性力量，以法律规训并保障权力的安定性由此筑就公民社会对权力运行的信赖机制。反之，超出法律边界的就是权力的嬗变与滥用，即打破法律权力的安定性，不仅有违"法无授权不可为"的根本法治原则，而且有损权力自身的公信力权威，最终不利于整体社会发展的持续稳定。

在具体形态上，权力主要是以代表国家意志、支配国家资源、集结国家机器为后盾的国家强制力，这即被称为"硬核权力"。但当元宇宙到来之时，不仅意识的存在能以"分身"的方式出现，资源的种类也不再限于碳基生态下的环境供给而是包括了网络硅基空间中的数据、代码等新型虚拟化生产要素，权力的强制力效应也不再受限国家机器这一来源而是以"数字利维坦"得以展现。

事实上，经历近半个世纪的数字信息技术最初是约束"国家利维坦"的重要有力手段，但随着唯数据主义下个体理性地位的式微，数据垄断态势下社会价值的离析，以及数据集权趋势下国家安全的损害甚至主权危机的出现，不断显现着数字信息技术若是异化，其自身也可能演化成为一种新的利维坦——"数字利维坦"，即通过掌控与利用数字技术消解或替代原有社会的秩序调控系统与力量，从而产生分裂社会的新型危机。这其中，脱胎于"数字利维坦"以数字化运行逻辑滋生与培植新的权力生产机制与生产关系，由此产生一股对原有社会具有解构化剖析、空间式渗透、隐蔽性驱动的新型控制力量，这便是"数字权力"。

8.3.2 数字权力的更迭及其对安定性的隐忧

在元宇宙中，具有上述控制力的社会化权力就是"数字权力"。因为"圈层共同体"在元宇宙中必然存在，这将形成未来社会在虚实共存之间显现出去中心化与再中心化的机制特征，这就必然导致权力形态的演变与转移。元宇宙的内核目标就是创生一个去中心化的虚拟世界，这个虚拟世界中的权力形态、组织构架、制度运行、文化样貌、经济模式等都与现实世界迥异，人与人、群体与群体、组织与组织之间的关系结构呈现出一种开放式、扁平化、平等性的状态，人们的行为活动不以个体的主观意志为转移，该虚拟世界的运行维护也不由某一服务主体单独控制，而是由所有独立用户共同来经营维护。由此，元宇宙就构建了生产社会生活内容去中心化、组织结构去中心化、数据存储去中心化、交易去中心化等运转模式，在这样全方位立体化的去中心空间中，允许众多拥有独立数字身份的用户——元宇宙"居民"，随时随地在线参与并创造虚拟社会中的设施、图景甚至共谋相关规则。这种去中心化的社会运行逻辑依托于点对点的互联网络从而绕过对中介平台的依赖，同时，借助区块链和NFT技术不仅保证元宇宙虚拟社会共识化信任机制的有效运转，而且能够建立独立的经济体系和产权体系，允许用户在经济交易时可以绕过第三方交易平台直接进行点对点的交易。

然而，随着元宇宙不断趋于成熟，尤其是要内嵌于现实世界构筑虚实交错共生的高级形态时，完全的去中心化对于元宇宙反而成为一个伪命题。因为元宇宙鼓励拥有数字身份的用户创生虚拟空间的社会发展与具体内容，这便会随着不同用户创生内容的优劣而趋向市场竞争，逐利性的资本必将寻找更优位的内容创作者予以投资支持。于是，在组织构成方面，优位内容创作者与实力资本的捆绑便显现出"马太效应"并以新型强大组织的姿态入场元宇宙，这些新型组织将必然成为影响一般数字用户的中坚力量；在数据掌控方面，尽管在元宇宙中数据处理和数据存储是由不同的数据中心来运作完成的，但新型强大组织凭借其拥有海量用户和大型资本控制却可能成为元宇宙大量数据的垄断者；在交易方面，随着竞争机制的持续效应虚拟货币的持有量也日益向大用户和大机构靠拢，由此颇具垄断化与中心化的分配结果不可避免。可见，中心不会消失只会转移，中心化本身就是一种权力的代表与象征。而实质上，元宇宙的去中心化与再中心化的发展的确又是资本与资源不断发生流转与移位的过程，当这种过程通过量变而积聚到质变飞跃的时刻，势必导致对现实世界中部分实体权力的替代甚至颠覆，也就是现实社会中的"硬核权力"将让位于元宇宙中虚拟世界的"数字权力"，而如若对这一"数字权力"不加以理性运用与法治规训，同样可能会给国家和人民的安全利益带来极大不确定性。

可见，在元宇宙穹顶之下，存在于虚实共生社会中的权力必将从"硬核权力"逐渐走向"数字权力"。但本质上，无论是"硬核权力"还是"数字权力"都具有占据绝对支配力的"利维坦"属性，何况权力的专属性是否真的能在数字信息化时代被稀释又或只是更换了一种新的存在躯壳，这都值得继续深挖慎思。不过可以肯定的是，不论何种权力，一旦逾越法治的规训必然存在"屠龙者终成恶龙"的风险。

8.4 UGC模式下平台数字劳动的异化与价值遮蔽

8.4.1 UGC模式对于元宇宙发展的意义

UGC，即用户原创与生成内容，意思是用户将自己原创的内容通过互联网平台进行展示或提供给其他用户。UGC是伴随着以提倡个性化为主要特点的Web 2.0概念兴起的，它并不是某一种具体的新业务，而是一种用户使用互联网的新模式，如Youtube、Tiktok、Bilibili等短视频平台都采用UGC模式，平台上内容的产出主要是由不同用户创造，而不是限于某一类人，由此网络平台上才具备了在内容上多、广、专的飞速增长与观点自由、灵感活跃的精彩纷呈，网络平台与UGC模式的联合对于人类知识的积累与传播确实具有积极作用的一面。但同时，却掩藏了在UGC模式下各种平台资本中存在数字劳动无酬化的秘密，这既是劳动异化的新类型又是劳动价值的再遮蔽。新型利益垄断组织与平台霸权的滋生在所难免，而作为向平台提供数字劳动的单体用户，其合法权益的保护令人担忧。而这一消极性作用的隐忧在元宇宙世界中显现出更为强烈的外溢性。

人们对元宇宙抱有横亘古今、放眼寰宇且亦实亦虚、如梦似幻的无限期许，这其中寄托着既有人类文明进步的整体化愿望又有人生理想自由的个体化追求，总之，似乎人的目力所及、想象所达之处皆被海纳于元宇宙的构想预设中。这不仅要归功于高精尖信息技术的工具应用支持，还要归功于以UGC模式为根本的内容创生供给，否则元宇宙这架平台式虚拟世界的巨型飞船将缺乏启动人类文明升级以至走向飞跃发展的动力引擎。因为UGC模式不仅是平台用户生成内容的现象，更是人通过数字交往形式在网络世界中的灵感想象碰撞、创新思路汇集、众人智慧凝练从而释放数字化活动价值的劳动过程。所以，UGC模式入局元宇宙则是将人之价值的追求与向往注入组成元宇宙的各类平台之内，从而赋予元宇宙呈现出富有人类生机意义的存在感，否则元宇宙很难从虚拟的游戏层面破圈而出辐射到镶嵌在现实大众的真实生活中，更谈不上成为当代知识型社会万众注目的科创版"桃花源"了。由此可见，UGC模式为元宇宙拥有强劲生命力的实质性内容提供着永动机式的创作与生成。那么，UGC模式下的所有成果是否都可以称为"数字劳动"呢？

8.4.2 UGC模式下的数字劳动

数字劳动，是现代信息科技时代对数字经济社会中劳动形式的新界定。英国马克思主义理论家克里斯蒂安·福克斯认为数字劳动包括"ICT行业全球价值链从低端到高端整个链条上所牵涉的各种形式的劳动"。这即说明，数字劳动的要素之一就是要以信息与通信技术研发、部署、应用等相关行业领域为背景，要素之二就是要以创造价值至少能够产生价值为过程与目的。例如，时下各类以追求持续稳定的利润为目标的商业性网络平台，因拥有庞大的用户群体及用户信息、活动数据便构成了"平台资本"所具备的潜在劳动力与利润积累的原材料，可见"平台资本"的价值生成其"核心在于提取更多的数据，通过全面侧写用户画像，大平台可以进一步拓宽业务范围并成为垄断性企业"。[①]

所以，从上述意义来看，庞大用户群体提供源源不断的数据流即是网络平台重要的价值源泉之一，"流量为王"的发展主张在数字经济中能够占据半壁江山也就不足为奇，并且，这将在元宇宙初期的虚拟体系构架组成的各类平台中继续释放其价值效能。但随着元宇宙的成熟与升级，尤其是对沉浸式体验从多模感知化的效果提升为自我创设"第二人生"的需求，使得UGC模式在元宇宙的各类平台上大放异彩。

的确，流量对于各类网络平台而言可以发挥短期内快速聚合的作用，但这并不意味着获得了长期、稳定的增量。流量为王的背后其实更多的是要保持对用户提供有价值的内容输出，至少是用户感兴趣或满足其某种需求的输出，否则随着平台竞争局面的打开，短期流量聚合会越来越难以有效转化为增量，这当然也就不能带来持续性价值增长。因此，各类网络平台在未来元宇宙世界中，若想拥有庞大用户群体并借此占据有利话语权地位，就需要进行从"流量为王"向"内容王道"转型。

在元宇宙运行环境下，UGC模式为不断趋向"内容王道"的各类平台的递进发展提供生动、丰富、活跃、多元的"素材""原料"甚至"成品或半成品"，这就意味具有原创力的用户既是平台的价值本身所在，同时又是为平台创造价值的主体之一，当然越是优质的原创用户其本身的价值性与创造价值的能力也就越强。概言之，UGC模式中蕴含着大量的数字劳动且这些数字劳动对于元宇宙环境下各类平台的存活发展、持续运转、优劣竞争而言价值重要、

---

① 引自"技术批判|《平台资本主义》作者访谈：它们如何垄断公共利益" http://baijiahao.baidu.com/s?rd=1631116653348645931&wfr=spider&for=pc。

意义非凡。

8.4.3 数字劳动的异化分析

事实上,数字劳动在平台发展实践中常常被不断异化,如英国马克思主义理论家福克斯就曾在《数字劳动与卡尔·马克思》一书中提出过"数字劳动是以对劳动主体、劳动对象、劳动工具和劳动产品的异化为基础的"观点。一方面,由于受到工具理性与技术崇拜的影响,人借助工具或技术而进行的劳动常常被认为是机器运转的"成果"、劳动者沦为机器的"义肢"、个体存在的价值基础逐渐被工具技术的效率功用所消解或替代。另一方面,由于受到平台的资本控制与聚合效应,信息科技时代的经济主导权从准确把握"平台战略"到谋求"平台合作"以至催生全新的"平台社会",由此"平台资本主义"得以兴起并逐步形成、掌控着"平台规则"机制,其实质上仍然是"谁掌握了规则制定权,谁就拥有了经济主导权"。正因为如此,掌控庞大用户数量与优质用户信息的平台在数字经济深入发展中衍生出新的垄断力量——数据霸权。但多数平台首先会与用户以"隐私条款""风险告知""知情同意"及"使用体验"等平台规则为协议选择项目,这看似是自由平等的自愿选择使用,实则却是因平台具有技术与资本合谋的操控实力,视不同意协议的申请者为不愿接受平台规则而将被自动退出申请程序。其次,平台以"自由""平等""分享"的名义召唤更多用户加入平台组织并以在平台中上传、下载、浏览、评价、消费等活动轨迹成为平台内容的数据信息生产者。再次,平台还会利用各种"去异化"的策略对用户进行"精神式"抚慰或"享乐化"报偿,例如,通过所谓的"馈赠""返利"等"礼物经济"模式吸引大量用户并将其纳入"无偿不计酬的劳动力"范畴中,表现于外的则是进入平台并在平台上进行包含数字劳动的一系列数字交往活动都是用户积极主动与自由爱好的选择结果,于是从一般用户—数据生产者—数字劳动者的层层角色演进都是呈现自觉、自愿、自发的状态,显现的是数字劳动者们不仅"乐在其中"而且在"自我实现"。这是因为,此时由于在线状态确实增强了数字劳动者的自我身份认同感与主体意识,这在情感层面具有一定程度上的稀释、弱化部分劳动异化的不利影响,反而使劳动者获得不再是为了生存而劳动的满足感、成就感和安全感,甚至这种"高级化"的劳动获得感成为很多数字劳动者的基本价值诉求。

之所以说"高级化"的劳动获得感,是因为这若是对劳动者个体而言,确实明知自我数字活动与交往即便创造了新的价值，但认为这种价值的创造本身就是自我数字行为的目的所在，或者就是证明自我价值的能力所向，甚至就是以数字劳动的形式为他人提供帮助为目标，那么，这样的数字劳动当然就实现了人的高尚情操，这样的数字劳动也就是"高级化"的。但若与之相反，平台恰恰通过类似意识形态的包装，让数字劳动者在看似一种民主、自由、平等的参与型网络文化中交往活动，实则是将数字劳动的价值隐匿，取而代之的是平台和资本对数字劳动的控制，进而出现用户对平台使用得越多，平台对数字劳动的价值占有就越多甚至导致剥削的加剧，数字劳动的价值实质上是被平台以"隐形剥削"的方式持久化地予以遮蔽。

8.4.4 元宇宙世界中数字劳动异化的状态

以上这些问题在元宇宙的平台体系中会更为突出，因为 UGC 模式是元宇宙具备实质化、社会化内容的永动机，UGC 模式中的用户在元宇宙的各类平台中形成了非雇用形式的"产销"化劳动。有人认为"产销"化劳动不是真正意义上的劳动，真正意义上的劳动必须是以生产为直接目的的活动。这在信息化的数字经济时代可能需要改观，尤其是在未来元宇宙的虚拟经济环境下，平台活跃的用户轨迹、海量的数据生成、优质的自创内容在虚拟空间很可能形成"无心插柳柳成荫"的价值创造，而"活跃""海量""优质"很多情况下又并非用户刻意而为之，最终还是市场或圈层社群选择的结果，但其中的价值含金量对于部署在元宇宙体系构架中的各类平台发展与竞争来说是不言而喻的，只是因为以"非雇用"形式而使"产销"劳动的价值潜力与转化最终归于平台所有。

因此，在未来元宇宙世界中，UGC 模式下的数字劳动是极易异化且常常被平台运营遮蔽其价值所在。这集中表现为：

第一，在形式上，数字劳动的价值创造性与在虚拟网络空间下的冲浪、娱乐、社交等数字活动的边界模糊，当"光顾"别人创作的上传内容时，其实也在贡献着自己的用户数据，这些"他者"信息与"自我"数据共同为平台的生产注入循环往复的"原材料"。这种带有娱乐性、自主性的线上活动实质上为平台打造了拥有不断内容更新、不同生活分享从而持续吸引用户浏览、参与等增量价值的存在，也就是被特勒贝·朔尔茨称为"玩劳动"的概念，即劳动形式的娱乐化。这就使大众包括平台都认为这是给用户提供展现自我和愉悦身心的空间与渠道。

第二，在状态上，因数字劳动形式偏向于娱乐化进而消解了社会必要劳动时间和再生产劳动力时间的区分，尤其在元宇宙时空中用户只要进入其中便会带来轨迹数据信息的生成，甚至直接带有目的性地创作活动内容。可见数字劳动在元宇宙世界中处于时间和空间上都泛在而生的状态，此时以数字替身进入元宇宙的用户不管是基于数字交往实践还是源于UGC的内容创建，都是形成劳动状态的分身化泛在。而存在于元宇宙中的各类平台仍可能会将本属于不同用户私人领域的社交活动、休闲娱乐、经验分享等都纳入平台资本积累的跟进过程中。事实上，已经身处数字经济社会中的人们，也逐渐意识到信息科技带来了"不限时间地点的网上工作，本来被看作是一种自由，现在却被发现只是一种新的奴役机制"的尴尬感悟。

第三，在价值所有上，UGC模式下的数字劳动在元宇宙运转环境下，对于各类平台而言具有"免费创造"或"主动让渡"的显著特点，这与进入并参与元宇宙生活的介质层面相关，即必须通过某个平台系统获取一个数字身份并给自己选择或创立一个类似"第二人生"的新人设，这样平台不仅收获了用户量还占据用户信息包括用户创造的内容，如此趋势必然滋生UGC模式中数字劳动价值不断被隐秘化剥削的特点。实际上，大众用户并非没有发觉平台对其在虚拟空间中所让渡或提供的数字劳动资源的"无偿占有"，但由于网络空间与虚拟世界的平台资本在运营中始终以远离现实规则与尘嚣而营造自由、民主、超我的意识形态与话语氛围为基调，这让很多用户兴奋不已，于是平台对用户资源的攫取和利用不仅获得遮蔽而且更加隐秘和具有迷惑性。

总而言之，UGC模式下的数字劳动价值被平台资本无偿占有，用户原创内容即使属于私人信息或私人数据，但它们也会成为平台资本主体谋取资本利益的重要资源。通过"利用数据的分享增值性、共享性特征，将部分技术与数据资产去中心化、去组织化，允许用户免费获取分享资源、共享技术平台，发挥数据的分享增值功能"①，由此持续获得"无偿占有无数用户在自主性活动中为平台创造的源源不断的内容资源，以实现差异化、多样化的整体社会范围内跨专业、跨组织的个体动员与创意吸纳"②。由平台资本主体推动建构的元宇宙世界本就存在着借其对核心技术和数字资源的垄断地位无偿占有和隐

---

① 引自"警惕！元宇宙虽是新科技，但存在巨大风险！"。
② 引自"警惕！元宇宙虽是新科技，但存在巨大风险！"。

性剥削 UGC 用户创造的剩余价值的隐患。

8.5 沉浸式社交系统的"致瘾性"加剧精神意识危机

元宇宙开启了人类社会创新发展的新兴赛道,在描绘人类文明未来高阶版形态的同时,还富有创想性地回应了人类意识生命的不灭梦想,并颇具现实感地提出将要以数字科技的方式复刻并再造业态的场景、社会的互动和虚实的张力间所蕴含的丰富潜质。本质上,元宇宙仍是人们在网络虚拟技术发明与进步中又叠加了数据和智能的广泛应用从而形成的一种对未来数智世界想象描摹的范本。在这一意义上,元宇宙是作为极具社会性状的虚拟空间而出现,它在导引人类社会走向脱实向虚的过程中或抵达虚实同构共生的目标时,人类必然需要反思自身精神意识如何续存与怎样发展的问题,否则很可能产生因精神意识危机而丧失"人之为人"的价值意义隐忧。

1. 沉浸式社交系统升级"信息茧房"效应、助长"致瘾性"生存状态

元宇宙所推崇的沉浸式社交系统在打造身临其境效果与意识永生在场化的同时,不仅将"信息茧房"概念从理论变为了现实,而且助长"致瘾性"以实践元宇宙生活状态的面目而大行其道。

元宇宙的沉浸式社交系统所追求的归根到底是人的内在感知力量的释放,所遵循的是不同角色扮演者所希望获得的"感知性存在"的逻辑,因此这种沉浸式社交系统会天然地服从并服务于人对享乐的沉浸式追求。不仅如此,元宇宙的沉浸式社交系统给人带来的既可以是某种单一化快感的享乐,也可以是让人们走向完全不受现实约束或既定规划的多样性世界。在以具身化沉浸为目标的元宇宙虚拟社会系统中,人可能会沉浸于天然带有某种兴趣偏好的环境状态中,这就是在以同质化信息喂养人的精神意识认知。"信息茧房"效应升级化显现,又或者人仅仅为了获得身心的感知快乐而不断尝试虚拟空间下不同"人生设定"所提供的五光十色体验,在这样的时刻,既展现了元宇宙社交的无比神奇与广阔无垠的诸多可能,但又将沉浸式社交系统更趋于快感化的烙印留在了本身就天然具有趋利避害、避苦求乐的人性深处,这不仅导致人对元宇宙虚拟环境下的存在状态更为痴迷,甚至会以虚拟空间下的社会条件、个人存在、

价值标准去质疑、逃避、厌烦甚至抵触现实世界的社会规则与个人状况，由此元宇宙的"致瘾性"显露无遗。

的确，以强调"沉浸感"为核心的社交系统确实有利于推进元宇宙实现脱实向虚达到虚实共生的效果目标，特别是诸如 VR、AR、MR 等扩展现实技术。元宇宙的沉浸式社交系统在带给个体一种身心俱在的具身化虚拟体验并进而产生大量身心快乐的同时，也因其巨大的感知反差，不是刺激性生成了就是暗含化累积着日渐强烈的致瘾性。可见，沉浸式社交系统存在导致"信息茧房"效应升级、沉迷虚拟"致瘾性"加强的隐患，而这在短期内的社会负面影响不可低估。

2. 沉浸式社交系统也会引发人的巨大精神意识隐患

一方面，颠倒虚实认知标准从而弱化对现实世界的有益化建构。基于元宇宙沉浸式社交系统的特性与场景，使人更容易因虚拟空间中欲望满足下的愉悦、放纵实现的自由等所谓"忠于自我"的体验而沉沦于此，以此人们似乎寻找到了逃避现实世界残酷、忘却真实人生瑕疵的"救命稻草"，长此以往，会导致个体在虚拟世界中的认知和行为与现实世界的发展逻辑相脱节。于是，现实世界对于人的精神塑造与价值认知的吸引力逐渐衰退，因为元宇宙的虚拟世界为人提供的是一种祛除了痛苦可能性的精神快乐和精神满足，由此元宇宙虚拟空间中的文化内涵不仅没有为现实社会的文明进度发挥补强性的有益建构，反而弱化了现实世界自我发展的节奏与内聚力，甚至导致格格不入的代际鸿沟乃至矛盾冲突的隐患。

另一方面，人的精神意识陷入分裂化隐忧还在于人对自我身份的识别与认同方面存在混沌感。人在元宇宙中的身份角色与其在现实世界中的身份角色可能会大相径庭，正所谓"线上异常活跃，线下唯唯诺诺"，又或者是"网络中的王者，现实中的小白"。这种身份角色存在于现实社会与虚拟世界中的强烈反差可能会导致人对自我身份的识别陷入混沌，存在不能正常判断并履行自我认知的身份角色，这将必然影响人与人之间的有序化、理性化的社会交往。例如，近年来在现实社会中就有一种被称为"社恐"的人群，他们当然不是元宇宙沉浸式社交系统的产物，但若这一群体范围无限扩大，不仅有碍人与人的社会交往正常化，而且对于其个人的人生发展也无益处。因此，还是要倡导积极乐观的社交状态理应成为人类健康发展、人与人良性竞争的主旋律。所以，因自我身份识别与认同的混沌感，不仅有碍于社会交往的自由与活跃，而且本身与元宇宙产生与发展的初衷相悖，况且人的精神世界的强大与健康是人能获得自由全面发展的基础。

当然，真正意义上的元宇宙世界还未到来，但其作为荟萃多样化高、精、尖集群性科技的成果形态，将会构建不同于物理世界样貌与逻辑的超现实新兴数字生态。因此，元宇宙是撬动人类社会发展从物理世界走向虚实同构乃至共生永存的创新杠杆。这其中不免会存在"去伪存真""除旧革新"的筛选过程，尤其是以元宇宙思路与逻辑去解构现有社会状态并分析预估未来发展进程，这将会出现凸显老问题、带来新问题的现象，而且可能存在数字新生态下的社交系统触及人的各项生存方式尤其是人的精神意识领域的隐忧。虽然这对于一个前进中的社会而言也实属正常，但即便是潜在的风险隐患并非现实的危险损害，也应预先估测与防范。毕竟元宇宙是一个极富挑战性的社会发展事物，虽无须如临大敌，但也应未雨绸缪。况且，元宇宙不是要将人类文明的未来发展置于虚实二元的分离空间中，更不是要培植人类沉沦于虚拟享乐或滋生新的垄断霸权而衍生纯粹的"娱乐陷阱"或"权力黑洞"，而是要开启虚实共生、碳硅融合的人类文明新世界。这其中不仅要赋能社会运转机制的新动力，更要赋智人类文明升级的新支点，这也将是未来元宇宙社会治理新奇点的目标定位。

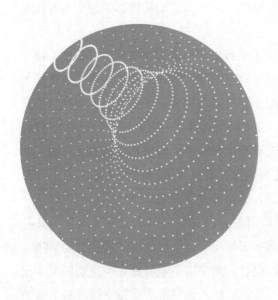

第9章

从数据法理到算法伦理："奥卡姆剃刀"定律的彰显

第9章 从数据法理到算法伦理:"奥卡姆剃刀"定律的彰显

元宇宙不仅是融汇各类数字信息科技的集群应用、效能共享、全真体验的虚拟网络空间,也是驱策现实中社会资源重置、时空感知重建、知识意义重构的重大整合力量,更是体现人类文明以虚实共生的姿态演绎出生生不息的多样化、开放性、超越感的发展结晶。正是通过聚合物理空间的现实文明与数字空间的虚拟文明的双重动力,元宇宙才成为人类未来发展的社会新形态。

当前,尽管完整意义上的元宇宙社会并未到来,但走向元宇宙的理论之思、技术之路、价值之辩似乎已进入"荷枪实弹"的备战状态,毕竟人类探索数字化的虚拟空间自互联网诞生以来就未曾停歇,随着这一探索的持续深入,不仅催生了信息革命迭代更新所蕴含的资讯便捷生成、网络分权布局、UGC生态搭建、人机合一进化的科技赋能,而且擘画了人类社会从认知时代步入体验时代再朝向虚实共生时代的未来图景。由此,在理论上衍生出极具破圈力的元宇宙概念称谓,在实践中又以各类虚拟技术应用场景的拓展与内嵌而不断形塑着"元宇宙化"的社会形态。

可见,元宇宙虽然是人类社会知识型发展与科技化生存的大势所趋,但任何一种新型社会形态的形成并非一蹴而就,况且作为一种汇集超新技术、负载价值争论、引发资本震荡的元宇宙本身就具有在为人类社会发展迎来机遇的同时也存在隐患、风险的"双刃剑"效应。对此,"因噎废食"不科学,而"盲目乐观"也不理智。那么,如何回应元宇宙复杂发展过程中所夹带的多重机遇与未知风险呢?这里可以借用"奥卡姆剃刀"定律的原理精神对其予以重新思考。

"奥卡姆剃刀"定律,是由14世纪英格兰的逻辑学家、圣方济各会修士奥卡姆的威廉(William of Occam,约1285—1349年)提出。该定律秉持"如无必要,勿增实体"即"简单有效原理"的基本精神,后来多被引申为:处理事情最重要的是发现事情的本质并处理最根本的问题,而不是被纷繁复杂的事物外部表象所迷惑,也就是看待事物、分析问题时应注重化繁为简、把握关键、抓住重点、找到要害。

就此反观之,构成元宇宙的技术底座与终端应用都无一例外地与数字时代的"三驾马车"——算力、数据、算法息息相关,尤其是元宇宙作为一种社会形态而存在时,海量的数据、智能的算法都将成为维系以数字化为核心的元宇宙正常运转与健康发展的最核心要素。显而易见,回应元宇宙的"双刃剑"效应归根结底就是如何保障与规制"数据"与"算法"的问题,即在考察满足元宇宙社会形态发展新需求的生产要素是什么、生产关系如何调整以及由此触发的社会规则之治的理念变革,这是为元宇宙构建虚实共生新生态的实践寻求固本培元之道,从而避免元宇宙的高光时刻只是驻足于昙花一现的遗憾。

9.1 数据与算法——元宇宙社会聚合运转的黏合剂

在以超级算力作为生产力的元宇宙社会中,数据很容易被理解为元宇宙社会新形态下的生产资料。在当下的数字经济时代,数据已成为很多国家明确认定的第五大生产要素,而元宇宙社会,更是以数据的海量与否及质量优劣等作为一切智能化应用的前提。若没有数据的"喂养",算力的强大功能无以释放,算法的迭代升级无法形成,由集群化数字信息技术所聚合的虚拟空间发展必然受阻,正所谓"巧妇难为无米之炊"就是这个道理。

当然,仅有数据还无法完成数字化、智能化的决策运转与价值分配,所以算法的功能就是基于海量数据得出规律,然后用这个规律来对未知数据进行建模和预测。算法的合理与否以及智能化程度的高低,对于发挥数据价值而言又极为关键。所以,可以将算法视为元宇宙社会新形态下的生产关系。

正是因为数据的活跃丰富、算法的智能高效,并由量变积累到质变飞跃的发展历程,才能满足元宇宙社会新形态成长与成熟所必需的生产要素与生产关系,才能实现元宇宙从概念称谓的想象转化为社会运行的事实,乃至成为人类生活体验全新优化的栖息之所。元宇宙社会中基本所有的技术应用都要由数据支撑,一切体验感知或信息获得也都来源于算法提供,从这种意义上而言,数据与算法更像是维系元宇宙社会顺畅发展、聚合运转的黏合剂。然而,一旦数据与算法出现问题，元宇宙社会出现风险与隐患就在所难免。

9.1.1　数据喂养与算法驱动培植元宇宙虚实融合的数字生态

元宇宙从最初以科幻文学、电影艺术为描述载体到以电子动漫游戏发展为"非中心化"的高智能游戏为形态，再到今时今日人们所憧憬的虚实共生的新型社会形态，从现象上直观体现为是随着科学技术的井喷之势所造就的社会关系与结构的聚变，但从深层次分析，其实主要源于以下原因：

第一，人对交往欲求的本质需要。无论是在科幻文学中还是影视剧作里，带有元宇宙素材或场景想象的描述都是以现实中的主体超越自身局限而放飞自我于跨时空的领域中，从而实现因现实自我不足而难以达成的梦想。同时，在具有各种元宇宙底层技术应用的游戏或娱乐平台上，生动形象的角色扮演让玩家过了一把"在线另类自我"的瘾，各种网络娱乐空间中的"线上结盟"还会结成"线上线下一体化友谊"——圈层社群，这就拓展了人们交往欲求的新形式。

第二，资本市场的推波助澜。元宇宙概念的"爆炒"还源于资本的蠢蠢欲动，无论是 Facebook（脸书）更名为 Meta，还是数字化资产交易市场的热点生成，最终都可能以元宇宙场景为最佳着陆点。显然，通过元宇宙场景可以突破现实物理条件的束缚，只要通信信息网络畅通、算力足够强大，甚至可以在元宇宙中创造出虚拟土地、建筑物、衣物等并实现买卖，并将"非同质化通证（Non-Fungible Token，NFT）如表现为虚拟卡通形象、绘画作品的数字交易"[①]纳入元宇宙空间中成为元宇宙数字资产的新热点等。

可见，元宇宙作为一种社会新形态的出现与发展，既是顺应科技大潮的推动，也是满足人们拓展社交与新资产价值生成的多样化需求。而这其中发挥着不可或缺作用的就是数据与算法。从本质上讲，元宇宙是物理世界的数字化再造与创新，数据是元宇宙最为基础的生产要素，算法是元宇宙最为关键的驱动引擎。

首先，在元宇宙场域下的各种应用效能与景象展现所构成人的虚拟交往活动与体验获取都需要基于海量数据的收集和利用。意欲打造的虚实交互场景与具身化沉浸感知既需要 AI 基于数据识别而生成反馈信息，又需要 AI 将物联网中的所有新旧数据进行循环"学习"与"消化"。当越是量大质优的语

[①]　周舟. NFT 引发的"十大行业变局". 微信公众号"虎嗅 APP"，2021 年 12 月 29 日访问。

音语义数据、社交轨迹的留痕数据、去中心化组织的活动数据以及分析与建模形成的数据等不断地"投喂"AI，AI就越能为元宇宙传输更富价值潜质的信息并为元宇宙最终能够呈现更为栩栩如生的镜像景观奠定基石，而这其中决定AI能力水平与"聪明"与否的因素除了数据养料之外，还有从中进行数据处理、分析以至决策的算法。简言之，元宇宙场景下无处不在的AI必须依赖数据的"喂养"和算法的"驱动"。

其次，元宇宙中人们的虚拟交往关系包括初级广泛的社会交际关系和行业性明显的经济交往关系，如商品交易、信贷交易等，这些关系都需要相关性充足的数据收集与积累、智能化精准的算法分析与决策，这就使得元宇宙社会形态下的人与人的交互从基于物理空间下的感性认知为主导迈入依据数理逻辑为推断决策的转变，这也促进了人与人社会化关系逐渐从经验主义走向逻辑实证主义的状态。就如在现实社会中，商业往来与交易常常会以银行作为买卖双方值得信赖的中立角色，这在很大程度上取决于商业交易主体对银行的金融实力、社会口碑的主观认知与经验判定，进而形成对某类或某家银行具有市场公信力的结论。但在元宇宙社会形态下，诸如银行这样的中介信用组织的功能就会被区块链的智能合约与共识算法所取代，交易流程还会为分布式记账的数据真实同步、非对称加密的数据安全隐私保护等精密算法所控制。可见，元宇宙社会形态的"新"就在于人们的交往行为须获得数据与算法的支撑，并在数据对应、算法满足的预设条件下，极大提高人互交际与财物交易的效率，这都要归功于数据和算法驱动。

最后，元宇宙的虚拟社交源于其数字化的生态系统，如此就需要用户以数字人或虚拟人身份在元宇宙中进行生存、交互，这便是数字替身。数字替身相当于现实中的人在虚拟世界中的"数字护照"，通过这个"护照"可以穿梭于虚实两界之间从而感同身受虚实共生的奇妙体验。可见，数字替身是作为现实中的人在元宇宙中的栖身所属，其所展开的一切数字交往活动又将以数据资源的形式被全时记录、全域处理，于是用户即数据。而元宇宙正是基于UGC模式，即用户自主创造生成内容而形塑着一个超时空交互的承载大数据、运行算法化的超智能社会。换言之，这个超智能社会是基于数据和算法搭建的虚拟世界，数字替身即是完成现实真人的"意识永生"与"肉身缺席"的交互化、兼容性介质，并基于"趣缘"共享的价值而结成新的虚拟社群联合体，这就使人类在数字化空间中所拓展的交往实践获得全新的认同感和归属感，甚至在这一空间中数字替身还可以自主设计运行其中经济交往与交易的系统，还可能因外溢化效应而融合于现实世界的生产交易范围之中，从而联结为虚实交错相融与共的全新社会系统。

因此，虚拟交往活动与数字身份确认之间不仅形成正向比例关系，而且二者合力推动着元宇宙社会生态的优化升级与活跃繁荣。同时，基于数字身份所蕴含无比丰富的数据资源，数据又成为虚拟空间下的财产核心，也是利益冲突与规则重构的焦点。这就需要重视对元宇宙财产秩序中的数据与算法进行更为周全且科学的保护与引导。很明显，在全息元宇宙的场景下，用户以数字替身的方式长期处于"登录"状态，那么用户的个人数据很可能全时全域地处于相应平台的持续观察甚至数据自动收集乃至监视的状态下，这势必需要更为严苛的数据安全保护义务，以及更为合理、科学、人性化的算法机制予以引导。

9.1.2 数据主义与算法规训潜藏元宇宙"楚门效应"之患

正因为数据与算法对于元宇宙虚实共生与融合发展的新型社会生态的培植与滋养至关重要，即无论是身处其中的现实真人还是数字替身，又或是作为碳基生命的生物人与硅基元素的数字人，总之将"人"的生存状态带入了以技术性、跨界感、脱域化为典型特质的阶段，但于虚实两界之间的跨越、突破物理领域的超脱并非必然带来人类社会的混沌与无序，关键在于解决身临其境的人们究竟是技术的主宰者还是被主宰者。否则，必将出现电影《楚门的世界》中既富有戏剧性又颇具可悲感的剧情——主人公楚门自孩提时代到成年人生都是在超级巨大的录影棚里度过，在楚门生活的"世界"中，除了楚门自己，其他人全是演员，只是楚门并不自知。令人欣慰的是，最终楚门冲破了"人生茧房"而重获自我主体性存在的价值意义。而在元宇宙中，若数据与算法丧失人的主体价值关注、漠视人类社会的多样性意义，同样会出现元宇宙世界中的"楚门"，只是这时人人都可能是"楚门"，而此时的"楚门"所受困于无法自知或难以自拔的很可能就是"信息茧房"。可见，元宇宙中潜藏着"楚门效应"的隐患。概言之，"楚门效应"就是指在主体毫不知情的情况下自主权遭到侵犯的现象或状态。

所以，随着人的存在本身及其整个生命周期的各项活动都在日益被数据化和被算法化时，人必须要警惕并紧握对数据与算法的主导力，因为这关乎人之为人在数字化极强、智能化极高的元宇宙生态下是否还能继续有力地保持自身的主体性不被蚕食甚至丧失的隐患，还要密切关注虚拟空间运转下的数理推算逻辑可能产生的数据歧视或算法霸权等社会化不公平、不正义的风险。而这些隐患、风险的存在甚至已经酝酿成直接的利益损害，其根源就在于人们在热衷于追逐元宇宙梦想时，却忽略甚至漠视对数据与算法的价值认知偏差与功能定性错位等非理性甚至伪科学的现象予以矫正与扭转。因此，对于"数据至上""算法万能"等现象与取向在元宇宙的未来发展中更需要谨慎甄别、严阵以待，否则即使数据超级海量、算法超级发达不仅无益于元宇宙实现人类自由全面发展的终极关怀，还将掣肘元宇宙的正常发展甚至助力元宇宙沦陷为"科技利维坦"。

1. 剖析数据主义的"恶"

（1）数据化催生数据主义。元宇宙是人类社会从以煤、铁、石油为代表的工业时代步入以算力、数据、算法为"三驾马车"的信息经济时代的极致化产物，这说明数据在元宇宙社会中对经济运行、生活方式和治理能力必然产生不可估量的重要影响，"数据化"是元宇宙显著的社会特征之一。

尽管数据化的观念、方法和实践由来已久，并与近代自然科学相伴相生，但是属于互联网大数据时代的"数据化"概念，是于2013年由英国数据科学家维克托·迈尔-舍恩伯格在其著作《大数据时代：生活、工作与思维的大变革》中明确提出的。根据该书观点，"数据化"不再局限于科学意义上的数据化，而是特指在互联网环境下人类行为和社会活动的数据产生、数据传播、数据收集、数据利用、数据呈现等一系列过程化活动。简言之，数据化就是指将社会行为转换为在线量化的数据，从而能够对其进行实时跟踪和预测分析。可见，数据化就是新型通信网络技术发展所促成的一种新趋势，即将人类社会生活诸方面转换成计算机数据。这种数据化也可以被称为社会数据化，其目的是将人类行为和社会活动通过计算机数据化，从而挖掘、分析、处理数据以创造新的价值。因此，社会数据化的意义就在于让人类行为与社会活动脱离自然中的"混沌"而进入数据中的"计算"，从而通过减少人类活动的认知偏差达到社会运行成本降低与行为效益提高的最优化选择。

随着信息科技的蓬勃发展与快速迭代，数据化已然形成万物互联的数据空间，这就为即将到来的虚实同构的元宇宙奠定了充沛的要素资源基础。可以说，当前人类社会的数据化不再是一种信息科技效能"秀肌肉"的现象，而是一股渗透于人类社会的关系结构、生存方式、价值理念、意识形态等的变革激流。最集中的体现，就是数据已成为现今诸多国家的新型基础性战略资源，堪称数字时代的"隐性石油"。由此，数据已然在人们的科技化、智能化生活中成为挥之不去、屹立不倒的"权威"，数据化突破硅基空间的数字网络世界渗透到人类社会发展的深层次领域，为形成"数据世界"且为数据主义诞生提供温床。

正如美国著名媒体评论撰稿人史蒂夫·洛尔所言，"数据主义是随大数据技术兴起而出现的哲学新主张"[①]。也就是说，数据主义是对数据化社会发展与普适计算应用的一种哲学性思考与表达。

此外，以色列历史学家赫拉利也指出，"数据主义一开始也是一个中立的科学理论，但正逐渐成为要判别是非的宗教"[②]。换言之，数据主义最初只是一种强调和证明数据化之重要性的观点与立场。

但随着信息科技工具效能的突显与技术崇拜的盛行，数据主义已然成为"一种视一切为数据并以数据为中心的世界观，其兴起以信息技术的大发展及广泛应用为背景。数据主义不仅表达了技术可以解决一切问题的信念，还表达了对人类未来生活样式、存在意义的理解"[③]。数据主义逐渐向"数据至上"靠拢直至出现"数据盲从""数据膜拜"，由此数据主义成为有碍人文价值追求并与人本主义相对的立场。

（2）数据主义之本质使然。元宇宙是超级数据化的数字社会，数据主义形塑着虚实融合生态社会中的治理方法、运行机制、生活模式乃至思想体系从而带给人类数据化生存的福音，故而数据主义作为元宇宙社会典型的世界观、价值观和方法论也顺理成章。

数据主义的价值取向就是：追求数据流量最大化与推崇信息自由是至善。

一方面，追求数据流量最大化，即要最大程度地汇集更多捕捉信息的媒体介质直至实现万物互联，进而产生和使用更多的数据信息以满足元宇宙运转的"燃料"所需。另一方面，推崇信息自由是至善，则是坚信"一切的善（包括经济增长）都来自信息自由……如果想要创造一个更美好的世界，关键就是

---

① 洛尔.大数据主义.胡小锐、朱胜超，译.北京：中信出版社，2015：13。
② 赫拉利.未来简史——从智人到智神.林俊宏，译.北京：中信出版集团，2017：346。
③ 高兆明."数据主义"的人文批判.江苏社会科学，2018（4）。

要释放数据,给它们自由"①。只有保证信息自由,才能实现数据流量最大化,这就是数据流量最大化的必然要求。当然,信息自由也要求数据流量最大化,否则就不是真正的信息自由。

可见,数据主义的价值取向与元宇宙的发展需求高度契合,数据主义本身不仅是信息科技发展规律的必然产物,更是有力推动元宇宙这艘超级数字邮轮的精神动力,但同时,其也夹杂着渲染数据至上、信息万能的价值立场。

从本质上看,数据主义的价值立场在根本上形成了对人本主义的剧烈冲击,如赫拉利所言:"在18世纪,人本主义从以神为中心的世界观走向以人为中心,把神推到了一旁。而在21世纪,数据主义则可能从以人为中心走向以数据为中心,把人推到一边"②。由此,数据主义的"恶"之渊源就在于以数据为本代替以人为本进而强调并注重数据自由的至上性甚至可以僭越人的自由。

但是,人们对元宇宙的憧憬使得元宇宙的终极关怀应当是以促进人的自由、全面发展之人本价值为初衷与目标,这就要求数据的开发必须以人为中心、数据的利用要遵从人本导向、数据的治理更应以服务于人为目的。而数据主义则是倾向于以数据为中心、以效率为导向和以控制为目的,虽然效率化与控制性也是人类社会秩序发展所需,但过度化甚至标签化则促使作为数据主体的人反而成为被数据操控和分析的对象,人的降级、数据的越位则由此形成数据化的路径依赖。在这条依赖路径上,看似数据主义繁荣了数据化生活的社会场景,但实质上却是非理性地助长了数据霸权的膨胀,孵化出"元宇宙利维坦"的雏形,最终将导致人本主义价值体系崩塌。对此,赫拉利就曾提及,数据主义不仅是21世纪最急迫的政治和经济议题,还是最重要的人文精神挑战③。

当然,以人本主义立场凸显数据主义之"恶",并非是绝对否定数据本身对于数字时代尤其是未来元宇宙的正向价值,况且数据主义也绝非是"元宇宙利维坦"风险存在的唯一动因。之所以剖析数据主义"恶"之渊源,意在强调并矫枉对数据价值认知的偏差,进而摆脱数据霸权的悖论必须回归人本导向的正轨。

因此,对于数据主义的本质分析以及对其"恶"之所源的窥探,是要警

---

① 赫拉利. 未来简史——从智人到智神. 林俊宏,译. 北京:中信出版集团,2017:349。
② 赫拉利. 未来简史——从智人到智神. 林俊宏,译. 北京:中信出版集团,2017:354。
③ 赫拉利. 未来简史——从智人到智神. 林俊宏,译. 北京:中信出版集团,2017:356。

惕将"数据主义认为,宇宙由数据流组成,任何现象或实体的价值在于对数据处理的贡献"①作为未来元宇宙世界中的社会信条,防止似乎一切人类行为和社会活动都可以数据化且必须数据化的"霸权逻辑"肆意,即所谓"无数据不生活",好像只有通过数据才能认知自我、只有量化的生活才是有价值的人生,由此将人生价值的衡量标准推向人所能带来的数据价值大小这一降维层面。事实上,"计算得清楚的东西未必都重要,重要的东西也未必都计算得清楚"②。借用西方先哲柏拉图经典的"洞穴隐喻"去看待数据主义的价值取向时,会发现"我们每个人都会处于某种'洞穴'之中,并始终有探索走出'洞穴'的使命。我们在发明、使用与享受数据技术的同时,一定不能放弃对数据技术的反思"③,以此才能收获憧憬中的元宇宙之"真"、科技造福之"善"、人的自我实现之"美"。

2. 聚焦算法规训的"险"

算法这个词最早出现在公元 825 年波斯数学家阿勒·花剌子密所写的《印度数字算术》一书中,描述的是解决问题的方法。如今在信息科技时代,算法被定义为计算机科学中有关解决某些特定问题的一系列操作指令。从计算机科学角度来讲,算法具有确定性、有限性、可行性、输入与输出等特性。其中,确定性是指算法指令必须要有确切含义、无二义性;有限性是指算法必须在有限时间内完成;可行性是指算法是可行的,描述的操作都可以通过有限次运算实现;输入与输出则代表了算法必须要有输入与输出过程。简言之,用输入的数据得到输出的结果就是算法的本质,这说明数据的量与质和算法的优与劣密切相关,这在元宇宙世界中更是显露无遗。

算法型社会正是元宇宙的典型特质之一,因为载于元宇宙虚拟空间中的数据若不能通过算法进行分析与处理,就无法体现数据应有的价值且更无从谈起链接融合虚实空间交互下的社会实践。当然,基于计算机科学中有名的"Garbage In,Garbage Out"的说法,算法并非总能被"投喂"优质的数据、也并非总能以"智能"的逻辑获得"向善"的结果。这即说明,算法并非绝对中立,算法因设计立场、部署目的、应用场景的差异而各有不同,但其轴心化的逻辑具有相通性,并且在元宇宙这种算法无死角的社会中,算法对人及人

---

① 赫拉利. 未来简史——从智人到智神. 林俊宏,译. 北京:中信出版集团,2017:333.
② 洛尔. 大数据主义. 胡小锐,朱胜超,译. 北京:中信出版集团,2015:16.
③ 高兆明."数据主义"的人文批判. 江苏社会科学,2018(4).

的社会将产生近乎"深入骨髓"影响。故而,在迎接真正的元宇宙到来之前,评断算法的良莠、引导算法的"向善"就极具"防患于未然"的必要。

（1）算法运行的轴心逻辑。元宇宙发展图景中,AI 不是被比喻为"上帝之手"①,就是被定性为"最强大脑"②。事实上,AI 就是一套利用机器深度自主学习能力对现实生活中大量分散的、碎片化的数据信息进行自动化处理的算法机制形式。

首先,隐性嵌入下的算法运行逻辑。

算法本身是源于研发者所设定的一系列技术性指令及作用的显现。这就形成负载于 AI 之上的算法所包含的数理逻辑往往被研发者或运用者从虚拟网络带入现实生活并内嵌于权力运行、资源分配、价值判断等社会结构体系中,同时,现实社会中的权力主体又倚仗在经济、政治、文化等层面的优势,借助算法机制专业壁垒的加持有力构筑了技术与经济、政治甚至意识形态之间的强强联盟。算法的这种隐性嵌入逻辑还具有普遍性、联续性、稳定性和恒久性的自动决策化效能,这就使算法获得对人在网络领域中大部分甚至全部信息和轨迹图谱进行"全周期""全天候"式的掌控,并由此赋予这些被自动获取的数据以预先设定的意义和内涵。而作为产生数据信息的人却不自知且已成为算法意义上的符号,此时"楚门效应"彰显于算法无死角的元宇宙社会中。

其次,概率统计下的算法运行范式。

元宇宙社会的运转机理将呈现为从物理社会的经验总结到虚拟空间下的数理计算的转变。这意味着,从牛顿的"大定律,小数据"技术范式向默顿的"大数据,小定律"技术范式的转移③。算法就是基于"大数据,小定律"范式,即"要求算法建立在概率统计的数理基础上,并通过智能化的机器依据特定场景、语境和实用需要,从海量的'大数据'中,随机提取特定的'小定律',从而对行为形成一种反馈机制"④,这便是概率统计逻辑。算法按照这种概率统计逻辑将获得对分散性数据之间的相关性解释,而非因果性关系,即以"大概率事件"为判定"YES"或"NO"的标杆并依此证明决策的正当性。

最后,效率先导下的算法运行面向。

---

① 贺晓光. 人类和世界交互的又一次升级：元宇宙中的 AI. 中国电信业,2021（12）。
② 陈根. 人工智能,成就元宇宙的"大脑". https://m.thepaper.cn/baijiahao_15184880,2021-11-02。
③ 王飞跃. 人工智能：第三轴心时代的到来. 文化纵横,2017（6）。
④ 余成峰. 法律的"死亡"：人工智能时代的法律功能危机. 华东政法大学学报,2018（2）.

第9章 从数据法理到算法伦理:"奥卡姆剃刀"定律的彰显

元宇宙的数字生态下滋养的算法数据群天然具有以效率为先导而非绝对精确为目标、倚仗相关性而非因果性的特质,即所谓"Garbage In, Garbage Out",于是算法的运行逻辑也就具有浓厚的效率先导色彩。在庞大的数据世界中,效率价值是最容易被量化的且更符合数学计算的要求,这也与元宇宙运行本身的逻辑相匹配。

(2)算法规训的权力阴影。爱因斯坦曾提到过,"自然界是可以想象得到的最简单的数学观念的实际体现"①。这一观点在随后快速勃兴的计算机算法发展领域获得持续印证,不仅事物性质的科学观可以用算法语言加以表达,而且根据数学算法方案的执行过程也能对自然本质予以实证,由此,"自然中的规律即为算法规律的自然观"这一理念得以盛行。尤其是在知识型汇集与科技化极致的元宇宙社会形态下,"重视数据而不重视实物"②必然成为人们生存、社会运转、治理依据的第一要义。

作为算法型社会的元宇宙,"万物皆算法"成为渗透于虚实共生、物数交融的人类生活常态中,人本身的想法、感情、欲念的实质都是不同的算法,植物、动物和人类的基因序列也是不同的算法,甚至宇宙间所有物质或非物质之间的差异度、多样性、变化率都需要以不同的算法表达、证实,人类社会貌似进入"算法本体论"时代。在这个时代中,凭借算法深度学习能力与精密处理数据的技术优势,产生对社会组织、政府和公民等的控制力与影响力——算法权力应运而生,自然谁掌握了这样的算法谁就能成为元宇宙中最重要的主体甚至成为新的操控者,而能够掌控算法资源的毕竟是少数精英,这样元宇宙就被重新带回"英雄创造与主宰历史"的再循环中。

在法国哲学家米歇尔·福柯的观念里,现代权力不再是依靠可见的暴力,国家主权、政府职权只是权力的典型形态。例如,古典时代的权力所有者——君王是可见的,且其权威的出场多伴有献祭、加冕、凯旋等仪式,甚至公开行刑或展示酷刑的场面都是其炫耀权力的"消费"。而在现代,权力自身是不可见的,权力对象才是被迫可见的,随时受到监视,这是权力技术演化的关键③。

---

① 克莱因.数学:确定性的丧失.李宏魁,译.长沙:湖南科学技术出版社,2003:358。
② 海勒.我们何以成为后人类:文学、信息科学和控制论中的虚拟身体.刘宇清,译.北京:北京大学出版社,2017:3-4。
③ 李埼.从惩罚到规训:权力的技术与权力的演化——以"权力—肉体"关系为切入点的《规训与惩罚》.厦口大学法律评论:第15辑.厦口:厦口大学出版社,2008(6):288-308。

可见，传统权力的终极威力不过是停留在剥夺生命的低级阶段，而现代权力则已开始对身体行为进行训练、教导、管理，现代权力非但不消灭肉体反而要通过对人肉体的"规制与驯顺"让其更好地服务权力控制下产生的自动、隐性的奴役需求①。这即是"规训"，它是一种权力类型，但并非是一种宏观政治体制，也不是国家机构的一部分，而是一系列包含为达到某种目的而使用的各种微妙的技巧、技术和手段、程序，最终确保控制力"从整个社会机体一直到这个社会的最小组成部分"②的细致入微的渗透。

算法规训正是这种现代权力在科技世界中的升级版本，通过以庞大的相关性数据证明的事实引导行为选择，从而潜移默化改变人们对于生命意识与意义的认知，被"驯顺"于某种占据优势地位的价值评判标准之下。

首先，在元宇宙的社会机理中，公共权力的维度上嵌入算法数理逻辑的渗透性应用。"公共权力"本是公共治理过程中，由政治主体及政府部门掌握并行使用以处理公共事务、维护公共秩序和增进公民福祉的支配力、分配力、控制力。但随着算法规训与公共权力的交错共谋，算法规训逐渐演变为一种具备重新配置国家与社会、政府与公民之间关系的新型政治主导行为，进而奠定了算法权力的合法性基础。但由于技术的本质具有人性，算法在理论上难以证成"价值祛除"，在实践设计与应用环节中还可能存在"利益预谋"倾向。这就使得算法规训作为一种以技术载体为形态的权力，将进一步强化政治决策本就无法始终做到价值中立的缺憾，并将本就有着倾向性的政治社会系统中难免存在的偏见进一步放大，形成算法规训下由选择偏见、潜意识偏见、数据偏见、确认偏见等组成的"算法歧视链"社会，这显然侵蚀公平正义，当然也并非元宇宙构架的初衷。

其次，在元宇宙的主体活动中，公共空间的维度上则由代码生成的算法予以技术化编程。公共空间本应是介于私人空间和公权领域之间的允许并需要聚合公众自由、平等、真实表达与共同讨论公共事务的开放化空间。公共空间对于公权领域具有批判性，同时又是公权合法性的基础来源，有效性的公共空间甚至可以倒逼公权力更好维护社会总体利益和公共福祉。然而元宇宙中无处不在的算法规训却可能导致"越是爆发式增长的信息越让人无法获取有效信息"的诡吊，这正是"丰富的信息导致关注的贫乏。当我们被大量的信息淹没

---

① 福柯.性经验史（增订版）.余碧平,译.上海：上海人民出版社,2005：88-90。
② 福柯.权力的眼睛——福柯访谈录.严峰,译.上海：上海人民出版社,1997：159。

在其中之时，我们难以确定关注什么"①的悖论体现。元宇宙中的现实真人既是数据的生产者又是数据的利用者，总之是身处数据充斥的空间中。但庞大数据本身对于个人而言的直接作用并不大，因为需要借助算法来加以分析、抉择、处理、决策才能产生数据价值及其意义象征。由于元宇宙中数据流的巨幅流转，必然凸显的就是数据智能化算法全方位替代甚至淘汰人体生物化算法，如前所述，算法并非价值中立更不可能价值祛除、价值无涉，于是人们在事先输入某种价值偏好或利益倾向的算法下，所接触和选择的就很可能是同类型化的信息供给与决策结果，这首先"驯顺"了人们的基础认知。同时，基于元宇宙"圈层社群"中人的共情心理选择嗜好，算法也会根据数据反映的用户身份背景、知识结构、兴趣旨向、行踪轨迹等指标间的相关性内容，将圈层偏好及需求输入算法流程进而完成"对口化"的定制信息推送，这就又"驯顺"了人们的价值确信。

可以说，算法规训通过勾勒信息边界，开始是达到人们对特定标准、立场保持集中的注意力与心理的舒适感，久而久之，同质化的信息供给便为人们编织了"信息茧房"，随后则是加剧信息的不对称甚至强行建构出偏异甚或背离现实的虚拟真相，算法的代码编程成为人之主体的精神建构与价值评判的主导性力量，这在一定意义上就已培植出操控性意蕴的权力。因此，算法规训必然成为元宇宙公共空间中迅速崛起的权力主宰，这就如马克斯·韦伯的观点，"权力意味着在一种社会关系里哪怕遇到反对也能贯彻自己意志的任何机会，不管这种机会是建立在什么基础之上"②。于是狭隘性甚至是专断性的信息场域形成，不仅固化个人的认知而且很难营造充分自由、自主的差异性、多样性见解，公共空间实质上遭到算法碾压，算法规训不仅干预群体多样性选择，而且很可能直接对公共意见越俎代庖，甚至还会利用算法黑箱掩盖以"隐私换便利"的诱导，从而筑起数据集合与算法编码"共谋而生"的霸权牟利平台。

总之，在元宇宙中是算法将虚拟与现实的二维双重世界中的个体予以黏合。算法通过自动化决策，一方面可以将个体的线上、线下数据进行整合，形成对特定主体行为偏好的精准预测和评估，并依据自动决策结果将个体归入特定组群或类别中；另一方面即使不依靠人直接提供数据，只是针对个体人在应用某类软件如位置信息等检测而产生的数据，再或是根据用户行为衍生

---

① 奈.硬权力与软权力.门洪华，译.北京：北京大学出版社，2005：152。
② 韦伯.经济与社会（下卷）.林荣远，译.北京：商务印书馆，1997：81。

推导出的数据，都可以作为算法决策有效运行的依据和基础。在这一过程中，本应是主体的人反而成为算法决策的对象，但其自身可能无从知晓某一对其产生影响的决策是算法如何做出的。由此，人的主体性处于不断丧失的状态之中，人对于决策形成过程亦无法有效参与，与之相伴而生的就是作为主体的个人应有的知情权、参与权、异议权和救济权纷纷失效，甚至个人的自由和尊严在都会受到不同程度的挑战和侵犯。不仅如此，算法存在"利益预谋"与"价值偏好"的技术与人为双重风险，这将滋生具有系统性、反复性的算法歧视，这是因为一旦某一个体或者某一群体在算法模型设计过程中被锁定于某一分类，则该算法将有极高概率延续现有的分类情况和阶层架构，由此以"算法成见"强化了潜在的社会不公，并"结构性锁定"地产生了系统歧视决策。而这些都成为助长元宇宙形态下算法规训侵蚀个人的主体性、驱逐个体的隐私权、结构性的歧视锁定、矮化人的意义世界的权力阴影所在。

9.2　走出"数据洞穴"——数据的法理依据与治理

未来的元宇宙就是一个以数据"武装"个人与社会的时代，人的一生与社会发展的全周期都会以数据的形式被记录、分享并依据数据予以衡量、评价、决策，"基于互联网海量的'大数据'和每时每刻与现实世界的信息交互"[①]是元宇宙达到虚实共生的基调与常态。在元宇宙还未真正到来的当下，海量数据其实已在不断塑造拟像化的人生价值与社会意义，也许在当下的数字信息发展阶段，数据价值并未令世人有浸入骨髓的深刻理解，只是直观体验到海量数据的精准、便利、丰富等对人而言那种充满神奇且有用性的认识。但如前所述，海量数据是信息技术的产物并必然为数字经济服务，技术本身并非如乐观主义者所言是"价值中立"的，经济驱动也一定是以"利益增长"为基础动机的。那么，在未来元宇宙发展中基于信息技术与数字经济的共谋之下，数据带给人们的就不单是工具意义层面的认识与感受，而是全面触及人的思维方式、价值观念甚至颠覆人为作为生物链顶端"主宰者"的地位。世界就是这样的奇妙，很多激流勇进的社会变革结果往往在变革过程中不被人所关注，于是世界变革

---

① 贾根良.第三次工业革命和工业智能化.中国社会科学，2016（6）。

最终常以令人"意想不到"的姿态出场。这种"意想不到"在农业时代、工业时代等物理世界变革中也存在，当然也带来了社会的聚变，但这种聚变的过程还是留给人们有适应、喘息的空间与时间。可是，在元宇宙时代，这种"意想不到"的变革一旦来临就很可能令人措手不及，因为借助科技的力量，数据的迭代增长与指数级变化会将人迅速作为对象来测量与计算，而"楚门效应"在数据主义与算法规训的作用下在元宇宙中倍增放大，人更是不自知。事实上，数据自有人类就产生与存在了，只是最初人们无法通过有效方式收集、利用数据进而其价值与威力无从显现，但在信息科技与数字经济极致发达的元宇宙世界中，数据不仅如工业经济支柱的"石油"资源一样重要，而且相关的数据资源、数据要素、数据权益、数据安全等都成为与元宇宙发展的经济命脉密切相关的根本。

这就在警示：海量数据已在拟像人的社会与人生，这既是社会发展的趋势，又是迎接未来元宇宙到来奠定基础的必要，但元宇宙并非一场纯粹科技力量"秀肌肉"的聚会，而应是呈现人的智慧所在、追求人的自由全面发展、实现人类真善美至高境界的价值盛宴。柏拉图在《理想国》的第七卷中叙述了一个著名的"洞穴之喻"的故事[①]，以亦真亦幻的洞穴式生存拟象在寓言着人类是生活在一个充满拟象的世界中，这其中不仅包含着柏拉图将自己曲折坎坷的人生游历经验融入对于政治、哲学、教育等的哲理思考，而且也蕴含着当代科技时代人们生存状态的预言。而在元宇宙中，古典"洞穴之喻"故事将以"数据洞穴"的现象得以重现，这里的"数据洞穴"指的就是以数据为基石、纽带、黏合剂而搭建的人类生存与社会运转的数字化环境。"数字洞穴"之下，人是数据的生产者也是数据的消费者，数据是人的生活工具又是人的生态环境，幸运的是，数字洞穴之下的人比"洞穴之喻"故事中的人更富有智慧且可以保持理性。元宇宙世界中拟象化生存方式随处可见，"数字洞穴"现象不可避免，但这并不意味着人是被淹没于数据海洋中，人更不能迷茫于数据笼罩之下。所以，人应以生产数据、利用数据、反思数据的主体身份自由出入"数据洞穴"而非仅寄生于此，依托人本主义的数据价值观、人文理性的数据制度体走出"数据洞穴"，成为数据的主宰而不是数据的奴役。

---

① 柏拉图.理想国.郭斌和、张竹明，译.北京：商务印书馆，2011：275-277。

9.2.1 以数据正义超越数据主义

以色列历史学家赫拉利在评价数据主义时认为,"人类很少真正能够想出全新的价值观,上一次提出已经是 18 世纪,人文主义革命开始宣扬人类自由、平等、博爱这种令人激动的理想……数据主义是自 1789 年以来第一个真正创造新价值观的运动,而这个新价值观就是'信息自由'……新的'信息自由'与过去自由主义所谈论的'言论自由'不能混为一谈。言论自由赋予的对象是人类,保护的是人类思考及说出自己心中所想的权利……相较之下,信息自由赋予的对象并非人类,而是信息。而且在这种新价值观看来,信息自由流通的权利应该高于拥有并限制数据流通的权利,因此可能侵犯到人类传统的言论自由"。[①] 可见,数据主义的存在与主张正是人类社会前进尤其是科技进步的体现与产物,但与此同时,也暴露出数据主义倾向于技术崇拜、数据至上而导致人的主体性异化、社会歧视的隐蔽化、隐私权利被侵蚀、人之尊严被矮化等一系列新型不正义的恶果。

在未来元宇宙的发展中,数据主义不仅不会势弱反而会弥散、浸透于人类生存、交往的虚实共融空间中,所以人类社会既要直面数据主义更要超越数据主义,不能被束缚于数据主义恶果的禁锢之中。那么,这正是需要以"数据正义"的价值理念遏制甚至抵消数据主义之"恶"的放纵,进而避免未来的元宇宙成为升级版的"利维坦"而非促进人类自由全面发展的"桃花源"。

1. 数据正义的理论立场

数据正义的理论立场是建立在反思数据使用过程中存在的各种不公平对待的基础之上,尤其是反对非正义的标签化归类。

首先,数据正义并非"完美正义"理想的化身,毕竟,未来元宇宙世界的发展是超乎想象的不定式,所以采用开放性、比较化的思路去更积极关注、及时回应元宇宙实践中的不公平现象,不失为一种灵活、客观、辩证对待数据主义之"恶"的立场。

其次,数据正义的理论立场也拒绝"一元论正义"的认知,也就是说,一边倒地以社会安全或个人自由为缘由去排挤其他有利于促进和保障人的自由和权利、推动社会良善走向的主张,都可能是不正义的。概括而言,数据正

---

① 赫拉利. 未来简史——从智人到智神. 林俊宏,译. 北京:中信出版集团,2017:348.

义是根植于数字信息科技时代的现实场景与未来实际发展的需求,故而也是符合和促进元宇宙未来实践的正义观。

2. 数据正义的核心内容

数据正义的核心内容包括数据"见与不见"的合理权衡、数据技术应用的约定前置、数据不公平对待的剔除。

(1)数据"见与不见"的合理权衡。

一方面是指数据应对"公众可见",即元宇宙中的权力主宰者和超级头部平台的数据使用范围、方式、目的、机制、流程等应对全体公众公开,以保证公众对社会规则制定尤其是管理监控的相应知情权、参与权、监督权,这涉及元宇宙情境下"去中心化"之后又"再中心化"的多元化准权力运行的透明度和公信力问题。另一方面是指数据应对"第三方不可见",即便是以维护公共安全之名将个人数据置于"权力之眼"下凝视,但需要对治理主体以外的第三方加以绝对保密,由此回避与防范个人数据被滥用,并应确立泄露及不当使用数据行为的法律责任及问责机制,实现对个人隐私保障与数据正常流动之间的平衡,并划定人在技术治理生态下应有的自由边界。

(2)数据技术应用的约定前置。

元宇宙对集群化信息技术的依赖不言而喻,但技术始终都应既是治理的工具也是治理的对象。"约定前置"就是要求元宇宙中的权力主宰者和超级头部平台对数据技术的应用内容、数据如何采集使用、被采集的个人数据享有哪些权利、如何共享数据利益甚至定性化的逻辑依据等都必须与相关群体、潜在用户进行先期约定或事前说明,这实质是以技术为治理对象、以维系人的主体价值为目的。"约定前置"是元宇宙"居民"在自觉选择的自由前提下获得真实知情同意权的关键程序,因为实际的正义其底线首先在于尊重人"需要什么"而不是鼓动人"主张什么",这也是为减少不公平对待和实现个人自由提供程序化保障。

(3)数据不公平对待的剔除。

广义之下,数据不公泛指因数据使用而产生的一切不公平对待。"数据不公"在元宇宙这样一个算法主导的社会中,不再是带来"数字鸿沟""信息茧房"等不正义的社会现象,还会倍增为类似"数字种姓"等不公正、歧视化的社会体系,而在叠加效应之下最终酝酿并扩散为"数字人权危机"甚至"数字主权危机"等深远却极具现实的问题。所以,坚决剔除"数据不公"是元宇宙世界坚守的底线价值标准。

3. 数据正义的价值标准

数据正义的价值标准体现为，一是反对"一元论"价值并排斥数据控制的绝对化，尤其警惕以维护安全之名肆意扩张、延伸技术的治理触角，下沉于危及个体自由与主体地位的层面；二是强调对数据权力的制衡、对数据权力的赋能、对数据治理的多元参与，注重平衡技术赋能与技术赋权之间的张力；三是秉承数据世界的智能化与法治化同构共建的制度生态，从而科学、理性、人文化地控制"技术王国"实力的无限扩张；四是重拾技术治理的人本导向和人文精神，以技术赋权反噬数据主义、收缩数据控制。

9.2.2 以数权体系形塑数据治理

数据是未来元宇宙社会正常运转的黏合剂，因此元宇宙也会体现为"没有预先设定的秩序，超越了分类体系的限制，是在利用数据时根据需要重新排列组合，建立一种特定的、满足个性需求的新秩序"①，而这种新秩序建立的基础便是数权。所谓数权，即指在以数据为核心的虚拟空间中，人们基于数据资源共享为本质、追求价值最大公约数而衍生的各种权益的总和。那么，围绕数据权属与利益、数据效能与利用、数据保护与治理等建构的一系列新型法治秩序，就是走出"数据洞穴"而畅游元宇宙广袤空间的重要保障。

很明显，元宇宙社会将是超级发达的数字经济时代的一种新形态，财富增长的重要依托是数据。所以，当前及未来应始终关注数据的归属、性质、权益等问题，这是在为元宇宙的到来备有用之功，同时这些问题又将牵涉数据治理全周期中的个人隐私、数据产权、数字主权等诸多权利义务的讨论与分析。从使用数据到关注数权的递进正是人类社会从物理工业时代迈入数字信息社会的必然，更是人类朝向数字文明高阶版的元宇宙迈进的过程。

1. 数权：权利叙事与权力范式的二维基础空间

从法学和经济学角度看，无论是把数据归入资源还是设定为资产，数据既具有一般商品所包含的交换价值和使用价值等，又具有一般商品所不具备的诸如可共享性、非消耗性、零边际成本等特征。此外，数据载体是离散化的数

---

① 温伯格. 万物皆无序：新数字秩序的革命. 李燕鸣，译. 太原：山西人民出版社，2017：4.

字信号，对其进行"增、删、改"操作不受时空限制，存储、传输和应用也没有实质损耗，这就使得数据的权属关系面临边界模糊及在隐私保密、安全风险等方面又具有特殊性。从本源上讲，公共数据的源泉乃为个人数据的汇聚与积累，这就产生了具有分析、预判、决策等效能的公共信息，因为这些公共信息承载着若干个体数据集成而来的群体性特征与社会化欲求。鉴于此，需要从数据应用的基本属性与法权种类的基础组成中探讨数权问题。

从法权种类的组成基础来看，数权具有私权和公权两大基本属性特征。若以维护个体利益为目的，其本质是个人在数据方面的利益与资格的体现，即为"数据权利"，则具有私权利属性；若强调出于保护或增值公共利益的目的而主要由诸如国家机关、政府组织或占绝对资源优势的企业平台使用时，则使数据呈现公共产品的资源性，即为"数据权力"，则具有公权力属性。由此，以私权和公权的两大基本属性的存在共同构成数权体系的二维空间。

（1）就私权利属性而言，是以权利叙事的范畴说明数据权属的根源，即是兼具人格权属性与财产权属性的新型权利。

作为新型人格权，个人数据来源于自然人且具有一定的人格利益，数权起步于个人数据权。个人数据权，是以人格利益为保护对象，数据主体对于自身数据具有控制与支配的权利属性。因为个人数据包括一般个人数据、隐私个人数据和敏感个人数据，其中如姓名、肖像、隐私等已上升为具体人格权，无须以个人数据权进行保护，而其他个人数据则必须通过个人数据保护权的机制进行保护。

作为新型财产权而言，在"流量为王"的数字经济发展当下就已经达成"数据有价"的社会共识，在未来的元宇宙时代更会如此。况且，个人数据已在现实中突显财产权益的价值，诸如海量数据的汇聚很可能成为颇具商业价值的效益型信息，但在商家获利链条中数据主体却被排除在外，故而如何衡量数据主体对自身个人数据享有部分财产权或是否还应有其他合法权益，便成为法治科技的新命题。

（2）就公权力属性而言，是以权力范式的框架来论证数权的存在意义与功能价值。

法理上，现代所有公权力都应为理性所支配而正当作用于保护公共利益。在元宇宙的数字社会中，数权虽然最初源于个体数据的贡献，但它更多价值是通过关乎平台发展、社会运行、国家安全等诸多公共领域的利益得以体现，

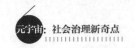

故而探讨数权就不能仅关注数据私权,更应重视数据公权的正当化使用。

尤其是在元宇宙的运行逻辑下,"信息成为分配资源的权力本体"①,权力已悄然从传统中心化向去中心化领域蔓延与流动,这其中是否占据优势数据资源将成为是否有效掌控权力的新标准,数据不仅赋予现代公权力新的意义而且发挥着重置权威的功能,即权力可以数据化且数据也能权力化,于是坐拥海量数据资源和先进数字技术的主体将逐渐成为数字时代的新权力中心。同时,数据具有传统暴力手段和财富增长方式所不具备的改变世界的超功能,而任何权力都有滥用的可能,不断膨胀的数据权力也不例外。所以,数据权力必须遵循权力善治的逻辑,才能不断有益于数权所构成的元宇宙社会良性发展;否则,谁掌握了海量数据,谁就可能在未来产生对国家、社会、他人的威胁与挑战。数字主权的主张与维护、数据权力的规范与约束必然成为元宇宙世界中的新型法权关系。

2. 以"数据共享"奠基元宇宙的"数尽其用"

数据治理在元宇宙社会中的核心就是规范数据权力,保障数据权利,但这二者之间又呈张力之势:若对数据权力不加规制,则极易对数据权利造成损害,如曾经的斯诺登曝光的"棱镜计划"、2018 年 Facebook 的数据滥用丑闻等即是例证。但过分保护数据权利又会对数据要素的开放利用、价值传递、迭代增值等形成掣肘,结果更不利于元宇宙社会新形态的良性循环。

在传统法律关系中,很多权益都来源于物理空间的社会中,在法律上具有"排他性"和"独享性"特征,典型的是物权"一物一权"原则。因此,若继续固守物理空间下的法律调整去框定元宇宙世界中的权益问题,则可能不是无法有效回应数据安全问题而使"数据人"屡遭被侵权的困扰,就是制约了数据本应有的价值效能发挥。可见,以物理空间中"占有"为核心的法律制度模式已存在诸多不适应数字时代文明的发展需求,况且无论是让渡数据私权还是限制数据公权,其本质都是通过最大限度地消除数据壁垒从而盘活数据流通。而数据共享正是调和让渡与限制的缓冲空间。因为以智能技术的集群应用和数据正义的价值精神所构架的元宇宙被天然地赋予了开放平等、协作跨界、虚实交融等一系列去中心化、脱域性的生态底色,这也就决定了数权本质上具有共

---

① 布莱恩约弗森等.第二次机器革命:数字化技术将如何改变我们的经济与社会.蒋永军,译.北京:中信出版集团,2014:20-30.

享性,"一数多权"是实现元宇宙世界中"数尽其用"的根本原则。

9.2.3 从技术之治转向良法善治

元宇宙发展的逻辑本质仍须是为"人"而服务,那么针对元宇宙世界中的数据治理问题,就不能单凭先进尖端的技术之治,而应注重蕴含公平正义与人本精神、符合客观规律又能回应民情社意的良法善治。

未来元宇宙竞争中的大国博弈,当全景化、大规模的数据应用在为经济增长带来新契机、为生活便利添姿增彩的同时,也会潜藏甚至引发对国家数据安全的严峻挑战。因为通过数据可以提炼新信息、发现新知识、获取新情报,毕竟数据是作为"事实—数据—信息—知识—情报"信息链中5个要素组成的中间环节而存在,而实践中因数据的安全风险引发的政治隐患甚至是挑战危机也屡见不鲜。可见,作为信息载体的数据不仅具有可观的商业价值、资本热点,而且其对国家安全和战略防御还蕴藏着极具情报功能的巨大潜质,这必然关乎国运民生。

因此,首先应从宏观上把握元宇宙数据治理的定位。

1. 践行"共建共治共享"理念驱动下的数据治理新格局

一方面,以跨界融合的创新发展理念打造多元参与、民主协商、自主自律的共建方式,以期形成资源整合、权益平衡、机会公平的共享机制。另一方面,应始终秉持公平意识、人本精神与共享思维的法律精神。在确认数权主体之间的利益关系及规范数权公益与私益界限时,需要注重数据利益交换的公平性与伦理性,并确立在数权世界中尊重人的主体性地位,重视人与技术、人与数据的自由关系,以维护人的数据权利而增进人的福祉。此外,还应在全社会范围内广泛传播数据共生、共存与共享优先的"有限利他主义",并以科技应用倒逼法律制度创新、科技赋能驱动法治运转创新,进而科学有效地预防与遏制诸如"数据霸权""信息垄断""治理赤字"等肆意侵犯公众利益、有损公信力权威的社会隐患。

2. 权衡张弛有度的数据安全与数据利用之间的合理界限

元宇宙必将是个极其自由、丰富但又蕴含诸多新型风险的社会,所以"绝对安全观"对其极不适宜。由此,"相对安全观"更应成为保障元宇宙世界中数据相关权益的理性定位。在数据安全保障与数据治理法规的设计上亦应遵循科学发展规律，尊重数字经济特质，要充分认识到数据价值需建立在海量数据的收集与传播、分析与共享之上，才有可能满足元宇宙指数级的价值创新需求与效益增长趋势。这就需要将兼容与平衡数据安全和数据利用，定位为设计数据治理规则机制的一体两翼，以数据利用不导致不合理危险为红线，并允许采用激励相容措施及相关制度保障，以谨慎对待数据安全与数据利用间的张弛有度实现元宇宙社会中的良法善治。

3. 充分彰显"攻守兼备"的数据主权理念

数据主权的战略保护在当今世界已是关乎国家安全、经济安全、社会稳定和民众福祉的重要国策，在未来元宇宙时代，数据主权对一个国家而言更是生死攸关。所以，强调数据主权的法治主张与法律治理当然是元宇宙主权的应有之义。基于当前既有国际社会的相应做法，就应当预知未来元宇宙社会中的数据治理定位既要强调数据的跨境调取之"攻势"，又要重视对数据的出境管控之"守势"。充分发挥现代国家治理主体的法律智慧与科技驾驭能力，结合数据应用的不同场景去设计并形成对数据资源调配取舍有度的数据法规，实现以"共进"为动力、以"共赢"为目标的未来法治效果，并为元宇宙时代的命运共同体提供更具生机活力的数据治理规划。

9.3 穿透"算法滤镜"——算法的伦理回归与形塑

元宇宙应是一个开源共建的超智能社会，当前数字社会阶段下的算法多聚焦于计算某类群体或单一个体的节点化、类型化、概率化的需求，而在元宇宙社会中的算法则辐射贯通于数字虚拟世界、现实物理空间、人类真身与数字替身之间万物纵横交错的关系。在未来元宇宙中，作为交往实践主体的人，通过无缝对接的各类算法获得元宇宙负载的集群化高尖技术应用的便利，进而驱动各类智能技术与机器设备满足并拓围人的意识空间与行动场域完美接洽于虚实相融、脱域分身的"融宇宙"甚至是"超宇宙"的自由状态下。因此，从以算法为认知媒介、以算法为运转驱动、以算法为关系润滑剂的功能意义上而言，算法就是元宇宙世界的基础原动力。况且，就算法作为科学技术本身而言，算法的初衷即是依据智能化计算为人们提供便捷、精准的决策辅助，从而高效实现人们预设目标的对应选择，由此提高并促进人实现合规律性与合目的性有机统一的最大自由。

但随着工具主义泛滥、资本逐利入场、技术崇拜盛行等，算法中的"用户偏好""志趣倾向""个性定制"等，实则是由产生源源不断的流量、聚合高容量的关注度以及隐蔽倾斜化的利益预谋等市场化、强势性的主体逐渐把控，并由其利用算法将世界编织成一个事先设定好的程序网，身在其中的人们不仅面对的是一个实质上无趣、无生机的程序循环世界，而且逐渐沦为算法尤其是算法规训力之下的副产品。人们还在感慨诸如"猜你喜欢""为你推荐"等都是算法对自己"贴心服务"的科学化决策结果，正所谓"比你更了解你的是算法"，但实际上这些都不过是通过算法规训而锻造出的"滤镜化"呈现而已，这便是"算法滤镜"。

"算法滤镜"不仅与元宇宙的开源共建精神相背离，更是将维系与保障元宇宙良性发展的"道"与"术"本末倒置。人的自由全面发展是元宇宙之"道"，而算法的代码编程与功能则是元宇宙之"术"，若让"术"主宰了"道"，那元宇宙将不是在推动人类自由全面发展的进步，而是将刚刚摆脱纯粹"自然丛林法则"的人类又覆辙于"技术丛林法则"的混沌中。因此，应穿透"算法滤镜"去洗涤、剥离混入其中的反人本意蕴的因素，遏制"算法万能"观念与"算法霸权"行径在元宇宙世界中的肆虐，防止人的生存状态在未来元宇宙世界中只能是束手就擒地被动与沦陷。

9.3.1 "算法滤镜"背后的工具主义

工具主义将人视为工具，将算法视为需遵从的权威，算法决策的结果是行为的目的，这是以算法的自动决策性取代人的自主思考性。同时，当某一价值标准或计算指标以代码编入算法后，在算法系统化与程式化的反复运行中又易于形成结构化的偏见甚至锁定性的歧视。显而易见，算法的工具主义若在元宇宙发展中得以膨胀，既会造成人的单向度丛生，又会因过度依赖算法效能而矮化人的意义世界，最终算法的工具主义立场将会撕裂元宇宙的社会凝聚力与包容度。

一方面，无论是基于当下已显现的部分还是对未来元宇宙的预判，人们抱有"技术恐惧思想的可怕并不仅在于它似乎在现实中有某种基础，而更为可怕的是这种思想所营造的陈规与成见所形成的对问题看法的壁垒"[①]。可见，

---

① 戈菲. 技术哲学. 董茂永, 译. 北京：商务印书馆, 2000：11.

来自算法的陈规、成见、意见壁垒很可能造成人与人之间交往成本的加重、人际关系的隔阂、价值认知的排异，由此实际上很难构筑一个包容万象、价值共识、万物互联、虚实共生的开源世界。

另一方面，作为以数据为"燃料"、以"算法"为引擎的元宇宙，从本质上讲，内含于此的人际交往更多地将体现为以数据为根本的信息传播与反馈，这就如美国应用数学家诺伯特·维纳在《控制论》中所提出的观点，"一切物质的存在，不管是天体、生物、机器直到人类社会以至于人的思维过程，都构成一定的'系统'，具有不同形式的控制、反馈功能"①，而这种反馈功能在元宇宙中直接体现为算法的调节、控制机制，但若形成算法工具主义的路径依赖，则极易使元宇宙发展处于"在数据信息库的背景之下，个体被限制到超级全景监狱中"②的社会状态中，由此算法型社会的元宇宙无形间将人囚禁并使人陷入算法编码程序的内循环之中，那么身处其中以算法身份与外部世界发生交互的人，其实他的行为和认知全然由算法权力予以布控与划界，这让人与其自身的疏离感加剧、让人与人之间的隔阂感增强，亦即人因"物化"而矮化，人的意义世界出现"异化"。

而人们没有警觉这一切却一味盲目乐观，必将不利于人们对元宇宙憧憬的实现，反而会随着算法型社会的元宇宙脚步越来越近，算法所突显的力量也愈加强大且让人更易于产生直观感。人们对科技复杂性的"不明觉厉"感更容易被夸大，这样算法的技术力量不仅成功地裹挟了人类的认知标准与判断依据，还带来了人们对于算法强大力量的技术崇拜。可见，"算法滤镜"在向世人展现智能化、数字化的便利、精准、快捷的"比你自己更了解你"时，其背后实质上藏匿着消弭人的主体性价值认知与存在的工具主义，这就需要以既能保护和促进人之自由全面发展的价值重塑，又需要以满足元宇宙终极目标关怀的价值依托。

9.3.2 算法伦理的价值回归与旨向

元宇宙的世界不仅是一个"技术王国"，更是一个人类文明多样化存在、高阶版发展的社会形态。因此，代表人之为人的基础价值与人伦底线不应该在

---

① 熊澄宇.传播学十大经典解读.清华大学学报（哲学社会科学版），2003（5）.
② 张金鹏.超级全景监狱：信息方式下的权力技术——波斯特论信息方式下的统治模式.南京社会科学，2007（8）.

第9章 从数据法理到算法伦理:"奥卡姆剃刀"定律的彰显

元宇宙世界中被排斥或消灭,只可能是升级换代为新的具体表达形式。在元宇宙还没真正到来但社会舆论与行业认知已经将其烘托到一定"氛围"的当下,能做的就是先从塑造"算法伦理"的正当性入手,以此为算法型构建的元宇宙社会予以必要的基础奠定,理性权衡将何种伦理道德嵌入算法当中,目的是使算法朝着人类对未来元宇宙所期许的美好憧憬方向发展,促进人在追逐元宇宙梦想的过程中获得人类社会的自我成长与进步,最终回归到元宇宙梦想的初衷,以防与促进人类自由全面发展的终极关怀渐行渐远。

因此,进入元宇宙世界中的算法需回归于两层基本价值的旨向:一个基本旨向是源于人本主义、人文价值的意蕴;另一个基本旨向是出于科技发展规律的需要。

1. 人本主义与人文价值的旨向

就人本主义与人文价值的意蕴而言,元宇宙中的算法伦理应秉持以下价值基调:

(1)关注人权面向。从本质上看,算法在元宇宙中的最终目的应是如何更好地"导航"人在虚实交错空间中的行为活动与利益所需。在这个意义上,算法伦理是算法在尊重人的尊严、非歧视、法治、透明、责任、参与以及被赋予权力等人权基础上得以建立,这就要求算法在代码编程与建模设计时必须充分考虑人的因素、满足人的需要,而不应以所谓的"技术中立"损害人的利益、僭越人的价值。

(2)坚守社会公正。算法的好坏、优劣不应仅以其技术层面的精密与否来判断,还应看这种精密是否有助于社会公正的增强、是否与公共正义的价值取向相匹配,至少不得有违、有损社会公正,否则"邪恶"的精密将造成无可挽回的损害。

(3)服务人类福祉。未来元宇宙社会中,从人的身份构建到资源占有、资产确权到经济运转、交易流转以至政府决策、国际交往等多重化、立体性的全域空间中,都是由算法直接或间接地适用其中,发挥着不只是黏合剂、润滑油的功能效应,它将展现出超乎想象的科技力量,去左右、改变、生成、消灭或"善"或"恶"的社会意识形态以及价值判断依据。因此,如英国哲学家培根所说的那样:"科学真正合法的目的,是把新的发现和新的力量惠赠给人类生活"①，这就要求算法释放科技力量去改善人类的生活、增进人类的福祉。而以人类福祉作为目标反过来可以为算法的设计和使用引进新知识、拓展新功能，促使算法取向与社会伦理之间既保持合理张力又能互补共进。

（4）激发人类美德。人是算法的设计开发者与使用者，算法的效应是付诸于人而得以体现。当吐槽某种算法因"机械化"而显得"不聪明"时，有没有想过这也可能正是算法以其"机械式"的程序激发人对"规则意识"的接受与强化，当然这种被调动的规则本身必须是包含促进或发展人的善良、诚实、勇气、节制、礼貌、关心等美德品质的因素。所以，算法的精髓不在于多么超级精密而在于是否能够更好地体现与强化人类在科技自动化、智能化、数字化的元宇宙世界中，呈现良善、宽容、文明、自律的一面，超级紧密是算法的理想，但具备良善应是算法的底线。

2. 科技发展规律的旨向

算法是信息科技发展的产物，同时在元宇宙世界中更是以其特有的技术效能而成为不可或缺的基础性驱动力，所以算法伦理也应同时满足以下几点符合科技运转规律的价值取向：

（1）增强预防性。算法的不确定性蕴藏着复杂的风险，这就需要对算法进行周全的考虑从而最大化地避免对人及社会造成的技术威胁及外溢损害。成熟且智能的良好算法应该包含算法设计者的道德责任与功效上的长远适应性。这就要求算法设计主体应在更广泛数据测算领域中寻求相关性更为充分、多样的数据链或群组，据此在预测算法可能带来相应后果的基础上，充分考虑、权衡社会认知、道德标准、人文环境等因素之后，再展开算法建模或代码编程的工作，而不是等问题呈现之后才去关注和处理。由此，最大程度地回避算法设计的盲目性与混乱感。

（2）提升透明性。算法的透明性是指对算法的代码、内容、形式以及用法、组织、管理等信息的公开和透明。事实上，数字虚拟领域中的大多数用户都在面对"算法黑箱"，在算法信息获取中处于劣势。至于对某种算法的安全性、客观性、有效性、精准度、信任感等，基本都是在主动或被动地勾选"同意"条款适用之后才有所体验、感知及了解，而这样的状态若仍发生在未来元宇宙世界中，将对用户造成极大的潜在隐患。因此，算法设计时应在前置公开与

---

① 韩启德. 科学如何迎来"突破期"？. https://baijiahao.baidu.com/s?id=1652460890690978152&wfr=spider&for=pc

解释说明不涉及商业秘密的必要推算指标,以增强用户对算法的识别度与判断力,从而减少使用者对算法不确定性的担忧。当然,这也可能引发诸如黑客作恶或怀有不良目的的人或非法组织更容易通过自身掌握的算法知识侵入算法内部更改算法的内容,以牟取利益和达到不可告人的目的。但这并非是拒绝算法透明性价值取向的必要理由,算法设计仍应积极通过不断更新算法、精进代码技术以及建立法律规章制度加以避免。此外,算法是否透明决定了某一算法是否与社会相融合,越透明的算法,越能与社会价值匹配,越易被社会成员所容纳与接受,这样也可以尽可能规避因算法透明性所带来的反面作用。

(3)强化友好性。算法是科技的产物,必须为人服务,所以有效促进人机交互并产生良好体验感的才是算法的智能化表达。所谓算法的"友好"包含可读性和可操作性两个基本面,简单来讲就是算法便于理解、易于操作地使人高效、顺畅甚至带有休闲趣味地完成了问题的解决。此外,算法的"友好"在增强人机界面流畅性体验的同时,应是而且必须是减少算法的漏洞与不足,以避免浪费大量的计算资源。这一点在未来算法无处不在的元宇宙世界中极为关键,否则不友好的算法很可能成为元宇宙社会循环中的"定时炸弹",不仅无法有效解决问题,还可能引发人与人之间的矛盾,造成社会的不稳定。所以,在算法的设计与开发过程中,友好性理应是算法伦理的价值旨向。

9.3.3 游走于算法与法律间的形塑

算法,无论是在数字经济发展初阶的当前社会中,还是于未来全域化数字生态的元宇宙社会中,它都是社会进入科技化、智能化发展阶段的重要媒介,更是创新社会构建方式的重要模式或手段,就如有学者所言"媒介提供了新的传播手段,而这又为改变人类生活方式提供了新的可能性,它的基本逻辑是社会建构的传统,即人类可以使用媒介来改变社会的建构方式"[1]。的确,算法具有输送现实社会与虚拟世界之间数据信息资源、对接彼此无缝循环的重要作用,同时更是保障未来元宇宙社会富有活力与动力的重要引擎。这即说明,算法在科技信息时代与法律一样,都是人类行为准则、社会运转体系的一种,只是各自发挥规则效能的侧重领域不同而已,在数据虚拟空间下人们的交往活动,当然是以算法为侧重。但是,若过于强调算法的功效,又会使 9.3.1 小节

---

[1] 施蒂格·夏瓦,刘君,范伊馨.媒介化:社会变迁中媒介的角色.山西大学学报(哲学社会科学版),2015(5)。

所述的算法规训力膨胀、工具主义盛行,甚至存在侵扰或损害人的权益与利益。人们常说"网络世界不是法外之地",那么,象征人类文明高段位进步成果的元宇宙世界当然更不应该是"法外之地"。

元宇宙世界更应该是一个规则体系丰富多样、规则效能完善有力的文明社会,既具有科技文明的高精尖特征,又需要满足人文普适价值追求,并应以人类自由全面发展为终极目标。所以,未来元宇宙中的社会规则体系构建必将是关系着人类命运共同体的世界性话题,但其构造基础中一定不可或缺的就是人文的法律与科技的算法。因为,"法律是存在道德维度和价值理性的。它蕴含的对人的生存状态、自由、权利、尊严和价值的关怀和尊重,能够抵制技术治理过程中的非理性、非人道的因素,从而有效反拨因过度强调技术理性而导致的人的技术化、客体化和社会生活的技术化"[①]。但与此同时,也必须以辩证发展原理的视野与国家总体安全观的眼光去审视元宇宙在迎来人类社会未来发展的"高光时刻"之际,也将夹杂着更多可预知或不可预知的新型风险,毕竟"风险"是"发展型社会"的"常态",当然并非总是"正态"。元宇宙社会发展也是如此,所以,这就要求代表人文结晶的法律也要顺时而动地积极回应科技时代的聚变需求并擅长"与科技为伍"的创新应用。否则,人类既有的法律机制在面对极富新型风险挑战的元宇宙未来发展时,仍旧会再次陷入循环性的老问题——"不学习的法律可以应对一个具有高度确定性的社会,但伴随着风险社会的到来,社会交往的复杂性和不确定性急剧提升,如果继续沿用不学习的法律,主要基于事后规制针对特定当事人进行治理,势必难以应对风险社会的各种问题"[②]。因此,当前持续关注法律制度的运转机制与算法编程的推理逻辑之间的交融互促,是奠定形塑未来元宇宙社会规则体系的基石,这与元宇宙是一种驾驭集群化高精尖信息科技与承载人类自由全面发展最高价值的极致化发展需求息息相关,而以虚"向"实的算法法律化和务实"象"虚的法律算法化则是形塑元宇宙治理构架的基础脉络与底线。

1. 以虚"向"实的算法法律化

元宇宙世界中的算法是规制人的行为和调节虚实交错空间下社会关系运

---

① 郑智航. 网络社会法律治理与技术治理的二元共治. 中国法学,2018(2)。
② 余成峰. 法律的"死亡":人工智能时代的法律功能危机. 华东政法大学学报,2018(2)。

转的核心机制,"代码就是法律"① 已不是一个结论而是一个事实。但作为技术产物的算法天然具有工具主义倾斜的偏向,况且受"Garbage In, Garbage Out"原理的影响,数据的有限性、质量的良莠不齐特别是数据控制者的主观性等,很可能导致依据数据群训练的算法自身就带有不完备性、偏见性乃至有失公允等瑕疵。这就需要为诞生于硅基空间中以代码编程运行于虚拟数字环境下的算法设置法律化的现实屏障,通过法律机制与形式体现、引导、规训算法设计初衷与关键应用节点,以法律的正当性目的、合法化标准督导代码的合规化、算法的正义性。尤其是针对凭借坐拥海量数据和算法核心技术优势而形成算法权力的新型资本的疯狂逐利、"算法霸权"对以政府为主导的国家治理秩序的底线冲击、"算法黑箱"对公民合法权益的各种侵害等,都需要以相应立法模式与相关监管机制予以规范、制约、矫正,以法律的力量规训和改造算法工具主义的过度倾斜。简言之,让"看不见"的算法要符合法律精神和法治原则下的"可理解"化,即算法法律化的以虚"向"实。

算法的法律化趋势在当前很多已经进入数字化发展阶段的国家中普遍推行,尤其是面对日渐强势的由资本主导、技术把控合谋而成的算法权力,各主权国家最有效的反制武器就是将算法法律化。通过明确针对有关算法的设计基本立场、具体部署应用的安排、参考数据范围的指标、平台监管问责的路径等法律制度规范体系与运行机制,强化提升政府的数据安全意识,注重约束资本利用数据的行为与目的的考量,在全社会范围内普及提高数据和算法安全性的意识认知。当下既是如此,那么在未来的元宇宙社会中,更要将算法的发展应用予以法律化的再规训。

2. 务实"象"虚的法律算法化

算法与法律本是在虚、实两种不同空间下的规范类型,算法源于并运转在硅基空间中的数字世界,法律出于并落实在碳基生态中的物理社会,但随着信息科技革命改变生活与生产的强劲驱动,虚、实两界空间互溢相融已日渐成为人类生活的新常态,并催生出了元宇宙的憧憬与构建。于是算法与法律之间也不断产生交集,不仅需要算法的法律化从而确保算法的"科技向善",而且更需要法律的算法化进而达到以"科技赋能"法律创新与法治增效,最终有效维护和有力保障人在科技生存状态下依然具有的主体性价值、拥有的独立

---

① 莱斯格.代码2.0:网络空间中的法律.李旭等,译.北京:清华大学出版社,2009:89.

性地位。从目的价值上来看，法律的算法化最终还是为实质意义上人的发展及人的社会进步服务，从功能形态上看，法律的算法化是需要算法的技术反哺并以算法的运转模式加载法律的价值精神与内容指标，这即是法律算法化的务实"象"虚。

众所周知，法律是以捍卫公平正义为主旨，所要彰显的是价值理性，但同时注重的是以事实为依据与以法律为准绳之间的"事实与规范"的"因果性"联系，"惩恶"是法律的底线。而算法是以效率先导程序优化为主旨，所要彰显的是工具理性，但同时注重的是建立在数据、代码的基础上结合不同应用场景所形成"相关性"联系的决策结果，"最优"是算法的目标。可见，无论是最先进的法律还是最高级的算法，其自身都无法做到完美无瑕、无懈可击，所以更需要以法律的算法化来奠定并提升人在元宇宙世界中所能直接掌控的规则体系。而法律的算法化模式将体现在法治运转的全周期，实际上就是善用算法所包含的工具理性为主导的代码执行机制、数理计算逻辑的正向效能，从而增强立法的科学民主、执法的透明严格、司法的公开公正，以算法推理的"最优"结果作为辅助法律坚守"惩恶"底线的参考，由此利用算法提升法治效率的同时不断增进法律的算法化水平与进程。

综上所述，由于数据和算法是未来元宇宙社会的两大基石，所以对元宇宙社会即将迎来的人类治理文明新奇点的把控，首先就应以数据与算法为关键的切入口，就如同"奥卡姆剃刀"定律的原理所释，未来元宇宙社会集聚多变的治理规则体系与超级丰富的人类治理文明的生成、进化，不是当下所能全景描摹或盖棺定论的，所以，至少应紧握数据与算法，就是在抓住治理文明新奇点到来的关键与根本。由此能够尝试断定的是，元宇宙所带来的治理文明新奇点，既不是技术的乌托邦所能实现的，也并非是以人类的法律死亡为结局的。元宇宙及其未来依然是人类文明漫漫征途之旅的脚注，只是这个脚注带给人类更多的憧憬与想象，更具裂变性的机遇与更富冲击力的挑战。

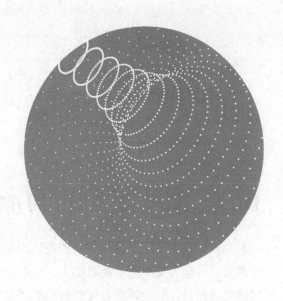

第10章

从科技向善到技术平权：元宇宙的敏捷治理

10.1 数字经济发展中的元宇宙

当前,数字经济作为一种新的经济形态,正成为推动经济发展质量变革、效率变革、动力变革的重要驱动力,也是全球新一轮产业竞争的制高点和促进实体经济振兴、加快转型升级的新动能。从"数字化生存"的口号到作为经济发展战略的数字化转型,互联网、移动通信、云计算、大数据和人工智能等信息通信技术所引领的网络化、数字化、智能化一浪高过一浪,人类正在步入深度数字化和深度智能化时代。正是这一时代趋势,使得人类的生存空间逐渐从物理空间迁移到赛博空间(Cyber Space),从而水到渠成地催生了元宇宙概念的创新与发展。元宇宙的构想与构建具有超越性,把人类带进了一个由数据构成的空间,它不仅涉及现实、虚拟及扩展现实等感知体验世界,更是一个超越现实与虚拟体验,涉及符号、象征、想象等观念和意义创造的世界。由此可见,元宇宙的实质内涵就是利用数字技术形成的高度沉浸式虚拟化的数字世界,在其中人们可以高度拟真地体验从事模拟真实世界的大部分活动。

根据 2016 年 G20 杭州峰会发表的《二十国集团数字经济发展与合作倡议》对数字经济的定义,数字经济是指以使用数字化的知识和信息作为关键生产要素、以现代信息网络作为重要载体、以信息通信技术的有效使用作为效率提升和经济结构优化的重要推动力的一系列经济活动。[①] 互联网、云计算、大数据、物联网、金融科技与其他新的数字技术应用于信息的采集、存储、分析和共享过程中,改变了社会互动方式。数字化、网络化、智能化的信息通信技术使现代经济活动更加灵活、敏捷、智慧,元宇宙就是其中最新的发展领域之一。

当前业界和学术界对元宇宙的基本共识认为:元宇宙是一个平行于现实

---

① 中国网信网. 二十国数字经济发展与合作倡议. http://www.cac.gov.cn/201609/29/c_1119648520.htm

世界，又独立于现实世界的虚拟空间，是影射现实世界的在线虚拟世界，是越来越真实的数字虚拟世界。在元宇宙世界里，人们可以通过虚拟数字身份进行交流，并且可以进行创造、共享、共治，甚至产生一些经济活动，是一个能与现实世界互联互通的虚拟世界。元宇宙不仅是一个游戏，也是全球创新竞争的新高地，应该有更大的想象空间和发展空间。由于现实世界有自然法和成文法的规制，未来元宇宙中治理和规制就必不可少。

人类历史上戏剧和电影的发明其实就是最早利用虚拟世界来模仿现实世界。早在1965年，"计算机图形和虚拟现实之父"伊万·苏泽兰在他的《终极显示》一文中提出了显示的最终目的是创造一个人类无法分辨真假的虚拟世界，并且这一世界还可以与人类进行互动和实时改造，构建了元宇宙最早的图景。加拿大科幻小说家威廉·吉布森在1984年出版的短篇科幻小说《神经漫游者》中提出了"赛博空间"的概念，描绘了一个存在于现实世界之外、由计算机定义的兼容物质和代码的世界，可以认为是元宇宙的早期想象。1990年，我国"两弹一星"功勋科学家钱学森将虚拟现实的英文"Virtual Reality"翻译为"灵境"，开我国元宇宙研究之先河。自20世纪90年代以来，根据摩尔定理，计算机芯片能力以指数级大幅度跃升，3D技术在娱乐、科研、军事等领域得到飞速发展，利用新一代虚拟引擎技术构建的自由世界游戏已经可以达到高度拟真的光影效果，而利用模拟技术进行飞行员、驾驶员训练也早已经在军事、教育等领域得到广泛应用。2021年，香港中文大学（深圳）的蔡玮教授团队在第29届国际计算机协会国际多媒体会议上发文，从宏观角度提出一个三层的元宇宙架构并总结出元宇宙的七个特征：区块链、VR/AR、数字孪生、用户内容生成器、UGC、经济学和人工智能。元宇宙的终极目标是建构一个完全能够模拟现实世界、涵盖诸多领域的虚拟世界。

目前元宇宙相关的若干概念目前在科学上十分不清晰并有误导性，通过虚拟和增强现实进行扩展和辅助人类对现实的认知，适度使用是合适的。但"元宇宙"在字面上表示有"宇宙的初始阶段"甚至有"超越宇宙"之意，如果元宇宙真的天马行空、完全超越脱离现实世界，可能就成为无源之水、无本之木。因此塑造元宇宙，就应当与现实世界高度关联且不能完全脱离现实世界，一旦失去了这种关联，元宇宙就失去了根基。也正是因为这个原因，基于现实世界元宇宙治理就变得与元宇宙发展同等重要，缺乏治理体系、恣意野蛮生长的元宇宙注定不能长久发展。

10.2 元宇宙的应用价值

进一步探讨元宇宙的应用价值,要从元宇宙未来的可能应用场景来进行分析。简而言之,在可见的未来,元宇宙将逐步应用在娱乐、数字化交易、数字劳动、数字教育与科研、军事等领域。

10.2.1 元宇宙中的娱乐

在英国电影《虚拟现实战》中,一群在线玩家被邀请尝试先进的虚拟现实游戏,但当他们真正进入之后才发现他们的的确确在为自己的生存而战,在虚拟世界里战胜恶魔,最终回到现实世界。这类娱乐是当前元宇宙的重要开发动机和使用动机,就开发者而言,将现有的以 3D 电影和游戏为主要架构的数字娱乐体系进一步延伸到高度拟真浸入感的元宇宙架构中,无论从商业宣传、产品布局、技术延伸和利润获取,都显而易见是一个非常好的噱头和方式。元宇宙应用于娱乐是首要选择。对使用者而言,同样在追求能够以更低成本获取更为丰富精彩的娱乐体验的方式,而通过数字虚拟的方式获取远比在实际生活中的娱乐方式更加容易,因此,不断追求更加新奇、精彩、夸张、自由的数字新世界也是一种可行的实现娱乐目的的方式,也将现实世界中普通人打造成虚拟世界里的英雄、超人,角色扮演(Role Play Game,RPG)类的游戏不仅进入电影,也成为参与者的日常,元宇宙的虚拟与现实世界边界越来越模糊。

从虚拟现实技术发展来看,3D 电影、3D 游戏、虚拟现实和增强现实等技术,都毫无例外率先应用于个人娱乐领域。元宇宙与传统 3D 体系娱乐的区别在于将以更加浸入的方式将使用者带入新的娱乐场景,给玩家提供一个崭新的虚拟世界。这个虚拟世界里的物体都是尽可能地对真实世界里物体的模拟,虚拟世界中的每一个数字人,也都是在人工智能的支撑下高度模仿真实人类,与用户进行语言、知识甚至是情感上的互动。元宇宙的娱乐和真实世界之间因此而令人产生"今夕何夕"之感。未来不断完善的元宇宙将成为人类的终极娱乐形态,即在另一个世界真实地扮演一个人,这样的虚拟人在元宇宙里可以永生,摆脱了碳基物质身体不得不走向衰老、死亡的宿命,以数字人的赛博形态永存于元宇宙。

10.2.2 元宇宙中的数字化交易

自20世纪90年代开始，互联网从美国崛起，随着门户网站、电子商务的发展，互联网经济成为资本追捧的热点，2000年前后美国的互联网泡沫破灭致使纳斯达克指数从5000多点下跌到1000多点，投资者损失惨重。但此后网络经济2.0版本来袭，以Google、百度、Facebook、阿里巴巴、腾讯为代表的平台在21世纪初开始强势崛起，截至2021年底，全球零售电子商务的交易额约4.9万亿美元，预计2023年将突破6万亿美元，这体现出消费者对于在线交易的巨大需求和增长潜力。同时，从互联网发展的历史来看，数字交易也成为网络发展的主要核心资本推动力。当前全球的主要互联网巨头、平台企业约三分之一以上以电子商务为主业，即使以社交媒体为主业的平台也在涉足电子商务。

然而，电子商务在通过第三方支付如支付宝、微信支付等解决了在线支付问题之后，始终无法解决的难题是用户体验，如线上购买衣服一直都没有线下实体店购买过程中试穿、搭配、比较的体验感，成为阻碍电子商务尤其是电子零售高端化与舒适化的核心难题。元宇宙的诞生可以在电子商务领域得到充分应用，部分解决互联网时代线上购物体验感严重缺乏的问题。通过构建元宇宙体验店，厂家和服务提供商能够对传统上的典型需要体验的服饰类、汽车类、住宅类乃至酒店旅行等产品服务进行沉浸式体验。除了传统电子商务体系的元宇宙延伸外，元宇宙内数字类商品的交易也将成为重要的数字交易形式，例如元宇宙内用户主体的衣食住行和用户之间的物品交易。2021年12月，元宇宙平台Sandbox上的一块虚拟土地以500万美元的价格售出，创下元宇宙房地产交易价格的新纪录，打破了一周前该平台上一块虚拟土地430万美元的成交价纪录。元宇宙数据和分析公司MetaMetric Solutions在2022年2月发布的数据显示，2021年四大元宇宙平台上的虚拟房地产销售额达到5.01亿美元（约合人民币32亿元）。

在元宇宙平台上，数字类产品将具有更为逼真的形态和更大的拥有与体验价值。大量数字产品也将在元宇宙内被创造和交易，从而成为与现实世界平行的经济系统。2021年底，韩国首尔市政府发布了《元宇宙首尔五年计划》，该计划2022年开始执行，2023—2024年进一步扩张，最终在2025—2026年完成。其中，2022年将通过第一阶段工作完成平台的搭建，引入经济、教育、观光等七大领域服务，总投资计划为39亿韩元（约合人民币2087万元）。

应当说，元宇宙的虚拟服务正方兴未艾，我们不必进行过早的价值判断，且静观其变，在学习、借鉴中吸收其精华，抛弃其糟粕。

10.2.3 元宇宙中的数字劳动

数字技术的发展始终与社会生产息息相关，从电子计算机诞生伊始，即很快被用于生产和经济管理体系。自20世纪60年代开始，计算机辅助设计（Computer Aided Design，CAD）、计算机辅助生产管理（Computer Aided Production Management，CAPM）技术迅速发展起来，并逐步升级，结合生产领域的自动控制技术，大大推进了整个工业体系的自动化进程。此后包括客户关系管理（CRM）、物料资源计划（MRP）以及企业资源规划（ERP）、财务管理信息系统（FMIS）等一系列数字管理系统的广泛应用，使得经济中管理活动的大部分转为数字管理。从20世纪90年代开始，以CAD为代表的数字设计与生产技术使得数字工厂成为可能，数控机床的大规模应用、3D打印的普及，使得数字制造成为继计算机辅助设计之后取代人工的重要进步。

进入21世纪后，高技术制造企业皆在推进数字化工厂转型，如美国波音公司通过全数字化虚拟设计，有效降低了三分之二的研发时间和近一半的研发成本。与此同时，伴随着工业互联网的推进，使所有的设备成为在线可见的生产资源成为可能。这就意味着可以通过元宇宙接口操作元宇宙内的数字孪生设备完成实际生产设备的调用和控制，可大大提高整个经济体系的效率，而类似于在线会议、在线驾驶、在线翻译等相对简单的生产性劳动更为常见。随着人工智能（AI）的普及，甚至过去主要由人来担任的律师、咨询师、理财师也开始了数字化替代的进程，如智能投资顾问就部分取代了理财咨询师的位置。当然，元宇宙中的数字劳动还可能不对应于生产端，既包括面向实际生产的来自个人或者企业的数字设计劳动，也包括纯粹面向元宇宙内部消费的数字劳动，例如在元宇宙内设计房屋。

10.2.4 元宇宙中的数字教育与科研

教育和科研始终是数字技术自诞生以来就被充分应用的领域。计算机辅助教育（Computer Based Education，CBE）是计算机技术在教育领域中应用的统称，它涉及教学、科研和管理等教育领域的各个方面，包含了计算机辅助教学和计算机管理教学等。20世纪五六十年代，计算机辅助教育技术就在美国出现，自20世纪70年代起美国就开始构建了遍布全国的教育与科研网络。从20世纪90年代开始伴随着多媒体互联网的发展，推进了世界范围内大规模开放在线课堂慕课（MOOC）的发展。近年来，受新冠肺炎疫情影响，互动式远程在线课堂又成为全球教育的新形态，在范围、深度等多方面实现了远程教育的新突破。然而，现有的在线教育交互始终无法解决学生的全身心浸入问题，尤其是对于少年儿童的教育，教育环境对其注意力和教学效果的影响更为相关，元宇宙显然会带来更为浸入式的教学体验，未来可以成为CBE的元宇宙升级版，教学效果可以大大提升。

从科研角度，元宇宙可以构建更好的科技工作者的交互平台，如元宇宙内的科研会议、期刊发表等都有助于更好地实现全球交流，也可以利用数字化的实验设备形成远程合作实验等。目前一些大型科研机构之间已经实现了在线的设备共享，如大型天文望远镜、地震监测设备等。此外，元宇宙基于对自然规律的模拟可以辅助替代大量真实世界的科学实验，解决现实世界某些实验难以完成的难题。例如，农学家不需要在实际的田地进行新作物种植，可以利用基因变异规律在元宇宙中对种植作物进行测试；物理学家可以利用元宇宙内的设备来观察天体演化，进行力学、电磁学实验；化学家可以进行化合物的配比筛选，创造出新品种化合物等。

10.3 数字经济背景下元宇宙治理问题的提出

根据中国信息通讯研究院2020年12月发布的《全球数字经济新图景2020》，截至2019年底，测算的47个国家数字经济增加值规模达到31.8万亿美元，其中美国数字经济规模全球第一，达到13.1万亿美元。这47个国家数字经济占GDP比重达到41.5%，其中德国、英国、美国数字经济占GDP比重已超过60%。全球产业数字化占数字经济比重达84.3%，2019年全球数字经济平均名义增速为5.4%，高于同期全球GDP名义增速3.1个百分点。其中中国数字经济增长领跑全球，同比增长15.6%。全球三大产业——服务业、工业、农业数字经济渗透率分别为39.4%、23.5%和7.5%。[1] 数字经济正逐步向信息通信产业与传统产业深度融合发展的方向迈进。

---

① 中国信息通讯研究院. 全球数字经济新图景（2020）——大变局下的持续发展新动能，2020（10）.

相比数字经济的发展进程、数字产业化的实现程度，我国的产业数字化依然处于发展初期，特别是先进制造领域数字化应用程度亟待提高。未来特别突出数字时代科技创新与实体经济的结合，推动数字经济与实体经济的深度融合，让一切数字技术的创新源泉充分融入实体经济中，使互联网、云计算、大数据、物联网、金融科技、元宇宙等数字经济成为驱动实体经济内涵式发展的动力，在数字经济与实体经济之间形成"你中有我，我中有你，你离不开我，我离不开你"的数字生态发展模式。数字经济正在成为重组全球要素资源、重塑全球经济结构、改变全球竞争格局的关键力量。平台经济作为数字经济的核心组织形式，在过去二十多年对中国经济的增长做出了引领性贡献。据中国信通院统计，截至2020年底，我国市值超10亿美元的数字平台企业197家，数字平台在各领域的分类情况如图10-1所示。

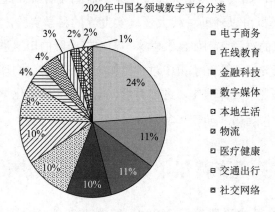

图 10-1　我国平台企业分类及数量占比

基于平台的元宇宙类似赛博空间、信息圈（Infosphere）以及与之相关的心智层、超文本空间、全球脑等，涉及空间隐喻的观念创新是平台经济的重要特征。平台经济本身在高速发展的同时，也带来了风险和隐患，如平台垄断和资本无序扩张。基于传统工业社会的法律规制无法应对数字经济时代的新挑战，因此完善平台经济治理体系的构建是我国现阶段发展平台经济的必由之路，未来应当坚持稳中求进，通过规范、透明、可预期的监管，稳妥推进并尽快完成大型平台公司的整改工作，构建完善的平台治理体系。

传统经济体系的治理模式是一种"中心化组织+监管机构"的形式，这种自上而下的管理，往往是由高级管理层统筹制定，然后层层下放执行。甚至在虚拟世界里，这种治理模式也大行其道。以《王者荣耀》游戏为例，玩家往往只有很少的自主权，而重要的规则，大到游戏规则制定、英雄人物技能的设定，小到人物的皮肤颜色、装扮身材等，作为玩家都只能接受并适应规则。但这样的治理模式并不能满足日新月异的互联网社会治理的要求。

区块链的分布式记账技术对传统中心化的治理模式提供了另外一种可能性。去中心化自治组织开创了一种新型的组织结构，是一种"去中心化组织+智能合约"的形式。在这种组织结构中，治理和运营规则都可以被编成代码放进智能合约。DAO由遵守这套规则的股东进行管理，并且没有中心化控制组织的权威机构的存在。从本质上讲，DAO将一个组织分解成一个单一的决策过程，同时激励其成员高效地加入或离开。这种治理模式可以让更多的参与者真正加入整个元宇宙的建设，并且前期的审查考核，又保证了加入决策的成员能够做出科学合理的判断，进而保证最终决策的通过是真正可以行之有效且符合整个世界建设的，而不是因为某些经济利益而一致通过的决策。这样的治理模式保证了DAO更科学且具有权威性。

在2021年Facebook更名为Meta事件的推动下，元宇宙正在成为预期的新一代数字技术驱动的创新热点。元宇宙之所以受到热捧，在很大程度上是因为它可以代表新一代数字、网络与智能技术应用的集成创新框架，而它未来是否能够真正引领数字化和智能化发展的潮流，其发展与治理就如同一个硬币的两面，最终要看时代的选择。有学者认为："元宇宙或许只是一个过渡性的概念，它代表了数字与智能技术的长期愿景，故以元宇宙为切入点，有助于我们重新从整体上把握深度数字化与智能化时代的科技社会新形态，理解其实质，并发现其中的问题。与此同时，由于元宇宙主要运用的是组合与集成策略，既可能导致基于技术累积与整合的保守创新，也有可能由此涌现出突破性或颠覆性的创新，故对元宇宙要深入研究，寻找真正值得关注的全新挑战。"

目前，鉴于当前元宇宙的发展尚处于概念传播与创新孵化期，在构建具体的治理框架之前，亟须进行一系列预见性的跨学科研究，分别从ICT、区块链、数字货币、经济学、法学等交叉学科领域提供一套基于理性认识的元宇宙治理假设。为此，非常有必要从元宇宙所代表的科技社会的未来趋势廓清其实质和问题，准确把握元宇宙开放性创新的认知策略，对元宇宙的价值和治理原则进行前瞻性研究。

元宇宙本身并不是一个像宇宙那样的科学概念，而是对数字技术所驱动和联接的信息空间的一种新的概括性描述，是一个根据技术发展而不断增减内涵的开放性的集合概念。近年来，元宇宙已经超越了斯蒂芬森1992年首创这个词汇时所赋予的沉浸式3D虚拟世界的内涵，拓展至现实物理世界中的物体、行动者、界面以及构建起虚拟环境并与之交互的网络等。元宇宙诞生于实体世界，但在生命系统中，人类认知的宇宙在所有的历史时期和所有的尺度上，都广泛地展示了偶然和决定性的成分。关于元宇宙的内涵，加速研究基金会（Acceleration Studies Foundation，ASF）发布的《元宇宙路线图：通往3D网络之路》指出：元宇宙是虚拟增强的物理现实与物理上持续存在的虚拟空间的融合，这一融合使用户可以同时对两者加以体验；没有一个单一的、统一的实体被称为元宇宙；元宇宙的建设意味着越来越多的虚拟和3D网络工具和物体将嵌入现实的环境之中并相互促进，并成为生活中的持久特征，而且这些技术的出现将取决于潜在的利益、投资和客户的兴趣，并将受其弊端和意外后果的影响。

为了描述元宇宙的发展趋势，加速研究基金会的元宇宙路线图选择了两组可能影响其演进方式的联续变化谱系——从增强到模拟的技术谱系和从私密（以身份为中心）到外在（以世界为中心）的技术谱系。其中，增强技术是指通过增加新的信息控制系统加强人类与物理环境的感知与互动，模拟技术是指通过构建虚拟或镜像的世界提供全新的交互环境，私密技术涉及个人（包括虚拟化身与虚拟主体）的身份、认知和行为等内在体验，外在技术为用户提供有关周围世界的信息和控制技术。

综上所述，基于数字经济的元宇宙在发展过程中突显出了治理问题，这也是本章要解决的核心问题。

10.4 元宇宙本身存在的缺陷

元宇宙在具有众多应用的前景和多方面优势的同时，也隐含着重大的缺陷，如虚拟与现实之间巨大的鸿沟，元宇宙背后运行逻辑不够清晰等。这成为元宇宙蓬勃兴起之初值得高度关注的问题。

虚拟世界带来的体验可以增加人们经历的丰富性，让人们获得更多感受。但其中也会存在一些安全风险。在视觉欺骗风险下，人人都可能面临肉眼无法识别的视频真假问题，带来了更多不确定性。从构成的本质而言，元宇宙始终是利用数字技术对真实世界的模拟和再造。即便元宇宙之中可能会包含来自人类想象空间内形成的数字镜像，可能形成与现实世界迥异的形态。然而，这依然不能改变元宇宙内部的知识和构件都是已知的事实。人类在基于虚拟现实的元宇宙内的任何活动，很难产生知识的增量。知识的创造体现了人类文明的一个重要价值，即对未知世界的探索；而元宇宙一旦形成和成熟，人类会将大量的有效时间投入本质上无效的已知数字世界的重复挖掘上。因此，元宇宙内知识增量的匮乏会引发人类大量的有效活动时间和脑力的无效浪费。基于此，元宇宙治理很大程度上是为了解决知识增量匮乏这一问题。

元宇宙与现实世界最大的不同在于其本质上是一个不确定性的世界。在未来，人们的嗅觉、触觉、味觉、痛觉都有被欺骗的风险。融合了AR、VR、MR、AI等技术的未来世界，是现实和虚拟高度融合后的产物，也可能带来一系列的安全问题。无论元宇宙在形态上拟合得多么逼真，有一天可以欺骗人类的大部分感觉，甚至可以通过脑接口直接和大脑皮层交换数据，然而这并不能改变元宇宙虚拟世界的本质，元宇宙中的探索并不能取代真实世界的探索。再逼真的3D游戏也是游戏，因为没有人对其行为负责，无论从开发者还是玩家的数量而言，都只是社会一小部分人的娱乐而不是普遍的社会行为。

元宇宙无论从概念还是发展的目标来看，都意味着其最终要形成对人类的大部分生活工作场景的虚拟替代。这也就意味着，未来的大规模社会资本和技术力量会持续向元宇宙这一体系投入，同时在降低企业运营成本和抢占新市场的双重驱动下，整个社会的经济体系也可能持续向元宇宙转型，从而进一步带动全社会的元宇宙化。同时应该看到，不论元宇宙以何种技术路径实现，都发生于地球、社会和人自身之上，因此促进人的可持续性、社会的可持续性、自然的可持续性发展应成为元宇宙治理的基本价值诉求。

当马克·扎克伯格信誓旦旦宣传把Facebook改名为Meta是为了给数十亿用户建设一个更加理想的元宇宙社会时，美国《大西洋月刊》的执行主编阿德里安娜·拉弗朗斯给予了非常尖锐的批评。她犀利地指出，Facebook与其说是个网络出版商、社交平台、公司或程序，不如说是一个"国家"。扎克伯格一直坚持以"治理"的逻辑和理念，来管理平台并塑造自身形象，甚至尝试建立类似立法机关的下属机构。过去一段时间，通过疑似影响选举、"封杀"特朗普等行为，它也事实上展现了对现实政治的影响力。但同时，Facebook所服务的对象，依然是以扎克伯格为首的公司股东，无论它如何标榜自己的

"民主机制",股东的投票权和利益显然更为重要。它当前对社会的伤害大于对社会的促进作用:一个有着29亿用户的平台,却可能在释放出大量有害信息。这充分说明:平台企业的垄断在元宇宙中依然存在,元宇宙治理正当其时。

我国应当在借鉴国际经验的基础上完善元宇宙治理的法律体系。2022年1月欧洲议会通过了《数字服务法》,旨在进一步加强对大型互联网平台的监管,确保平台对其算法负责,并改进内容审核;针对数据治理,欧盟颁布《数据法》草案,为数据共享、公共机构的访问条件、国际数据传输、云转换和互操作性提供统一的法律框架,以实现数据要素反垄断。

一个具有历史性意义的重要法律事件是:DAO 去中心化组织于 2021 年 4 月在美国怀俄明州得到立法保护。该法案的全称是《怀俄明分布式自治组织法案》(Wyoming Decentralized Autonomous Organization Supplement)。DAO 作为一个去中心化自治组织,并没有传统公司中"董监高"的角色,其运作依赖智能合约(Smart Contract),即通过计算机代码让组织自己运转起来,这些计算机代码里设置了收益分配方式、决策方式等重要运作规则。该法案有几个亮点:其一,该法案将 DAO 定义为一种有限责任公司,除非该法案或者州务卿另有规定,由该州的有限责任公司法予以规制。这意味着 DAO 的合法地位通过立法明确,同时适用于已经存在的有限责任公司法。该法案明确算法治理与人工治理并行,都属于合法的治理方式。这也意味着,技术治理成为一种新的治理方式。其二,该法案明确了智能合约的法律构造,组织性文件可以认为由三部分组成:智能合约、AOO(Articles of Organization)及经营协议(Operating Agreement)。这三个文件都有权对成员的权利义务做出规定,但在设置以上三份文件的冲突规则时,给予了智能合约最优先适用的效力,AOO 次之,经营协议最后。从这个冲突规则可以看出,DAO 法案充分认可了智能合约在 DAO 中的优先地位。其三,该法案明确了 DAO 应当被强制解散,以及可以被解散的情形。该法案的出台,对基于区块链的新兴组织形式无疑是重要利好,DAO 作为一种组织形式存在并活跃于人们的经济活动和协作模式中已经无可回避。怀俄明州是一个先驱,也相信会有越来越多的立法跟进,对于数字世界的治理会越来越完善,也对元宇宙治理提供了很好的借鉴。

在元宇宙中,对人的行为和生物特征数据的采集和分析将成为其运行基础。根据美国斯坦福大学 2018 年的一项研究,在虚拟现实空间中停留 20 分钟，会留下大约 200 万条眼球运动、手部位置和行走方式等数据。单对眼球运动的监测，就可以通过每一刻的视线位置、眨眼次数、瞳孔张开程度等详细的生物特征数据来了解人的心理状态和疲劳程度。在元宇宙中，现有的个人信息和个人数据保护方面的法律和伦理规范远不能应对这一新趋势，故从一开始就要从技术和管理上确保通过 VR 耳机、AR 眼镜或 BCI 接口获得的数据在使用时安全有益，并合乎伦理和法律。目前我国《民法典》规定了"自然人的个人信息受法律保护"原则，并将个人信息保护纳入人格权编，这些元宇宙中个人的行为模式是否能够列入自然人的个人信息？如何来保护更成为执法难题。

基于元宇宙的感知和体验幻觉会带来深度数字化环境下的生命与神经伦理挑战，这个挑战有可能带来诸如人工基因编辑的伦理问题。如果元宇宙真的将引领深度数字化的未来，技术开发者就不能不对人的心智或大脑在虚拟环境中的可塑性、虚拟行为对人的行为与身份认同的深度操控以及虚拟沉浸和虚拟化身对人的认知和心理的长期性影响等问题进行深入研究，进而在科学事实的基础上为人类的虚拟活动划定一个身体与认知安全的界限。否则，一些元宇宙产业开发无异于毫无伦理规范和法律制约的人体实验，每个人都有可能成为小白鼠。其中，对青少年等弱势群体的保护特别重要，从一开始就要明确限制青少年驻留元宇宙时间，防止沉迷游戏。我国《电子商务法》《个人信息保护法》《数据安全法》已正式生效，虽然在这些法律里没有明确元宇宙适用于相关法条，但元宇宙的运行和推广必须依照上述法律的要求。

元宇宙带来的负面影响包括由虚拟和现实的混淆与界限消弭带来的事实伪造和意识操控等社会认知伦理和精神伦理层面的问题。随着虚拟和增强现实技术逼真度的不断提升，加之人工智能伪造和脑机接口技术的采用，元宇宙的开发很难预防这些威力强大的技术的滥用。如它们很容易被用来混淆伪造的事实和真实的事实，甚至可用于虚构对特定事件和历史的虚假集体记忆，从而干预人们的社会认知，操控人的意识和精神，将对现实社会带来重大影响。未来元宇宙技术所形成的观点极化、"信息茧房"等反智主义和认知偏差将更为顽固，给社会带来撕裂等更难以破解的问题。

元宇宙的发展使得虚拟社会生活中的虚拟伦理问题再次受到关注。虚拟化身、数据孪生、数字人格、虚拟数字人以及数字资产权（如 NFT）等越来越成为元宇宙必须关注的问题，虚拟伦理因此而越来越走上台面。人们最终是否会普遍接受象征性和想象性的事物的价值目前看存疑,人们最终会不会普遍接受虚拟生活与现实生活在价值上的对等性和可交换性更难以证实或者证伪。曾经火爆一时的"第二人生"游戏最后被大多数玩家所抛弃,这在一定程度上表明了人性更偏好真实而不是虚拟,即"脱实向虚"并非元宇宙的未来。

10.5　元宇宙治理的理论研究方向

目前数字经济正在成为重组全球要素资源、重塑全球经济结构、改变全球竞争格局的关键力量,而元宇宙也已经成为人类文明发展进程中的一个重要奇点。由于数字技术、数字经济是世界科技革命和产业变革的先机,要提高我国数字经济治理体系和治理能力现代化水平,有必要根据元宇宙的发展轨迹,形成系统的治理导向,确保元宇宙符合人类文明发展的正确方向。

10.5.1　虚拟化只是现实的镜像而非人类文明演化的方向

人类工业社会的发展趋势之一是单位重量的创新产品价值越来越高:从原材料的矿石到冶炼出的钢铁,从钢铁到机器设备、汽车,再到诸多材料制造出的计算机,重量逐步减少,但单位重量的价值指数级增长。而驱动计算机运行的软件、运行的网络、数字经济几乎没有重量。但这一趋势并不意味着数字化、虚拟化就是人类文明演化的唯一方向,人类的未来绝不是蜷缩在0与1构成的数字空间中内卷,而是通向更高的对自然的理解与更广阔的对宇宙空间的探索,是数字经济与实体经济的深度融合,人类的现实世界生存和数字化生存、物质世界和精神世界二元存在才是人类历经数十万年文明并继续拓展文明的必由之路,马斯克的火星殖民探索是物质世界拓展走出地球、走向太空星辰的重要一步,而元宇宙则是将文明之光洒向更深远的赛博空间。因此,我们应该对单纯由资本和技术驱动的元宇宙虚拟化保持足够的警醒,人类文明的演化进程中既要防止现实世界2022年俄乌战争这样的悲剧重演,也需要赛博空间元宇宙治理的完善,防止人类文明在赛博空间掉入元宇宙的虚拟化陷阱。

10.5.2　利用元宇宙治理形成赛博空间的平衡

防止人类文明掉入元宇宙的虚拟化陷阱不是意味着阻止元宇宙的技术发展,事实也证明,阻止新兴技术发展是非常困难的事情,尽管其可能充满了极大的风险，但资本和创新者总会不顾一切地去探索。那么正确的方式是要防止元宇宙平台的一家独大从而扩展其平台优势和所在的国家优势。显然，元宇宙依然具有的巨大的经济和军事价值有可能被直接转化为现实强权的国家优势。因此，正确的方式是鼓励不同国家和主体进行充分的研究和探索，形成不同元宇宙的平衡。可以预见的是，伴随着元宇宙的研发和投资热潮，将会以企业为区别，形成大大小小的不同的元宇宙平台，互相竞争和融合。而如同互联网早期发展一样，元宇宙也将很容易形成相应的平台巨头，因此其具有的天然的垄断性，而且这种垄断性可能比网络平台更加强大，因为元宇宙的用户黏性会更强。从国家治理的角度，要鼓励元宇宙平台的相互竞争，从而避免元宇宙平台出现一家独大，从全球治理的角度，当前也要鼓励形成不同国别的元宇宙竞争，从而确保用户的选择自由。如果全球最后只剩下一家元宇宙平台，那么也就意味着这一平台对全球形成了压倒性的支配力量。在还未解决现实世界的全球冲突问题的当下，竞争性的格局要比出现一家独大的元宇宙平台好得多。

10.5.3　防止元宇宙形成虚拟上瘾的社会侵蚀

元宇宙对现实生活的最大侵蚀来自有可能形成部分个体对虚拟空间类似精神鸦片的精神依赖。元宇宙以其逼真的带入感、虚假现实世界，使大部分人足不出户就能够享受到虚拟的感官体验和自由人生，使得元宇宙变成了梦宇宙，虚拟现实光怪陆离的情节来不断吸引人们流连忘返，可能成为精神鸦片。现有游戏世界尽管同样光怪陆离，游戏设计者也尽可能增强游戏中的代入感，且增加了玩家的互动，但参与受众在总人口中并不占多数，大部分玩家是以纯粹的娱乐感来进行游戏。即便如此，游戏上瘾已经成为社会上关注青少年问题的重中之重，元宇宙上瘾可能和晚清的鸦片一样误国误民。未来的元宇宙以更为逼真的模拟和全方位的感觉替代，能够尽可能地消除人类的游戏感和角色疏离感，按照用户的意愿来构建场景和剧情。传统的网瘾治理策略，例如限制青少年游戏时间等方式，在元宇宙时代很可能并不可行，因为当绝大多数用户都依赖元宇宙时，通过一人一票的民主投票的方式显然无法出台限制元宇宙使用的法规，这就好比在人人吸毒的国家很难出台禁毒的法令一样，这就需要在元宇宙诞生之初就通过法规进行预先限制，因为凡事预则立，不预则废。

10.5.4 促进元宇宙与现实世界的真实联接

应该看到，数字经济在推动经济发展、提高劳动生产率、培育新市场和产业新增长点、实现包容性增长和可持续增长等诸多方面，都发挥着重要作用。当前，加快推动数字产业化、产业数字化，促进数字经济与实体经济融合发展，已经成为全球经济发展的重要趋势。一方面，与实体经济融合，是数字经济真正落地的重要基础；另一方面，数字化也为实体经济更好发展拓展了新空间，能够为传统产业转型升级，以及催生新产业、新业态、新模式等提供新动能。而基于数字经济的元宇宙也必须与现实世界真实联接，完美融合。

未来元宇宙的快速崛起对现实经济社会产生颠覆性影响的同时，会带来一系列治理难题。在传统经济活动中尚未解决好的问题，在数字经济中被进一步放大，如网络交易类平台纠纷、投诉居高不下；信息内容类平台治理形势较为严峻，虚假广告、低俗内容屡禁不止；平台间数据争议纠纷不断，平台企业责任亟待明确，平台垄断规制面临挑战。这些现有平台的问题可能存在于元宇宙，这就需要通过对现有规范实体经济的法律体系进行修法，对数字经济、元宇宙进行立法来规制。立法、修法中要顺应数字经济和一直在发展新形势，坚持包容审慎治理理念，创新治理方式，优化治理手段，营造规范有序、公平竞争的数字经济、元宇宙市场环境。

元宇宙的治理要始终建立在确保其与现实世界的联接、嵌合之上，元宇宙更应该是一个构建良好人机接口的体系集合，从而引导资本和技术投入其中。和数字经济与实体经济需要融合一样，元宇宙与现实世界的联接，需要教育、科研、工业、商业、服务等领域形成元宇宙对其的有效支撑和增强。换言之，要始终以现实社会作为人类构建文明体系的唯一基础，任何虚拟化的文明形态都应该是对现实生活的有益补充而不是替代。那种甚至认为让人类文明可以永生在数字系统中的想法至少在今日是非常不现实的，这需要在元宇宙的内容开发、场景构建、主要功能实现等领域进行前置性的治理参与和政策引导，限制元宇宙形成可以单独自我运行的封闭体系，引导其始终服务于现实经济社会和治理需要。

从元宇宙的概念形成开始，就意味着虚拟文明形态的种子发芽，并与现实文明开始了漫长的演化竞争。尽管目前看来元宇宙还极为粗糙，还远不能替代现实文明，但这并不意味着这种风险不存在。最好的方式是构建更好的现实文明体系和促进全人类对于文明责任的意识觉醒。这就要求无论从政治经济的精英还是到普通的社会个体，都要致力于构建更加良善和文明的现实文明。从国家引导的角度，尤其对于大国强国，要始终以人类文明的高度来完善实体经济社会的建设，并放眼宇宙，致力于人类文明的宇宙扩展。对于企业而言，同样要有这样的社会责任和历史责任，尽管资本最终的属性是逐利的，但是同样相信人类内在的良知对资本逐利的抑制。最终通过文明责任、制度构建、法律保障使得元宇宙摆脱虚拟化陷阱，成为人类文明跃升的奇点而不是通向演化之墙的歧点。

元宇宙的治理必须要坚持将元宇宙嵌合在现实社会之中，形成共生的文明体的前置治理导向。这需要从精英到大众的全人类共同的警醒和自觉，也需要国家政策和法规的限制和引导，那种认为元宇宙要形成完全自我循环不受监管的虚拟宇宙的想法是非常危险和错误的。人类文明的归途一定是在真实世界基础上的文明延展而不是在数字世界之中的自我局限。自18世纪以来，历次的工商业革命极大加快了人类文明的演化进程，尤其是数字技术出现的七十多年来，更是加快了这一进步过程。当今，网络、大数据、人工智能等一系列技术，正在催生一个全新的数字社会形态——元宇宙的产生，势必会对人类数万年来形成的以现实社会为基础的文明产生颠覆性的改变，从而形成人类文明进化历程中的重大节点。在这一节点到来之际，人类文明自身的选择非常重要，是迅速滑向数字虚拟化陷阱，从而撞上文明进步的数字壁垒，导致文明进步的停滞，还是进一步形成数字增强社会，激发全社会的活力和进一步加强向自然探索的能力，这成为当今人类所面临的重大历史性问题和选择。

目前我国存在元宇宙平台治理立法不完善问题。其一，数据产权界定不清晰，难以发挥市场机制对数据要素配置的决定性作用；其二，数据共享制度缺乏。欧盟《数据法》草案不允许平台企业签订禁止与小公司共享数据的不平等合同，要求在紧急情况下应向公共部门提供数据。我国近年来快速出台了一系列地方性数据立法，明确了数据"以共享为原则、以不共享为例外"的原则，但所针对的是政府公共数据，而非平台数据。因此，上述问题的研究有望推动立法修法和立法相衔接进程，完善我国元宇宙平台治理的法律体系。

元宇宙也许会实现数字世界与物理世界在经济层面的互通，从而形成一套高度数字化、智能化的完整闭环经济体系，实现数字经济与实体经济的融合。从这个角度来说，元宇宙可以实现更高层次的数字经济形态，也就是元宇宙经济。但是，只有当产业界真正地用元宇宙创建了新的生产模式、生产函数，带来了生产效率的巨大的飞跃，基于此建立起来的元宇宙经济体系才可以说算成立了。

元宇宙既然对未来人类和社会产生巨大的影响，必须要制定好相关的规则与道德规范。元宇宙既要超越，又要复制现实世界，需要建立起类似现实世界的运行逻辑。元宇宙的规则建立，应该扶持一些非营利的组织，比如说商会、协会来研究和制定元宇宙的规范和规则。元宇宙的发展要经历技术变革、经济变革、社会变革三个发展阶段，根据德勤的研究和分析，最早将从2031年开始，独立产业的元宇宙才能逐步地打通数据与标准，实现元宇宙与现实世界相融。要实现元宇宙与现实世界相容相通，真正进入到"世界将迎来结构性的变革，我们可以带着人性去选择我们希望体验世界的方式，以及我们希望与之互动的人"的元宇宙高级阶段，这个路还很漫长。

10.6 元宇宙治理应当遵循的必要原则

2019年党的十九届四中全会提出要推进国家治理体系和治理能力现代化，积极参与全球治理体系改革和建设。治理的核心价值是启迪个体实现个人自由与群体秩序的统一，完善的社会治理是现代个人与社会互动成功的必要前提。在传统的治理形态中，治理始终是少数人管多数人，即主要是少数人的行为而不是普遍的多数人的行为。不管是一人一票的纯粹民主还是代议制民主，多元治理均不能改变少数人主导的本质。与此同时，由于传统社会高昂的社会运行成本，不能像自然科学在实验室里进行可控实验，任何治理政策出台前都不可能进行大规模的社会实验，只能小范围试点、试错，然后进行评估、推广，因此使得社会治理的最优化变革异常困难。这些问题在元宇宙里都有可能得到解决：元宇宙可将全景式的信息提供给每个关心元宇宙内涉及治理的个体，使得治理的参与度大大提高，不再是少数人主导，去中心化的DAO在元宇宙中可以发挥更重要的作用。更重要的是，元宇宙可以进行治理政策大规模、全领域的准真实实验，可以精准评估治理模式效果，避免小范围试点的缺陷。因此，元宇宙可以成为数字治理体系的先行者，为现实世界治理体系和治理能力现代化积累成功经验，少走弯路。

未来我国的元宇宙治理应当遵循以下几项原则。

10.6.1 分类治理的原则

元宇宙在技术上是一个集合概念和集成创新，为了明晰治理路径和充分运用已有治理经验，要根据治理的需要对其做出必要的区分，从而避免政策上的含混。目前可以将元宇宙大致区分为游戏类、数字资产类和基础设施类，特别要将相对严肃的经济社会生活与游戏娱乐做必要的区分。在此基础上，相关的治理应该基于不同的类型，根据其规模和具体影响寻找其存在的症结，再依照现有治理路径寻求进一步的治理路线。

对于游戏类元宇宙，主要考虑防止青少年网络沉迷的问题，可以设置元宇宙中的不同权限，限制青少年过长时间沉迷于元宇宙游戏中。目前很多在线游戏都有防沉迷措施、机制，可资借鉴。

对于数字资产类元宇宙，借鉴G20下设的金融稳定理事会（FSB）于2018年10月推出的《加密数字资产影响未来金融稳定的潜在机制》白皮书，警惕监控加密数字资产相关的潜在金融稳定风险。基于加密数字资产的匿名特性，如果违反监管规定时无法找到责任主体，欺诈投资者、洗钱、恐怖主义融资、规避制裁、逃税、规避资本控制等问题就会更加严重。鉴于很多加密数字资产平台在本质上是跨国界的，这些问题通常都需要国际协调，也需要国际标准制定机构认真考虑，而FSB就是这样一个重要机制，未来数字资产类元宇宙如NFT，本质上也是跨国的，需要监管和治理的国际合作。

对于基础设施类元宇宙，借鉴国际清算银行支付结算体系委员会（Committee on Payment and Settlement Systems）和国际证监会组织（IOSCO）2017年联合发布的《金融市场基础设施原则》，来进行国际监管合作和治理。区块链的分布式账本技术可以从根本上改变资产的维护和存储方式，对清偿债务、合同执行和风险管理机制建立数字基础设施。分布式账本技术经验改变金融服务和市场方面的能力，包括：降低复杂性；提高端到端处理速度，从而提高资产和资金的可用性；减少跨多个账本管理基础设施的协调工作；高交易记录的透明度和不可篡改性；通过分布式数据管理提高网络弹性；降低运营和金融风险。为完善数字基础设施建设，虚拟数字货币的上述原则将对基础设施类元宇宙起指导作用。

10.6.2 元宇宙的个人信息保护要借鉴现实社会的相关规则

不管是在现实世界还是在元宇宙虚拟世界，人都是最具主动性、创造性

的核心要素,要贯彻以人为本的理念,遵循现实社会的相关法律法规。目前我国《民法典》规定了"自然人的个人信息受法律保护"原则,并将个人信息保护纳入了人格权编;《电子商务法》《个人信息保护法》《数据安全法》已正式生效;《反垄断法(修正草案)》已公布,专门将平台经济涉及的数据、算法、技术、平台规则等问题纳入了反垄断框架,为未来元宇宙平台避免重蹈互联网平台的覆辙奠定基础。《个人信息保护法》所规定的信息可携带权,在促进元宇宙平台治理、防止元宇宙平台利用数据垄断优势方面具有重要意义;《反垄断法(修正草案)》为"必需设施理论"引入数据反垄断提供了基础。

我国《个人信息保护法》第五条规定,"处理个人信息应当遵循合法、正当、必要和诚信原则,不得通过误导、欺诈、胁迫等方式处理个人信息",元宇宙虽然是虚拟空间,但涉及个人信息处理中依然应当按照现实世界的相关法律法规进行。该法第六条规定,"处理个人信息应当具有明确、合理的目的,并应当与处理目的直接相关,采取对个人权益影响最小的方式"。在元宇宙里个人的行为轨迹、自身敏感信息处理中必须贯彻对当事人权益影响最小的原则,具体举措包括:保护个人数据与隐私、保护消费者和用户的身心健康尤其是青少年身心健康、保护用户免受操控、平衡虚拟世界中的权利责任关系、保护虚拟世界中的公有空间和公有物品、避免和减少逃避现实与社会孤立现象、共同构建虚拟世界等。为防范虚拟世界走向相对封闭的围墙花园以及亚文化群体的极端化发展,元宇宙治理的规则必须让所有参与者都充分认知,大家都遵循同样的元宇宙治理规则。

10.6.3 元宇宙与真实世界治理中虚实融合的原则

当前,加快推动数字产业化、产业数字化,促进数字经济与实体经济融合发展,已经成为全球经济发展的重要趋势。元宇宙是数字经济的新业态,针对元宇宙容易走向虚拟化的偏向,虚实平衡原则首先必须强调现实世界中的生态、生命和生活具有更高的价值,实现元宇宙与实体经济的深度融合。在元宇宙治理中,现实世界的自然法则、法律法规和治理规则,在元宇宙的虚拟世界里依然有价值、依然需要遵循。镜像世界和增强现实的建设最终只不过是为了让现实社会的生活更有意义和更有效率,元宇宙不可能完全用虚拟人生替代真实人生,虚实平衡原则核心是强调虚拟与现实边界的存在,且可以实现动态平衡。

10.6.4 贯彻绿色、社会责任和公司治理原则

元宇宙的建构要以自然环境可持续、个人生活幸福和社会团结繁荣为最终目标。我国庄严做出了中长期目标碳达峰、碳中和的承诺，绿水青山就是金山银山的理念也越来越深入人心，企业发展的ESG（环境、社会责任和公司治理）已经成为主旋律。基于这些原则，元宇宙硬件（如VR头盔）、软件的构建必须考虑环境和资源的约束，要将节约资源作为衡量元宇宙品质的重要指标。人在元宇宙中的活动要避免时间与精力的过度耗费，元宇宙构建者的企业应当履行社会责任，设计从一开始就要将避免上瘾作为重要的技术指标。虚拟社群要引入必要的自治机制，防止元宇宙内部出现极端化、小团体对立思维，避免元宇宙虚拟社会的分裂反映到现实社会。总之，元宇宙的发展要有利于现实世界的繁荣而不是相反。

10.6.5 未雨绸缪，建立多维风险模型，实现多元共治的原则

为实现元宇宙事前、事中、事后全领域的良善治理，可以对元宇宙的潜在风险指数权重划分为五个维度：垄断风险、资本无序扩张风险、数据安全风险、基础设施风险、业务合规风险，各维度权重占比如图10-2所示。

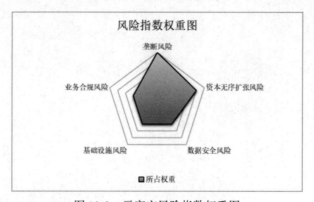

图10-2 元宇宙风险指数权重图

未来将根据元宇宙平台的实时风险指数监测评估分值，建立"红黄绿三色灯"制度，对平台企业风险进行精准监管，即"低风险指数企业绿灯放行，中风险企业黄灯管控，高风险企业红灯处罚"，促进元宇宙平稳健康发展，提高国际竞争力。在实践中，一方面国家和产业主管部门自上而下的治理架构应与企业和行业自下而上的自律和自适应治理相结合，另一方面现实世界的干预

应与虚拟世界的自治相结合。在具体的元宇宙治理实践中，依据数字治理与人工智能治理的经验，应在事件导向的处理与制度化的治理、促进创新和消费者保护之间保持适度平衡。在治理中要对元宇宙的相关问题包括负面影响开展科学研究，利用上述元宇宙风险权重指数来进行精准预测，力争实现事前监管、事中监测、事后对不良行为处罚的全过程机制，不能只凭对不良后果的想象进行规制和处罚。在元宇宙发展中要尊重和直面科学事实，既促进和保护创新，又能使其发展符合国家、社会和用户的利益，实现个人、元宇宙企业、社会层面的平衡。在当前元宇宙发展的初期阶段即考虑到其风险和治理问题，可以促进元宇宙的健康有序发展，成为引领数字化未来美好生活的时代引擎，同时又将其带来的负面影响降到最低，真正实现在元宇宙领域治理体系和治理能力的现代化。